开放条件下幼稚产业保护问题研究

Research on How to Protect Our Infant Industries in the Open World

黄基伟 著

中国科学技术大学出版社

内 容 简 介

本书以幼稚产业保护为研究对象，研究内容分为承上启下、有机联系的六个部分，包括幼稚产业保护的理论基础，世界贸易组织框架下的幼稚产业保护，国外幼稚产业保护的实践，我国幼稚产业保护的实践，我国汽车产业战略性贸易政策效果的实证分析，新形势下我国幼稚产业保护的新思路。本书力求学术性与可读性、定性研究与定量研究、理论研究与对策研究的统一，并融入了国内外的实践经验，以便读者更全面地理解本书内容。

本书可作为高校经济管理类师生、企业管理人员、政府部门人员和相关领域理论研究人员的参考用书，也可作为政府相关部门和企业进行幼稚产业保护的理论依据和实践借鉴。

图书在版编目(CIP)数据

开放条件下幼稚产业保护问题研究/黄基伟著. —合肥：中国科学技术大学出版社，2014.1

ISBN 978-7-312-03402-2

Ⅰ.开…　Ⅱ.黄…　Ⅲ.产业发展—研究—中国　Ⅳ.F121.3

中国版本图书馆 CIP 数据核字（2014)第 009042 号

出版　中国科学技术大学出版社
安徽省合肥市金寨路 96 号，230026
http://press.ustc.edu.cn

印刷　合肥学苑印务有限公司

发行　中国科学技术大学出版社

经销　全国新华书店

开本　710 mm×1000 mm　1/16

印张　12.25

字数　253 千

版次　2014 年 1 月第 1 版

印次　2014 年 1 月第 1 次印刷

定价　28.00 元

序一

为他人著作写序还是第一次，作者是本人的学生，难以推诿，只好将就写一篇。

作者研究的是中国经济发展当中的幼稚产业保护问题，这个问题本来并不新颖，更不新奇，只能算是平平常常，甚至属于老生常谈。因为人们一听便知这是老话题，“行家”都知道。然而在中国很多问题并没有被认真和深入地研究过，虽然这些年我国的经济学水平获得了长足的进步，很多领域都有人涉足。但是，人们往往热衷于所谓“热点问题”，如人民币国际化、新农村建设、城镇化等，而很少注意到“非热点问题”。因为“热点问题”容易受到更多的关注，容易一夜成名；而“非热点问题”则不然，不仅难以获得更多的注意，甚至容易被认为跟不上形势。其实，做学问不需要跟形势，即使当今人们都知道要创新，也不意味着跟形势。跟形势往往难以创新，因为既然已经成为“形势”，就说明有很多人走在前面了，“跟”就意味着在别人后面。

当然，做“非热点问题”也不一定就是创新，关键在于是否有新意，如果仅仅说了别人说过的话，当然不是创新；如果说了别人没有说过的话，那就有可能是创新。注意，这里只说“有可能”，而不说“一定”。因为，即使说了别人没有说过的话，如果这些话没有价值，当然不能叫创新，充其量只能称为“奇特”，就像喜欢穿“奇装异服”的人，不一定是正路。我并不是故意在这里咬文嚼字，而是提醒朋友注意分清楚什么是创新，什么是“猎奇”，因为当今我国的学术界这种现象比较严重。要么追求时髦，要么故弄玄虚，或者最好让别人看不懂，以示学问高深。

黄基伟在博士论文基础之上撰写的著作没有华而不实的内容，都是实实在在的东西。他通过对幼稚产业保护理论的探索，结合我国经济发展过程中幼稚产业保护的实践，进行了比较结合实际的分析，从中找出具有我国特色的保护经验，不失为一本成功之作。幼稚产业保护理论已经发明过百年了，在国际经济学当中已经是古典话题，但是对于当今的发展中国家来说，如何有效地保护幼稚产业依然是一个重要的课题，同时也是一项国策。因为，面对强大的发达国家，发展中国家那些刚刚引进或者处于起步阶段的产业十分脆弱，很容易被跨国公司击倒。如果不进行适当的保护，很多国家甚至难以发展现代工业，而事实证明，大多数撒哈拉以南非洲国家，南亚和东南亚地区乃至北非、西亚、中亚、中南美洲的相当多的国家长期处于不发达状态，原因就在于这些国家没能发展起来像样的工业，一直陷入"比较优势陷阱"当中。

相比之下，新兴工业化国家和地区在适当的保护之下取得了可喜的成就，能够在国际市场上发挥"比较优势"，而不陷入"陷阱"当中。例如，当今中国出口商品的94%是工业制成品，高于所有发达国家，这不能不说是一个了不起的成就。虽然这些出口品当中将近一半是加工贸易，但它既然能够在中国生产，就意味着中国具备这种能力，至少是加工能力。当然我们也需要了解，保护是有限度的，而且是要付出代价的，不能一味地保护，甚至为那些"投机钻营"的企业制造"保护伞"，从而损伤广大消费者的利益。本书主要研究了我国汽车产业的保护情况，从中得出了具有价值的结论和启示。如果说不足，应该是进一步扩大范围，讨论哪些产业已经超越了保护而具有国际竞争力了，哪些产业还没有达到这种水平，哪些产业本来已经具备成熟的条件，但是还在以各种借口寻求国家的保护。

希望黄基伟博士今后能做更全面的研究，并取得更大成功。

中国人民大学教授、博士生导师

关　权

2013年11月6日于明德楼

序二

得知黄基伟的博士论文《开放条件下幼稚产业保护问题研究》即将出版，我甚感欣慰。

有关幼稚产业保护的研究文献可谓不胜枚举，因为这既是一个古老的话题，又是国际贸易理论与政策研究的重要内容，还是当代产业经济理论研究的重要课题。因此，选择幼稚产业保护这个论题进行系统研究并力图创新，既是一件相当有意义的事情，又不是一件容易做的事情。

纵观世界经济风云，虽然有时阴云密布，有时雷雨交加，但是以"经济全球化、贸易自由化、市场开放化"为重要特征，以"和平发展、合作共赢"为基调的发展理念已得到国际社会广泛认同，在开放经济背景下如何对幼稚产业进行保护是当今世界各国都在研究的一个课题，这一点从各国现行的贸易政策和产业政策实施的内容就可以得到验证。

随着中国改革开放的不断深入，中国对外交往的广度和深度不断拓展，中国如何处理幼稚产业的保护问题愈加紧迫。美、德、英、日、韩等一些发达国家和新兴工业化国家可以说都是在幼稚产业保护之路上前行到目前的发展水平的，中国如何学习借鉴它们的经验，使幼稚产业积极主动参与国际分工，在国际市场竞争中成长壮大，需要有新思维、新智慧、新举措。

黄基伟以严谨有序的逻辑思维、丰富翔实的材料研究了"开放条件下幼稚产业保护"问题。该书提出了以技术含量、产业关联度、生产率、外部性、规模经济、替代进口等作为可保护的幼稚产业的选择标准；探讨了幼稚产业的保护期限是一个用指标评价变化进行动态监控的过程；从历史的视角总结了以美国和日本为代表的国外幼稚产业保护的实践；以汽车产业为例，实证分析了我国幼稚产业的实践；勾画出中国在新形势下幼稚产业保护的新思路；强调了坚持改革开放和幼稚产业保护相结合的原则，等等。这些观点和主张具有重要的学术价值和积极的现实意义。

黄基伟在中国人民大学攻读博士学位期间，勤奋好学，刻苦钻研，理论联系实际，关注并探索了经济与社会发展的诸多问题，特别是对幼稚产业及其保护问题进行了较为系统、深入的研究。在撰写博士学位论文的过程中，他博览群书，能在尊重和学习前人研究成果的基础上，从小处入手着眼于大处，从计量入手着眼于创新，从不同角度入手全面论证某一复杂问题，这些研究方法会使其终身受益。

在艰苦的学术探索之路上，黄基伟刚刚迈开了第一步，今后的路还很长，还需要付出更加艰辛的努力。黄基伟协助我完成了多个重要研究课题，作为导师我衷心期望他在学术之路上鲜花不断绽放，硕果挂满枝头。同时，也敬请学界同仁对他惠予关心，不吝赐教。

国家发改委培训中心主任、研究员
中国人民大学教授、博士生导师
王青云
2013 年 11 月 16 日于中国人民大学

序三

今闻黄基伟博士的著作即将付梓。虽然参加过黄博士著作构思时的相关讨论与实地调研，但未曾想到有幸作序，荣幸之余，颇感羡慕。

贸易自由主义与保护主义之争已绵恒百余年，波澜壮阔。幼稚产业保护理论正是以此为背景诞生的。从亚当·斯密、李斯特，到格罗斯曼、克鲁格曼，无数经济学巨匠用闪光的思想照亮了后学的理论探索之路。在实践层面，美国、德国、日本、韩国等发达国家丰富的幼稚产业保护政策工具不仅极好地诠释了幼稚产业保护理论的精髓，更为本国经济发展和社会福利水平的提高带来了实实在在的好处。因此，对这些国家成功经验的研究也浩如烟海，汗牛充栋。

在“后危机”时代的今天，中国正面对着剧烈动荡的外贸环境和其他诸多国际经济、政治挑战。对我国具体产业，特别是外向型产业而言，保持和提升国际竞争力急需具体的、针对性强的政策措施。这就必须回答“如何保护民族工业、发展民族工业”的艰难问题。

令人稍感遗憾的是，相比对欧美成功经验的研究与介绍，尚缺乏足够的立足我国国情和具体产业的幼稚产业保护研究。黄博士的著作正是以此为突破口，以回答“如何有效保护我国汽车产业，并提高竞争力”为主要内容，并运用先进的数理方法展开研究。

与已有研究相比，本书的主要特色在于数据翔实，立论针对性强。这对中观层面的研究来说是极为重要的。这样很好地平衡了宏观研究的“泛泛而谈”和微观研究的“管中窥豹”的问题，使研究的针对性和全面性得以兼顾。

最后，我要衷心地祝贺黄基伟博士的多年心血即将面世，也希望本书能够成为广大经济工作者有益的参考：不仅为当前“保增长、调结构”的工作大局服务，更能带来新的思想火花，造福后学。

中国进出口银行经济研究部
王汉儒 博士
2013年11月10日于北京寓所

前　言

21 世纪是创新经济时代。美国金融危机后美国实体经济的回归，揭示了虚拟经济不是经济发展可持续的动力，产业经济在一国经济发展中仍旧起着举足轻重的作用。各国失业率的增加，产业内和产业间国际竞争的日益加剧，使世界各国更加关注本国产业的发展，特别是幼稚产业的保护性发展。目前，在开放条件下如何保护本国的幼稚产业已经成为国内外研究的热点，有时只是提法稍有差异，实质内容相同或相近，比如我国的战略性产业政策、美国的信息产业政策、德国的产业扶持政策等，从国内外研究文献看，幼稚产业保护的理论基础、历史实践及其成功经验介绍、政策效果的综合评价尚需进一步完善。

本书是在作者博士毕业论文的研究成果基础上完成的。作者在大量研读国内外幼稚产业及其保护重要文献的基础上，经过系统地归纳总结，梳理了传统、现代和 WTO 三方面的幼稚产业保护的理论基础，实证分析了国内外幼稚产业保护的历史实践及成功经验，本书的研究内容具有重要的理论指导价值和积极的现实意义。

本书特别注重学术研究的系统性、逻辑性、规范性、应用性和创新性。全书共分为 7 章。第 1 章是导论。第 2 章和第 3 章系统阐述幼稚产业保护的理论基础——传统的、现代的和 WTO 框架下的幼稚产业保护理论基础。传统的幼稚产业保护的理论基础包括重商主义的观点、亚历山大·汉密尔顿的主张、弗里德里希·李斯特的幼稚产业保护理论、约翰·穆勒对幼稚产业保护理论的拓展。现代幼稚产业保护的理论基础包括战略性贸易政策理论、比较优势理论及其发展、竞争优势理论、规模经济理论、产业内贸易理论、中心—外围理论、后发优势理论、赶超战略理论、进口替代与出口导向战略理论等相关的贸易理论，和产业安全与产业保护理论、产业集群理论、产业系统、产业关联和产业结构理论、产业成长理论、产业竞争力理论、产业政策理论等相关的产业理论。这两章还阐述了世界贸易组织框架下对幼稚产业保护条款的相关内容及其评价。第 4 章从历史的视角，以汽车产业为例，介绍了以美国和日本为典型代表的国外幼稚产业保护的实践及其成功经验。第 5 章和第 6 章从产业成长与发展的视角，介绍了我国幼稚产业保护的实践，并定量分析了我国汽车产业竞争力现状及其影响因素、汽车产业竞争力影响因素的国际比较、我国汽车产业要素投入与全要素生产率的实证分析、我国汽车产业战略性贸易政策效果的实证分析等。第 7 章分析了我国幼稚产业保护面对的国际新形势，提出了新形势下对幼稚产业含义、选择标准、保护期限的界定和我国幼稚产业保护的新思路。

本书在借鉴现有文献研究成果的基础上，通过研究幼稚产业保护的理论基础和国内外的历史实践，分析了我国在开放条件下如何保护幼稚产业的问题，从而促进我国幼稚产业的国际化发展。具体而言，本书的研究价值和创新之处主要体现在：① 选题的重要性。我国是发展中国家，人口众多，资源相对不足，产业持续不断地发展是解决我国诸多问题的关键。面对国外发达国家富有竞争力的产业竞争，如何保护好我国幼稚产业，使其发展壮大，并最终占领国际市场，对于我国经济社会发展具有战略性意义。② 理论上的创新性。本书不但系统梳理了传统的、现代的、WTO 框架下的幼稚产业保护的理论基础，而且分析了我国幼稚产业保护面对的国际新形势，提出了新形势下对幼稚产业含义、选择标准、保护期限的界定和我国幼稚产业保护的新思路，对于丰富和完善幼稚产业保护理论研究具有一定的理论价值。③ 实践的可借鉴性。本书较详细地介绍了美国和日本在保护幼稚产业方面的历史做法和成功经验，为我国的实践提供借鉴。以汽车产业为例，对我国汽车产业政策效果进行多视角的定量分析，对于正确评价我国汽车产业政策具有创新的意义。

本书在撰写过程中，听取了一些专家学者的宝贵建议，得到了中国人民大学博士生导师王青云教授、关权教授的悉心指导，在此表示衷心的感谢！在研究过程中查阅了国内外大量的相关文献，借鉴了一些相关研究成果及经验，在此对其作者致以诚挚的谢意！在调研过程中得到了一些企业和政府部门的支持，在此表示感谢！

在此我要叩谢母亲的养育和教育之恩，是她的爱和期望鼓励我执着于理想。

本书的顺利出版，得到了中国科学技术大学出版社领导和朋友们的关心和帮助，在此对他们表示诚挚的谢意！

衷心感谢所有帮助我的人！

由于时间和水平所限，书中难免存在疏漏和不足之处，敬请各位读者、专家批评指正。

黄基伟

2013年11月8日

目　　录

第1章　导　　论

1.1　选题意义及研究目的

各国经济发展史尤其是世界贸易发展史的实践证明，贸易自由化是一个渐进的过程，是一个世界各国贸易保护程度由高到低不断下降的演进过程。而贸易保护的理论及其发展却在一定程度上反映了国际贸易发展的真实历史。不论是在发达国家，还是在发展中国家，任何国家都存在保护侧重点不同、保护程度不同的贸易保护政策。

在国内国际贸易实践和教学科研过程中，出于对国际贸易现实状况的密切关注和国际贸易理论发展的认真思考，本人对幼稚产业保护理论的发展、幼稚产业保护的政策实施与幼稚产业的保护实践进行了理论梳理和考察，研究了国际贸易组织框架下的幼稚产业保护理论内容，并以汽车产业为例研究我国幼稚产业保护问题。

对国际贸易现象的研究应该说开始于15世纪的重商主义思想。最早的重商主义思想在西欧国家出现萌芽。而重商主义既是最早的国际贸易理论体系，也是贸易保护的理论体系，其中也包含了最早的幼稚产业保护的思想。从亚当·斯密的自由贸易理论诞生之日起，自由贸易理论体系与保护贸易理论体系之间针锋相对的论战就从来没有间歇过，也正是自由贸易理论及政策和贸易保护理论及政策共同构成了完整的国际贸易理论体系及政策。

尽管自由贸易理论表明，自由贸易可以使参与国获得最大的国际贸易利益，自由贸易有利于实现世界经济福利的最大化，有利于世界范围内的资源实现合理化配置。但是，在国际贸易实践中，世界各国往往出于政治、经济、军事、安全、外交等各方面因素的考虑，不断采取各种关税壁垒和非关税壁垒，实行贸易保护政策。自由贸易反而成为国际贸易理论的理想境界，而贸易保护却成为国际贸易实践中的常态，并且世界强国无不是在对幼稚产业的贸易保护下成长起来的，幼稚产业保护从未退出国际贸易理论研究的视野，幼稚产业保护也从未退出世界贸易各时期各个历史强国的国际贸易政策的舞台，无不在指引着世界各国的工业兴起之路，世界各个历史强国无不是经历着从贸易保护到自由贸易再到贸易保护与自由贸易共存的贸易发展过程，但是不论何国何时，幼稚产业保护一定是始终如一地贯穿整个贸易历史发展阶段的。

改革开放以来，为了正确定位我国在世界贸易格局中的地位和作用，我国许多优秀的经济学家对以大卫·李嘉图的比较优势理论为代表的自由贸易学说进行了深入和详尽的研究与探讨，为我国实施对外开放政策、促进对外贸易的发展作出了历史性的重大贡献。但是，忽视了对贸易保护理论的系统研究，特别是缺乏对于幼稚产业保护的理论与实证研究，因而在对外贸易实践中缺乏系统的理论指导，缺乏科学的政策决策、政策指导和政策规范，结果在对幼稚产业的保护上出现了一些偏差，如对于哪些产业是我国的幼稚产业缺乏科学的认识和分类，对于确定要保护的一些幼稚产业实行的是全面的严密的进口保护措施，对于一些幼稚产业由于不知道不了解而不加以保护，致使一些幼稚产业发展不起来，付出了巨大的代价。

恩格斯在谈到美国的工业化问题和贸易保护政策时认为，像美国这样拥有大量水力、煤炭、铁矿、棉花、食品等各种原材料和矿藏自然资源，地理条件非常优越的国家，不能只靠农业发展经济，只有成为一个工业化国家才能摆脱经济上的从属地位。任何一个民族没有自己的工业体系都无法生存。美国要想建立自己的工业体系，一是实行自由贸易，美国工业将面临先进的英国工业的激烈竞争而无法生存；二是实行幼稚产业保护，实施关税保护，封堵英国的工业产品进口，渐进地发展美国的工业体系。我国还是发展中国家，尚处在实现工业化的进程中，我国可以借鉴美国、德国、日本、英国等发达国家实施幼稚产业保护的的成功经验，分析总结一些发展中国家的失败教训，在国际贸易组织规则框架下，建立适合我国国情的幼稚产业保护体系，着眼于提高我国幼稚产业未来的发展能力和国际市场竞争能力，对我国的幼稚产业进行合理的、有效的保护，我国幼稚产业保护要依靠产业政策、税收政策、金融政策等综合性的扶持和贸易保护政策才能达到预期的效果，这就是本书选题的意义所在。

本书研究的目的在于尽量比较全面地梳理幼稚产业保护的理论依据，通过揭示发达国家进行幼稚产业保护的历史实践，以汽车产业为例分析我国改革开放以来幼稚产业保护的经验和教训，研究在新形势下我国进行幼稚产业保护的新思路。

1.2 国内外研究现状

1791 年 12 月，美国第一任财政部长亚历山大·汉密尔顿在提交给美国国会的《关于制造业的报告》中，首先提出要对美国幼稚产业进行关税保护，开创了幼稚产业贸易保护理论研究的先河。1841 年，德国政治经济学历史学派的先驱者、资产阶级经济学家、德国关税保护政策的倡导者、国际贸易保护理论体系的奠基人弗里德里希·李斯特出版了《政治经济学的国民体系》，系统论述了他的以社会发展阶段理论、生产力理论、国家经济学理论为基础，以关税保护为手段的幼稚产业保护理论，从而建立起了幼稚产业保护的理论体系。

后来有一些经济学者分别在幼稚产业保护的理由，幼稚产业的选择标准，幼稚产业的保护手段、保护期限、保护程度等方面提出了新见解、新观点，进一步发展和完善了幼稚产业保护理论。

约翰·穆勒(John Mill)指出，贸易保护政策能够存在的唯一理由就是对幼稚产业的保护，并在李斯特幼稚产业保护理论的基础上，进一步阐述了幼稚产业的“正”的外部性也是幼稚产业可以得到合理保护的理由。穆勒研究了幼稚产业的一些特征，他认为，有些产业由于技术能力不足，劳动生产率低下，生产价格高于世界市场价格，从而无法与外国先进工业竞争，但是如果国家对这些产业采取保护贸易政策，通过一段时期的保护，这些产业能够达到先进国家工业化水平，实现在自由贸易下获利，这样的产业就是需要保护的幼稚产业。巴斯塔布尔(C. F. Bastable)认为，判断一种产业是否是值得国家保护的幼稚产业，不仅要分析该产业将来在国际市场能否具有市场竞争力，还要对该产业未来预期收益的现值与国家保护该产业的成本进行比较，只有当该产业预期利润的现值大于政府的保护成本时，该产业才能成为国家应该保护的幼稚产业。肯普(Kemp)认为，如果一个产业具有外部规模经济效应，能够产生外部经济效应，即使该产业不符合穆勒标准和巴斯塔布尔标准，但发展该产业会对社会和其他一些产业带来“正”的外部性，即额外的好处，该产业仍然是国家进行必要贸易保护的幼稚产业。小岛清认为，选择应该受到保护和发展的幼稚产业，要根据要素禀赋的比例变化和比较成本的动态变化，要有利于要素生产率的提高，要有利于产业充分利用潜在资源，带动国民经济增长，从国民经济发展的角度来看，要有利于国民经济结构的动态调整和变化，即使不符合巴斯塔布尔标准和肯普标准，这些产业也是值得保护的。筱原三代平认为，国家应该把收入弹性高的、有广阔市场的产业作为优先扶持发展的幼稚产业，还有就是国家要优先发展和保护技术进步快、劳动生产率提升快的产业，有效提高这些产业在整个国民经济产业结构中的比重，这些产业都是需要国家保护的幼稚产业。Feder，Schmitz，Bardhan 等分析和研究了各种不同情况下的幼稚产业贸易保护问题，并用几何和代数分析的方法分析了幼稚产业贸易保护的优缺点。Grossman，Horn，Farrell 等用信息经济学的分析方法，考虑市场中人的因素，把不完全信息下的道德风险和不完全信息下的逆向选择引入分析幼稚产业保护问题。Krugman 认为，对幼稚产业保护的措施中补贴是最有效的，补贴优于关税，关税优于进口数量限制，并且他认为对幼稚产业的贸易保护应该是动态的，保护时间应该是短暂的，保护的产业应该是不断调整的。Barbara Spencer、James Brander 等提出了基于不完全竞争和规模经济条件下政府应该实施战略性产业保护的贸易政策。Corden 对幼稚产业保护开展了定性研究和图解分析，认为对幼稚产业保护的最佳措施是实施市场补贴，而不是关税。Mayer，Staiger，Flam 等揭示了在不完全信息条件下幼稚产业保护的问题。Bhagwati，Clemhout 等分析和研究了幼稚产业的出口保护以及研究关于幼稚产业保护的效应。

我国经济学者尽管对幼稚产业保护的研究较晚，但仍取得了一些研究成果。任烈认为，选择幼稚产业应该根据国民经济结构的动态变化来进行，对于当时处于发展不成熟阶段，难以进行国际市场竞争，但是该产业具有潜在比较优势和竞争优势，具有很强的动态外部经济效应，有利于国民经济长远发展的国家支柱产业，可以列为应受国家贸易保护的幼稚产业。熊性美认为，对我国市场保护不能采取全方位的方式，应该是有选择的，应该选取那些现阶段已经具备或者通过保护性的发展将来最有可能获得国际市场竞争优势的产业。他列出了一些产业，如我国现阶段已经具有相当国际市场竞争优势的劳动密集型产业：服装、纺织、玩具、箱包、轻工产品等，又如我国国内具有巨大市场的日用消费品领域：食品、化妆品、建材、家电、饮料等，都是需要保护的，并且对于一些潜在市场较大，可以实现规模经济效益的产品也要实施贸易保护。梁国树认为，保护幼稚产业的关税要适度调整，当有大量中小企业进入某一幼稚产业时，要采取低关税保护政策，阻止效率低下的企业进入，如果关税水平过高，就会造成过度保护，导致产业竞争力低下。陈飞翔认为，幼稚产业至少要满足两个条件：一是对一国国民经济长远发展具有关键性作用和影响的产业，这些产业也往往是国家支柱产业，影响着国内资源的充分开发和利用，决定国民收入总量和就业水平的变动；二是该产业现阶段面临严酷的国际市场竞争，一国新引进的幼稚产业如果缺乏政府的有效保护，就会被激烈的外部竞争扼杀在摇篮之中，影响一国国民经济的长远发展，当在国家贸易保护下，成长为相对成熟的产业时，就可以取消对该幼稚产业的贸易保护了。他还比较详尽地定性分析了幼稚产业适度保护的范围和过度保护的危害。段晓东提出了幼稚产业的刚好保护原则，即幼稚产业一定存在一条实际的成长路线，沿着这条路线幼稚产业得到保护后的收益刚好能够弥补其保护成本。李莅认为，我国幼稚产业的保护不是要产业自我封闭发展，保护不是目的，只是促进幼稚产业发展的手段，幼稚产业保护要立足于资源配置的动态优化，要着眼于国民经济的长远发展。黄新认为，像中国这样的发展中国家的保护关税应该有一定的产业适用范围，不能任何产业都保护。如果在一般产业和战略产业中选择，应该选择战略产业进行保护，而不能保护一般产业；如果在战略产业中进行选择，要选择保护战略产业中的幼稚产业，而不能保护已经具有很强国际市场竞争实力的成熟产业。所以，他认为，一国的产业中只有战略产业中的幼稚产业需要保护，也就是要保护处于幼稚时期的战略产业。李洪认为，我国轿车工业保护应该采取有限保护政策，要处理好国内市场保护与有效市场竞争的关系，处理好国内市场保护与产业自我发展的关系，处理好保护的阶段性和保护的有效性之间的关系。姜勇、刘华认为，幼稚产业应该受到保护，支柱产业也应该受到保护，产业保护的最终目的应该是大力发展产业使之赶上和超过先进国家的产业水平，在产业保护的过程中要注意保护的力度是适度，而不要过度保护，过度保护会导致产业的效率低下，发展不起来。冯宗宪、柯大钢全面分析探讨了关税税率对产业的效应，认为一国要促进主导产业的发展、保护幼稚产业的发展，有效的措施就是实施产业政策和关税政策。崔日明认为，当一国国内市场被外国产品大量涌入，对国内劣势产业造成冲击时，或在一国经济衰退时，国家可以采取产业政策和贸易保护政策进行扶持。我国是发展中国家，应实行开放型适度贸易保护政策。宗明华研究了幼稚产业的测度和选择，给出了产业发展水平的评定标准。尹翔硕论述了关税对产业发展的保护作用和促进作用。任勇认为，产业结构特点与产业保护实效性密切相关。俞晓松对关税和产业发展进行了大量的定量研究和定性研究。杨圣明研究论述了我国关税制度的改革问题。夏申、张谦、许统生、胡昭玲分析研究了战略性贸易理论与政策。吴家煌、高博分析了我国关税体系对保护民族产业和国家产业政策的影响。王普光、何晓兵比较研究了我国关税体制，对关税的基本理论、基本政策和操作实务进行了深入的探讨。金祥荣从定性和定量两方面对关税保护、非关税保护及其经济效应进行了分析，并对贸易保护制度进行了全面的经济学分析。仲鑫认为，我国应在坚持开放、适度贸易保护和有效竞争的原则下实行开放的、管理的自由贸易政策。左大培认为自由贸易政策对发展中国家不适用，发展中国家应实施幼稚产业保护政策。

综上所述，在幼稚产业保护理论的研究过程中，经济学家们在幼稚产业保护强度、幼稚产业的选择标准和幼稚产业的保护手段等方面累积了丰富的研究成果。但随着国际经济与贸易形势的剧烈变化，在开放经济条件下如何选择幼稚产业、适度保护幼稚产业，保护的手段和保护措施等需要进一步探索和深入研究。

1.3 研究思路和研究方法

1.3.1 研究思路

本书遵循“发现问题—分析问题—解决问题”的基本逻辑思路，对选题从理论和应用两个方面展开研究。从理论上本书通过尽力梳理传统幼稚产业理论、现代幼稚产业理论和世界贸易组织框架下的幼稚产业保护条款，全面了解幼稚产业保护的理论基础；从应用上通过以美国和日本为代表的国家对幼稚产业保护的成功实践，说明后进国家采取适宜措施保护本国幼稚产业对于促进产业发展是至关重要的；接着以汽车为例用实证分析的方法说明我国对幼稚产业的保护是不成功的，我国的汽车产业作为国家的幼稚产业从新中国成立一直保护到现在，但从总体竞争力、产品竞争力、市场竞争力、技术竞争力等评价指标进行产业竞争力的实证分析结果来看都是不成功的，然后用迪克西特的模型实证分析了我国轿车产业的战略性贸易政策，结果发现现在实施的贸易政策不是最优的，应实施最优关税和最优补贴相结合的战略性贸易政策才会使本国福利达到最大化，我国对汽车产业的高关税保护只保护了国内市场，并没有采取综合措施保护民族汽车品牌，所以外国跨国公司的直接投资跨越了我国的贸易保护措施，占领了我国的国内汽车市场；最后，基于当今世界经济与贸易面临的新形势，结合美国和日本的幼稚产业保护的成功经验，提出我国幼稚产业保护的新思路是保护国内市场和实施民族品牌扶持、发展和国际化战略有机结合。

从研究思路框架结构来看，本书遵循幼稚产业保护是有理论依据的，既有传统幼稚产业保护理论，也有现代幼稚产业保护理论，还有世界贸易组织的许可，这都说明幼稚产业保护在理论上是可行的。本书通过着力介绍美国和日本怎样通过实施幼稚产业保护措施从落后国家一步步发展成为发达国家，从实践上说明了幼稚产业保护只要措施正确，对于一国产业的生存、发展和壮大是至关重要的。我国作为发展中国家对于幼稚产业保护也有自己的历史实践，本书通过我国对汽车产业保护的实证分析，证明了我国对于汽车产业的保护是不成功的，不成功的原因在于只通过高关税保护了国内市场，没有采取综合措施保护和促进民族汽车产业品牌的发展。最后，结合当今世界经济贸易形势，提出了我国幼稚产业保护的新思路。基本思路就是从理论到实践再到理论的研究过程。

研究思路框架如图 1.1 所示。

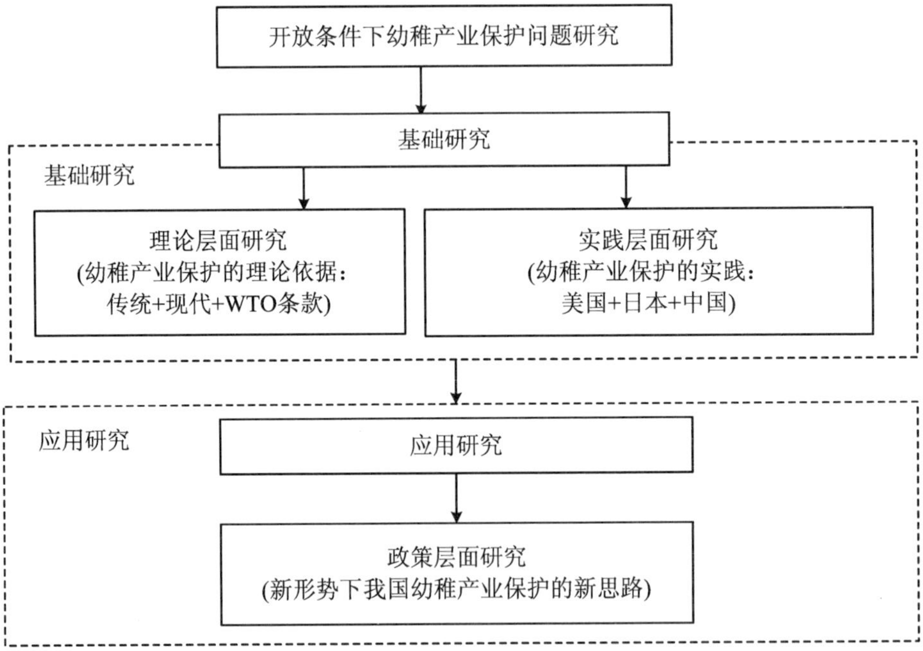

图 1.1 本书的研究思路框架

1.3.2 研究方法

科学研究的方法论体现科学的思维模式。只有掌握科学的分析方法并运用科学的分析方法，才能对要研究的问题做到认识和理解深刻化、分析深入化。常见的经济学研究方法有逻辑演绎法、历史归纳法、数量分析法、综合分析法、行为分析法、制度分析法、比较分析法、系统分析法、静态分析法、动态分析法、规范分析法、实证分析法等。在具体研究过程中，应根据研究的主题和目的采取不同的分析方法。在本书的研究中，主要采取理论分析和实证分析相结合的方法，在不同章节又采取了比较分析、归纳分析、系统分析、统计分析的方法等。

1. 理论分析与实证分析相结合

本书梳理幼稚产业保护理论的过程中主要采取理论分析的方法，论述了幼稚产业保护的理论发展，从传统幼稚产业保护理论、现代幼稚产业保护理论到世界贸易组织框架下的幼稚产业保护。接着以美国和日本为例，介绍了美国和日本对幼稚产业保护的历史实践，并以汽车产业为例说明美国和日本对汽车产业的发展都采取了扶持和保护的措施，从实证角度论证了国家对幼稚产业发展进行扶持的重要性和必要性。

在说明我国幼稚产业保护的实践时，以我国对汽车产业的保护为例，采用实证分析的方法，从我国汽车产业竞争力现状和我国汽车产业的战略性贸易政策的有效性两个角度实证分析了我国汽车产业的保护效果。

2. 比较分析与归纳分析相结合

本书比较分析了美国对幼稚产业的保护和日本对于幼稚产业的保护，特别是通过美国和日本对汽车产业保护的历史实践的分析，可以看出美国和日本对幼稚产业保护采取的措施和手段是不同的。

书中对我国幼稚产业的实践也进行了历史回顾，对我国汽车产业的发展轨迹进行了说明，通过比较分析可以看出我国和美日对幼稚产业保护的措施是有差别的，保护的效果也是不同的，美国和日本的贸易保护实践的成功经验值得我们借鉴。

3. 系统论的分析方法

系统论的分析方法能够使我们从各个层面和角度思考问题、分析问题，从而形成系统化的逻辑结构。本书从幼稚产业保护的理论基础入手，介绍幼稚产业保护从过去到现在在理论上都是有依据的，幼稚产业保护理论也是在与时俱进、不断丰富和发展的，然后通过介绍美国和日本的幼稚产业保护历程，说明落后国家通过幼稚产业保护可以实现产业的跨越式发展。接着以汽车产业为例实证分析了我国汽车幼稚产业保护的效果，并提出了新形势下我国幼稚产业保护的新思路。本书在逻辑上环环相扣，形成了一个有机整体。

1.4 主要内容与结构安排

本书以幼稚产业保护的理论基础、国外幼稚产业保护成功的实践、我国幼稚产业保护效果的实证分析、新形势下我国幼稚产业保护的政策设计与实施为逻辑主线，分为导论和3个模块。

第1章导论旨在从总体上介绍选题意义及研究目的、国内外研究现状、研究思路和研究方法、主要内容与结构安排、创新与不足。

从第2章起，本书由相对独立但又有内在联系的3个模块组成。

第一模块：理论层面研究。包括第2章和第3章有关幼稚产业保护的理论基础研究。第2章从重商主义、亚历山大·汉密尔顿、弗里德里希·李斯特到约翰·穆勒介绍了传统幼稚产业保护的理论基础，又从国际贸易相关幼稚产业保护理论到产业经济有关幼稚产业保护理论，介绍了现代幼稚产业保护的理论基础，主要说明了在世界经济发展的不同阶段世界各国对幼稚产业保护的做法是始终如一的，只是在各国经济发展的不同阶段，实施贸易保护的力度不同、手段不同，幼稚产业的保护是世界各国实现经济赶超的必由之路。对幼稚产业的保护是有其合理性的，有坚实的理论基础。第3章说明了在经济全球化背景下，在倡导自由贸易为目标的世界贸易组织框架下，幼稚产业保护条款仍然被WTO成员方一致签署，说明对幼稚产业的保护已成为世界各WTO成员方可以接受的共识。

第二模块：实践层面研究。包括第4章至第6章。第4章介绍以美国和日本为例的国外幼稚产业保护的成功实践。第5章和第6章以汽车产业为例从实证角度分析我国幼稚产业保护的实践。这3章内容有助于从正反两方面对比，从而明了幼稚产业保护的实践。

第三模块：政策层面研究。第7章基于国际新形势，对幼稚产业涵义进行扩展，并提出我国幼稚产业保护的新思路。

本书的逻辑结构如图1.2所示。

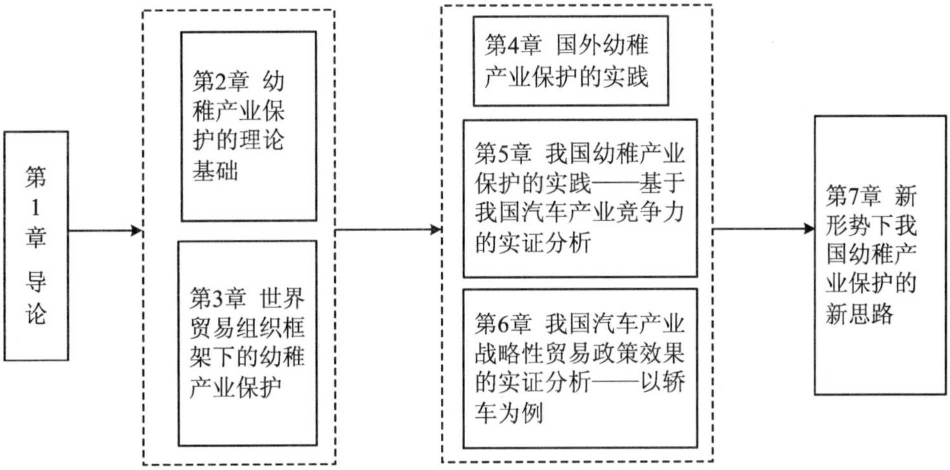

图 1.2　本书的逻辑结构

1.5　创新与不足

1.5.1　主要创新

本书通过对传统幼稚产业保护理论、现代幼稚产业保护理论和世界贸易组织框架下幼稚产业保护的理论梳理，归纳总结了幼稚产业保护的理论基础。

本书以时间为顺序、以汽车产业为实例，论述了美国从成立至今在幼稚产业保护上所采取的高关税保护措施，以及日本所采取的贸易政策与产业政策相结合的幼稚产业扶持措施，有利于说明幼稚产业保护的阶段性和动态保护性特征。

关于我国对幼稚产业的保护，本书以汽车产业为例，从计量分析的角度和我国实施战略性贸易政策两个角度分析了我国对于汽车产业保护的效果。本书通过对我国汽车产业竞争力现状的实证分析，来揭示我国汽车行业从1956年起国家高关税保护的实际效果，结果发现影响我国汽车产业竞争力的主要因素是研发经费投入和人力资本投入，与日本、韩国汽车产业有所区别，通过对我国汽车产业要素投入与全要素生产率的实证分析，发现对我国汽车产业增长率的贡献中，劳动比资本占有的份额大，这可能是由于汽车产业的新型国际化分工和我国汽车产业的结构特点造成的。通过对我国汽车产业战略性贸易政策效果的实证分析，揭示出我国的关税与补贴还没有达到最优状态，可以进行调整。总之，通过对我国汽车产业不同侧面的实证分析，可以发现我国汽车产业的国际市场竞争力有待进一步提高，造成我国汽车产业竞争力不强的可能的原因是我国对幼稚产业保护没有真正实现有效、全面、综合的保护,我国对汽车产业实施的高关税政策只是保护了我国的国内汽车市场,但跨国公司可以通过直接投资的办法越过我国的高关税壁垒,进入我国市场,在强大的外资企业面前我国民族汽车企业竞争实力显弱,国内汽车民族品牌发展艰难,最突出的表现就是在国际汽车市场上著名的中高档汽车品牌中,我国民族汽车品牌还没有一席之地。

鉴于以上的理论分析和实证分析,本书对幼稚产业的涵义予以扩展:在新的开放的国内外经济形势下,我国要保护的幼稚产业应该是技术含量较高、产业关联度较大、生产率增长快、具有正外部经济效应、规模经济效应、可实现替代进口并实现出口,或者是从国家产业安全角度考虑的、在我国还处于产业发展初期阶段的、对国民经济的发展有重大意义的具有潜在优势的产业。只有具有这些特征的产业才是我国应该扶持的幼稚产业。

最后,本书从当今世界新形势出发提出了我国实施幼稚产业保护的新思路。即我国幼稚产业的扶持和保护是一个系统工程,需要政府、消费者的大力支持和幼稚产业自身核心竞争力的增强。我国政府应充分发挥管理和服务职能,从援引WTO规则、完善立法保护、发挥行业协会功能、完善政府采购制度、培育市场竞争环境、实施贸易政策和产业政策相结合进行幼稚产业扶持和保护等多方面为幼稚产业的发展创造良好的外部环境,从而实现保护和扶植幼稚产业发展的目标。我国幼稚产业自身也应该从营造内部创新环境、拓展营销创新、实施品牌战略等方面加快综合创新步伐,增强核心竞争力,为自身发展壮大提供可持续的动力来源。我国幼稚产业的发展,还需要全社会广大消费者的支持。市场的需求是幼稚产业发展最强大的动力,消费者的支持也是最有力的支持,因此,要通过对消费者的引导、教育、宣传,激起消费者的国民意识,使消费者认同和支持我国幼稚产业的发展。

1.5.2 不足之处

本书对于美国和日本对幼稚产业保护的实践研究还需要进一步深入,对于我国汽车产业的实证分析还需要更全面的、多角度的分析,还有对于我国实施幼稚产业保护和扶持的措施还需要进一步深入思考。

1.6 本章小结

本章首先介绍本书选题的意义,意义在于揭示幼稚产业保护从资本主义生产方式萌芽开始就贯穿了整个世界贸易不同的历史发展阶段,任何国家都存在对本国幼稚产业不同程度的保护,研究幼稚产业保护具有一定的理论意义和现实意义。

然后明确了本书研究目的，目的在于通过梳理幼稚产业保护的理论依据和发达国家幼稚产业保护的历史实践，分析我国幼稚产业保护的经验和教训，来研究新形势下在世界贸易组织允许的框架下我国进行幼稚产业保护的新思路。接着介绍了幼稚产业保护的国内外研究现状，本书的研究思路、研究方法、主要内容和结构安排。最后对本书主要创新和不足之处进行了说明。

第2章　幼稚产业保护的理论基础

幼稚产业保护的实践是有其经济理论和贸易理论基础的。幼稚产业保护的理论基础主要包括传统幼稚产业保护理论和现代幼稚产业保护理论。传统幼稚产业保护理论主要包括重商主义观点、亚历山大·汉密尔顿的主张、弗里德里希·李斯特的幼稚产业保护理论和约翰·穆勒等人关于幼稚产业保护方面的理论论述。在现代理论方面也出现了一些与幼稚产业保护相关的贸易理论和产业理论。与幼稚产业保护相关的贸易理论可以包括战略性贸易政策理论、比较优势理论及其发展、竞争优势理论、规模经济理论、产业内贸易理论、中心—外围理论、后发优势理论、赶超战略理论、进口替代与出口导向战略理论等；与幼稚产业保护相关的产业理论可以包括产业安全与产业保护理论、产业集群理论、产业系统、产业结构和产业关联理论、产业成长理论、产业竞争力理论、产业政策理论等。

2.1　传统幼稚产业保护的理论基础

幼稚产业保护的思想最早来源于晚期重商主义学说。18世纪末美国经济学家亚历山大·汉密尔顿在《关于制造业的报告》中首先正式提出了保护幼稚产业的理论。19世纪中期德国经济学家弗里德里希·李斯特在《政治经济学的国民体系》一书中系统论述了关于幼稚产业保护的贸易理论，标志着幼稚产业保护理论体系的建立。然后，约翰·穆勒等一批经济学家在关于幼稚产业选择的标准等方面进一步发展了幼稚产业保护理论。至此，传统幼稚产业保护理论体系正式完成。

2.1.1　重商主义的观点

重商主义是资产阶级最初的经济学说，是资本原始积累时期居于统治地位的国家干预主义学说和政策主张，是适应商业资产阶级的经济利益要求的意识形态。重商主义产生于15世纪西欧封建制度向资本主义过渡时期，盛行于16世纪和17世纪上半叶，到17世纪下半叶因工业革命的发展使工业资本逐步取代商业资本在经济生活中起支配作用，长达二百多年的重商主义才日趋瓦解，被新的经济思想——资产阶级古典政治经济学思想所取代。马克思认为重商主义是“对资产阶级生产方式的最早的理论探讨”。

1. 重商主义产生和发展的历史条件

重商主义的产生和发展是与当时的政治、经济、社会、文化等方面的巨大变化密切相关的。重商主义既是当时新兴国家为了积累金银货币而采取的经济政策，也是这一时期思想家为这一政策进行归纳总结和论证的经济理论。

重商主义产生的政治条件是封建国家政权的加强和中央集权国家的建立。腐朽的封建制度导致了封建割据、关卡林立，严重限制和制约了商业资本的活动，阻碍了商业资本的发展，损害了商业资本的利益，因此商业资产阶级支持国王加强国家政权，统一国内市场，消除封建割据，建立中央集权国家。国王为了维持军队和宫廷的豪华生活，需要大量的货币，而商业资产阶级拥有大量货币。从而国王的国家政权和商业资产阶级结成同盟，制定出了一系列反映商业资产阶级利益的重商主义的政策和措施。

重商主义产生的经济条件是资本原始积累的产生和商品货币关系的发展。15 世纪西欧生产力已经有了相当的提高，农业生产技术得到很大改进，手工业生产规模显著扩大，手工业技术水平显著进步，社会分工日益扩大，商品生产迅速发展，商品交换更加发达。城市小商品生产者发生急剧分化，少数逐步变为资本家，更多变为雇佣工人。商品货币关系渗透到农村，实物地租被货币地租代替，货币地租成为地租主要形式，少数农民成为富农或租地农业资本家，多数成为雇农。资本原始积累使生产资料集中到资本家手中，强使劳动者脱离生产资料，掠夺农民土地，实行殖民制度、国债制度、保护关税制度等。资本原始积累过程最典型的国家是英国。15 世纪末英国弗兰德尔羊毛制造业兴起，社会对羊毛需求量增大，羊毛价格不断上涨。大地主和农场主为了饲养绵羊，烧毁农民房屋，赶走农民，把农民耕地圈起来变成牧羊场，以便大量生产制造出口商品的手工工场所需要的羊毛，大批的农民无家可归成为流浪者。这就是闻名世界经济史的圈地运动。英国早期空想社会主义者托马斯·莫尔(1478～1535)用犀利的笔锋描绘出当时地主圈地的景象，指出这是一种“羊吃人”的奇怪现象。他说：“你们的绵羊本来是那么驯服，吃一点点就满足，现在变得很贪婪很凶残，甚至把人都吃掉，吃掉你们的田地、家园。凡是出产细致贵重羊毛的地区，那儿的贵族豪绅，乃至主教圣人之流，不让任何人在庄园上耕种，把整片地化作牧场，他们把可以居住、可以耕种的每个角落都弄成荒地，好像他们的鸟园兽园还不够大。”资本原始积累的另外一个重要的方法是对殖民地野蛮的掠夺。西欧各国新兴资产阶级远渡重洋，侵占殖民地，大规模摧残屠杀殖民地居民，搜罗掠夺殖民地黄金和财物，贩卖奴隶，进行掠夺性贸易。1493～1606 年葡萄牙人仅从非洲殖民地就运走 27.6 万千克黄金。资本主义生产关系在城市和农村都发展起来。生产者越来越多为市场需求而生产，生产者要求货币量不断增多，农民为了缴纳地租需要货币，新兴资产阶级为了实现资本积累需要大量的货币，封建统治者为了追求豪华奢侈的生活和支付巨额军政费用也需要货币，总之整个社会的各个层面，一切商品交换和收支都需要货币。货币成为当时社会各阶层积极追求的对象。15世纪至16世纪初一系列的地理大发现有力促进了资本主义的发展。1492年哥伦布到达了西印度群岛，1497年瓦斯科·达伽玛绕过好望角，发现通往印度的新航道。地理大发现扩展了欧洲资本的流通范围，增加了商品流通数量和种类，扩大了世界贸易的领域，促进了资本主义生产方式的发展。重商主义者认为财富的来源有两个，一是开采金银矿产，另一个是发展商业，特别是进行对外贸易。开采金银矿产的数量远远不能满足社会的需要，而国内商业只会使一部分人得到好处而另一部分人吃亏，虽有益处但国家得不到任何好处，不能增加国内的货币量，因此发展对外贸易是获取货币财富的主要来源，才是利润的源泉。国内商人通过对外贸易，将本国商品销往国外，把金银运回本国，坚持多卖少买，获得高额利润。重商主义者认为国内生产应当服从于商品输出销售的需要，国家应积极干预经济生活，大力发展那些在国外价格较高商品的工场手工业，货币应尽量多流入国内而少流向国外。

重商主义产生的思想文化条件是文艺复兴的人文主义的思想影响。资本主义经济的发展促进了资产阶级思想体系的形成。新兴资产阶级在利益的驱使下要求自由地从事商业活动，要求摆脱为封建统治服务的神学和经院哲学的束缚，摆脱腐朽的封建制度压迫，反对封建统治阶级的超尘、出世等思想，主张人性的全面发展，以人文主义反对封建统治，以人性、人权、自由反对神性、神权、神和宗教规范的束缚。重商主义者思想上受到了文艺复兴时期人文主义的思想影响，他们从人文主义思想出发，主张从人的角度，用商人的观点来观察事物和考察社会生活的一切现象。反对奴隶社会思想家和封建社会经院哲学家观点，即自然经济是不可动摇的，反对货币财富，把自然经济现象说成是符合伦理道德标准和宗教教义的规范行为。重商主义者极力维护世俗利益，维护商品货币关系，特别是把注意力集中在商业和货币流通上，特别是黄金白银的流动上。他们认为货币是金银，是财富的唯一形态，国家经济政策和一切经济活动的目的统统归结为攫取金银。

2. 重商主义发展的两个阶段及其代表人物

重商主义发展经历两个历史阶段，第一个阶段从15世纪到16世纪中叶，被称为早期重商主义阶段，也被称为货币差额论、重金主义阶段，第二个阶段从16世纪下半叶到17世纪中叶，被称为晚期重商主义阶段，也被称为贸易差额论、重工主义阶段。

重商主义最初出现在意大利，16世纪末后广泛流行于西班牙、葡萄牙、荷兰、英国、法国、奥地利、德国等国家，17世纪初英国重商主义著作占据显著地位。14世纪末意大利北部的佛罗伦萨、威尼斯、热那亚等城市已经出现资本主义生产关系的萌芽，当时欧洲的贸易主要集中在地中海。15世纪末16世纪初的地理大发现改变了通商路线，意大利的对外贸易受到沉重打击，使其不再是欧洲的贸易中心。意大利早期的重商主义者伽斯巴罗·斯加卢菲（Scaruffi，1519～1584）、贝纳多·达旺查蒂(Davanzati,1529～1604)强调银行的作用,积极主张取消各国为货币流通和信贷的障碍,积累货币财富。意大利晚期的重商主义者安东尼奥·塞拉(Antonio Serra,1580～?)1613年发表《略论无矿藏的国家能使金银充裕的成因》一书,主张出口自由是扩大贸易的起因,禁止出口将使贸易萎缩;行业的多样化、人民的素质、商业活动的广泛程度和主政者的管理方式是一般国家获得金银的原因;制造业比农业更有利于货币积累,要重视工场手工业的发展;政府的作用很重要,主政者应从实际出发,制定正确政策,干预经济生活,促使金银丰足。

15世纪末英国开始圈地运动,手工业和国内外贸易获得迅速发展,17世纪中叶英国资产阶级革命取得胜利,通过对外扩张、殖民掠夺和战争,在相当长时间内垄断了世界工商业,成为海上贸易最强大的国家。英国成为欧洲各国中资本原始积累和资本主义生产方式孕育和发展相对典型的国家。英国早期重商主义代表人物威廉·斯塔福德(William Stafford,1554～1612)和约翰·海尔斯1581年出版著作《关于近年来我国同胞常有的一些抱怨的简单考察》,阐述了少进口、多出口,尽量把金银货币保存在国内,反对货币外流的基本思想;反对不足值的货币投入流通;反对外国商品进口,特别是本国可以生产的商品;竭力主张实行保护贸易政策,以高额关税和限制进口保护本国工业,鼓励扶持本国的工业,在对外贸易中防止逆差力求顺差,增加出口,使货币不外流的思想。该书被誉为是对英格兰都铎王朝经济思想的最先进的陈述,是英国早期重商主义的最早代表作品。英国晚期重商主义最杰出代表托马斯·孟(Thomas Mun,1571～1641),是从事国际贸易的商人,东印度公司董事,贸易差额论的创始人。1621年托马斯·孟出版《论英国与东印度公司的贸易》一书,批驳英国与东印度公司的贸易使英国金银枯竭的说法。1664年托马斯·孟出版代表作《英国得自对外贸易的财富》,这本书被恩格斯认为是"重商主义一部划时代的著作",较为系统地论述了贸易差额论。他认为,早期重商主义禁止金银输出的思想是错误的,如果国内金银积累过多,不能购买国外商品,就会导致国内商品价格上涨,会减少国内商品消费,也会使国内商品生产成本上升导致出口量下降,直接会影响到贸易顺差,所以政府要允许金银输出,"货币能产生贸易,贸易会增加货币"。并非每一笔对外贸易都要有顺差,只要每年卖给外国人的货物价值大于国内消费国外商品的价值就可以,这样每年都能保持贸易总值的顺差,增加金银货币流入量,而国际贸易顺差才是一国获得财富的唯一手段,也是衡量一国财富多少的唯一尺度。托马斯·孟主张要国家干预对外贸易,减少外国制成品的进口,扩大本国工业品和农产品的出口,反对国内居民消费本国能生产的国外进口商品,有利于扩大就业,实施奖出限入政策,保证贸易顺差,以达到金银流入增强国家财富的目的。

法国实行重商主义政策比其他西欧国家略晚,在16世纪末执行了重商主义政策。16世纪的法国的纺织、冶金、玻璃和金属加工业的工场手工业发展迅速,国内国际贸易也随之迅速增长,法国沿海城市里昂、波尔多、马赛等地逐步成为了商业活动中心和商业资本的主要活动场所。法国建立起许多海外公司，扩大对美洲、非洲、亚洲殖民地的贸易和财富掠夺。让·博丹(Jean Bodin，1530～1596)是法国早期重商主义代表，因针对当时的物价问题而提出货币理论而闻名。他认为，当时法国物价上涨的主要原因是法国国内金银数量过多造成的，不是钱币含金量减少造成的，物价上涨的其他因素包括物质的短缺、垄断、王臣们的享乐等。同时他认为法国国内金银数量增多是贸易扩展的结果，宫廷生活的奢侈引起膨胀性的开支导致物价上涨，还有就是货币成色的降低，并把物价上涨因引起的原因不同而加以区别，主张贸易自由。由于他对16世纪价格革命的详尽解释，一般把他认为是货币数量论的创始人。安东尼·德·孟克列钦(Antonie de Montchretien，1575～1622)是17世纪初法国重商主义的代表，是属于早期重商主义向晚期重商主义过渡时期的重商主义者，1615年他出版《献给国王和王后的政治经济学》一书，书中第一次提出政治经济学这个概念，讨论了工场手工业、商业、航海业和国家的经济政策等。孟克列钦从商业资产阶级利益出发，提出商业活动是国家经济活动的基础，认为商业利润是商人出生入死、冒险活动所应该得到的，是正常的利润，他认为对外贸易是国家财富的源泉，国家应该保护本国商人的利益，采取措施帮助本国商人扩大对外贸易，同时他强烈反对购买国外奢侈品，因为奢侈品的进口会使黄金流往国外，对国家经济不利。他认为农产品的生产和工业品的生产都是国家积累财富的重要手段，一国生活必需品丰裕可以吸引外国金银流入，从而使国家的金银增加。孟克列钦强烈主张国家应积极干预经济活动，主张政府的主要任务是使国家不断富裕和获得荣誉，并提出了国家干预经济的具体建议，主张政府应对外国商人购买出境的法国商品征收出口税，如小麦、食盐等，并禁止本国工业需要的原材料的输出，如羊毛等，主张政府仿效国外设立新型手工工场，改善并提高法国工业品竞争力，保护本国自然财富，严格限制外国商人在法国的商业活动等。孟克列钦的主张清楚地表露出防止外国商业资本侵入法国，保护法国商业资产阶级利益的思想。让·巴蒂斯特·柯尔培尔(Jean Baptiste Colbert，1619～1683)，17世纪末法国著名的政治家，1665年成为法国路易十四国王的财政大臣，当政期间采取了一系列重商主义的经济政策。柯尔培尔认为，一个国家的军事政治实力取决于国家财富的多少，国家财富的多少取决于国内的货币总量，一国为了致富就必须从其他国家掠夺货币，对外贸易是国家致富的重要途径，只有对外贸易才能使法国致富，而国内贸易是对外贸易的辅助力量。在对外贸易中，要尽量减少进口外国商品，增加本国工业品出口，不断从贸易出超中得到金银流入法国。为了促进增加本国工业品出口，柯尔培尔鼓励发展本国工业，并出台了许多措施，颁布了一些法令。如在法国工业中推行行会制度监督工业，促进工业发展，给予工场手工业资本家生产补助金和贷款扶持；重视工业技术提升，鼓励外国技术工人移居法国，从政府层面出台法令保证商品质量的改善；取消部分国内地方关税，统一了国家关税税率，改善国内市场环境，促进法国工商业发展；主张发展航运，改善法国港口设备，积极扩大对外贸易；推行殖民扩展政策，开辟法国工业品的国外销售市场。为了避免外国商品的竞争，柯尔培尔积极推行保护关税政策，坚决限制外国工业成品进口，鼓励本国工业所需原材料的进口，如羊毛、铁、锡等，禁止法国粮食和其他农产品出口，鼓励国外农产品进口，降低了工业品的生产成本，增强了法国工商业资本家的国际市场竞争力。柯尔培尔的重商主义政策在一定程度上促进了法国工商业的发展，虽然他的实践比较彻底，但理论上没有加以深刻论证。

西欧其他国家，如西班牙的路易斯·奥尔蒂斯(Louis Oldys)、桑乔·德·蒙卡达(Sancho de Moncado)、马丁内斯·德·马达(Francisco Mortinez de Mata)、赫罗尼莫·德·乌兹塔利兹(Geronimo de Uztariz)、德国的塞肯道夫(Veit Ludwig von Seckendorff)、奥地利的霍尼克(Philip von Hornick)等都是重商主义思想的倡导者。

3. 重商主义的基本思想和政策主张

早期重商主义的货币差额论的基本思想就是，财富唯一的形态就是以金银为代表的贵金属，在一个国家范围内，商人之间的商品交换只是把财富从一个商人转移给另一个商人，国内的财富总量并没有增加，国家要想富强，就必须开展国际贸易。在国际贸易中，国外商品的进口会使本国金银流出，减少国家财富，本国商品的出口会使外国金银流入，增加国家财富。因此，重商主义者主张，政府要对对外贸易进行政策干预，限制外国商品进口，甚至不进口，鼓励本国商品出口，从而使金银等贵金属的流入量大于流出量，从而增加国家财富。

晚期重商主义者詹姆斯·斯图尔特(James Stuarts)认为："任何国家要保护和振兴民族工业，就要统一思想，迅速采取行动。如果英国的毛纺织业利润很大，法国也想建立起这一产业，而如果法国国王对于法国创业者不给予一些优惠条件和待遇，不大力支持，对外国进口毛纺织品熟视无睹，不进行限制，那么这一产业在强大的外部竞争压力下如何能够建成呢？一个新工业在一国的建立，除了国家采取扶持的方法，还有什么别的办法吗？"

晚期重商主义者认为，国家财富是用金银衡量的，国家的富裕程度是用金银的多少来度量的，国内贸易只是国内财富的转移，没有实现国家财富的增加，国际贸易是增加一国财富的有效途径，在国际贸易中要多出口少进口保持贸易顺差才会增加一国的金银总量，因此增加本国财富的核心环节就是要增加本国商品的出口，减少外国商品的进口，要想实现这个目的，就要实施国家干预政策，干预对外贸易，干预经济生活，实施奖出限入的贸易政策，由国家对出口工业制成品给予财政补贴、免税和退税，用价格较高的工业制成品出口替代价格低廉的原材料出口，同时对外国工业制成品进口实施贸易限制政策，严禁外国奢侈品的进口，国家要制定政策，积极鼓励发展本国民族产业，对工场手工业者提供各种优惠条件和贷款，扩大工业生产规模，实施低工资以降低成本，严禁本国技术工人外流，鼓励引进国外熟练技术工人，奖励人口增加保障劳动力供给，严禁本国先进工具和设备的出口，鼓励原材料输入，禁止原材料出口，以保障本国工业生产的原材料投入，国家奖励在国外市场上销售本国商品的商人等贸易政策。

早期重商主义和晚期的重商主义都认为金银货币是真实财富的唯一代表，都是从商业流通领域去寻找财富，而国内的商业流通只会使财富发生转移，不会使国家财富增加，增加国家财富的重要途径只能是开展对外贸易。为了实现国家财富增长的目的，他们都积极主张国家干预经济生活，采取一系列手段和措施，使国外的金银等贵金属尽可能多地流入国内，使国内金银尽可能少地流向国外。

重商主义强调国家对国内外经济生活实行全面的严格的干预，并提出了一系列国家干预的政策主张。在国际贸易中，重商主义主张实施贸易保护主义和严格外汇管制，主张实施多种措施限制外国商品进口，特别是国外奢侈品的进口，如关税、税收、补贴、限额等，限制国内廉价原材料的出口，特别是国内需要的原料的出口，如农产品、工业原材料等，主张外贸以顺差为目标，不断获得国外金银财富，使得国家在金银的积累中不断富裕起来。在国内经济政策中，重商主义主张实行一系列经济措施。第一，实行以出口为导向的产业政策。重商主义者积极倡导政府干预国家手工业的发展，积极保护和扶持本国工商业的发展，特别是民族幼稚产业的发展，鼓励大力发展以出口为目标的工场手工业制成品的生产，奖励和扶持在国际市场有产品竞争力的厂商。第二，实行低工资低消费政策。重商主义者主张通过将工人工资维持在生存水平，并延长工人工作时间，为资本主义工商业的发展提供低廉的劳动力，为了进行资本主义原始积累，主张限制国内消费，采取多种措施征收消费税，对进口的奢侈品征收高额关税，目的是积累更多的金银货币发展资本主义工商业。第三，实行垄断政策。政府以法律法规形式赋予大商业资本家在经济生活中享有种种特权，从而在某些经济领域形成排他性特权，建立起垄断公司，加速资本主义的发展。

4. 对重商主义观点的评价及其对幼稚产业保护的认识

重商主义是西方最早的国际贸易理论，重商主义者从对外贸易的角度对一国财富和经济生活的影响进行了分析它的逻辑体系可以概括为：国家经济活动的目的就是要得到以金银贵金属为唯一形式的财富，对外贸易是获取金银、增加国家财富的重要途径，国家积极主动地干预经济生活是获得对外贸易顺差的保证。重商主义理论与政策在历史上对于打破中世纪欧洲经院哲学的束缚，对于促进资本原始积累、促进资本主义发展都起到一定的积极作用，也为古典经济学派的经济思想的发展奠定了思想基础。

重商主义的缺陷和不足主要表现在：重商主义对社会财富的认识是肤浅的，金银货币只是充当一般等价物的特殊商品，不是社会财富的唯一代表；重商主义认为流通领域产生财富，按照马克思主义的观点是不科学的，创造财富的真正来源是生产领域；重商主义认为国际贸易是零和博弈的观点是不正确的，可以实现双赢和多赢的贸易格局等等。

重商主义的政策主张，如国家应干预对外贸易，采取多种措施奖励出口限制进口，实行重出口导向的产业政策，积极保护和扶持本国工商业的发展，特别是民族幼稚产业的发展，这些政策措施和主张即使到了现在，仍然具有重要的现实意义。

美国经济学家埃尔斯沃斯(P. Ellsworth)是这样评价关于重商主义中保护幼稚产业的思想的，“重商主义国家政策的目标就是要国家富强，各种形式的制造业、充足的原材料供应和本国商品能顺利进入国外市场、繁荣多产的农业是实现国家富强的保证，实施贸易管制、保护国内幼稚工业，从而取得持续不断的贸易顺差就是保护成功的标志。”理查德·高夫(Richard Goff)在其著作《西方文明溯源》中指出，“重商主义就是要国家直接调节经济生产和消费，国家调节经济的最终目的就是要扩大工业、商业、农业和矿业生产，使生产数量大于消费数量，使商品出口数量大于商品进口数量，使国家金银等财富积累越来越多。国家可以采取的政策措施包括，国家允许少数大公司进行行业垄断，国家实施高关税税率以保护幼稚产业，并对其采取扶持和补助措施，使其免遭外国进口商品的竞争，国家监控一些产业商品质量，提高本国产品的国际市场竞争力。”李斯特认为，“重商主义强调民族产业是民族经济和利益的来源，因此国内市场的主要份额要由国内企业占领，要阻止外国制造品的竞争。这样从客观上既保护了本国工业生产能力，也有利于培育和发展新兴幼稚产业，也给人民提供了大量的就业岗位。重商主义的保护本国市场，开拓世界市场的主张实质上就是主张建立和保护民族幼稚产业的民族工业主义思想。与其称之为重商主义，不如称之为重工主义。”在《经济分析史》一书中，熊彼特提出，世界工业革命的基础是实施了重商主义政策的结果。世界工业革命的实质是新兴产业替代传统产业，不是像蒸汽机发明那样只是单纯的技术革命。

由此可见，重商主义是幼稚产业保护的理论渊源，幼稚产业保护的思想最早应该说是来源于晚期重商主义学说。事实上，当今世界各国，不论是发达国家还是发展中国家，在制定或选择对外贸易政策时都会多少受到重商主义政策主张的影响，GATT 和 WTO 中的一些思想准则就显示出了这一点。

2.1.2　亚历山大·汉密尔顿的主张

1. 汉密尔顿理论产生的历史背景和理论主张

美国独立之前，是大英帝国的殖民地，源源不断地为英国提供农产品和工业生产所需要的原材料，并且也是英国大量工业生产品的销售市场，经济非常落后。1776 年美国建国后，由于英国对美国进行经济封锁，再加上独立战争带来的经济创伤，整个经济一片凋敝。如何发展极度落后的工业经济，选择经济发展道路，美国面临抉择。为了回答这个问题，美国独立后第一任财政部长亚历山大·汉密尔顿(Alexander Hamilton)1791 年 12 月提交了一份《关于制造业的报告》给当时的美国国会，比较系统地阐述了美国贸易政策的走向问题。汉密尔顿认为，如果美国实行自由贸易政策，由于美国工业起步晚，基础十分薄弱，生产技术落后，生产效率低下，产品生产成本很高，美国工业几乎难以发展，更难以与当时先进国家的工业相抗衡，美国无疑会继续沦为当时的英国、法国等欧洲殖民帝国的原料供应地和工业品销售市场，所以自由贸易政策是不适合当时美国经济的实际情况的。美国只有实行国家干预贸易发展的政策，实行关税保护政策，才能在关税保护下发展起本国的民族工业，摆脱英法等国对美国的经济控制和经济封锁。

在报告中，汉密尔顿首先解释了美国保护国内民族工业和发展美国制造业的必要性。他认为，美国保护民族工业，积极发展制造业对维护美国的经济独立和政治独立具有重大意义。国内工业，特别是制造业在国民经济发展中的地位十分重要和关键，先进的制造业才能提供先进的技术设备和生产工具，有利于发展社会分工和社会协作，提高工业机械化水平，提高劳动生产率。制造业的发展会带动相关产业的发展，有利于扩大对国内丰富的原材料的需求，从而扩大社会就业，吸引外国移民，增加美国劳动人口，提高美国生产能力和生产技术水平，加速美国经济发展。他认为，一个国家如果工业发展不起来，国家就不可能变得强大，甚至也难以保护国家独立和安全，一个国家的财富，无疑与制造业的繁荣息息相关。然后，汉密尔顿提出了保护美国幼稚产业的政策主张和具体措施。他认为，对于像美国这样的落后国家，在自由贸易条件下，想要进入对于英法等国来说已经处于先期优势的某个新产业领域，是非常难以生存的，即使进入了某一新产业领域，要想在产品质量和产品价格上与先进国家已经发展成熟的该产业竞争，也是没有希望的，美国为了经济独立和政治独立，必须采取关税措施保护美国新生幼稚产业，使美国幼稚产业得以生存、发展、壮大。美国新生幼稚产业在高关税措施保护下，技术、管理、劳动生产率都有了一定的发展，国内市场基本建立，工业生产规模不断扩大，等到幼稚产业可以在免税的情况下可以与外国工业品竞争时，就可以取消保护措施了。汉密尔顿认为，保护幼稚产业的主要方式就是要提高进口商品的关税，实行保护关税政策，用高关税限制国外工业品进口。为了促进美国幼稚产业发展，他还提出了一些具体措施，包括政府应积极向私营工业提供发展资金或发放政府信用贷款；限制美国重要的原材料出口；鼓励工业技术的发展，限制改良机器出口；对国内极端缺乏的原材料进口实施免税政策；实施高关税限制外国商品进口；政府为鼓励工业生产，要为企业生产生活必需品发放津贴，为各类工业生产企业发放奖金；实施联邦检查制度，从而保障工业品的生产质量，增强产品的生产竞争力。汉密尔顿还批评了一些反对政府干预贸易、反对政府支持幼稚产业发展的观点。他认为，反对政府保护的人天真地认为，在没有政府支持下，幼稚产业也可以自然地发展，制造业的发展将会像自然状态和社会需要的那样发展很快，新兴产业仍然可以尽其所用，尽获其利，他提出了几条反对的理由，缺乏政府的支持和保护，企业涉足新兴幼稚产业面临一些难以克服的困难，消费者消费外国商品的习惯的强大影响，消费者消费模仿心理的影响，企业对投资新产业获得成功的不确定性因素的影响，新兴幼稚产业与国外成熟产业竞争面临许多困难，在各个竞争领域，外国政府都在向其企业提供支持,如提供津贴、补助和各种奖励措施等等。

2. 对汉密尔顿理论的评价

汉密尔顿虽然并没有系统的阐述保护幼稚产业的理论,只是向政府提出了保护制造业的主张,但是汉密尔顿的主张对于美国幼稚工业的发展,美国政府的内外经济政策产生了重大而深远的影响,促进了美国资本主义生产方式的发展,成为美国贸易保护政策的重要组成部分,具有重要的历史进步意义,这一积极的理论主张也为后来形成比较系统化、理论化的幼稚产业理论奠定了一定的基础,为经济落后国家进行幼稚产业保护,并与先进工业国家斗争提供了理论依据,时至今日也是世界上许多国家管理对外贸易的一种重要手段。

2.1.3　弗里德里希·李斯特的幼稚产业保护理论

弗里德里希·李斯特(Freidrich List,1789～1846)是德国政治经济学历史学派的先驱者、资产阶级经济学家,是德国关税保护政策的倡导者,是国际贸易保护理论体系的奠基人。弗里德里希·李斯特早年深受自由贸易思想影响,积极倡导实行自由贸易,他曾经是非常忠实的亚当·斯密自由贸易理论的拥护者,而且他还把亚当·斯密的自由贸易学说作为确实可靠的理论积极宣传和讲授。他注意到,英国的工业经济发展是在重商主义保护下发展起来的,在拿破仑时期法国对英国实施经济封锁时,欧洲大陆受到保护,没受到英国工业产品的冲击时,欧洲大陆包括德国的工业特别是制造业却迅速发展起来了,可当拿破仑战败,英国倡导的自由贸易再次在欧洲大陆盛行时,欧洲大陆新建立发展起来的工业特别是制造业却受到英国工业品毁灭性的竞争打击。1825年的美国之行,他看到了美国在亚历山大·汉密尔顿思想的影响下实施产业保护政策带来的深刻变化,他敏锐地意识到类似美国情况的德国也应该这样做,他开始积极主张德国应该实行产业保护政策。1827年,弗里德里希·李斯特的著作《美国政治经济学大纲》在美国出版,在书中他首次表达了他的产业保护的贸易主张。1837年他的著作《政治经济学的自然体系》在法国出版,进一步表述了他的幼稚产业贸易保护思想。1841年他出版了最具影响力的著作《政治经济学的国民体系》,在书中系统论述了他的以社会发展阶段理论、生产力理论、国家经济学理论为基础、以关税保护为手段的幼稚产业保护理论,从而建立起了幼稚产业保护的理论体系。为此,恩格斯对《政治经济学的国民体系》做出了高度评价,认为此书是"德国资产阶级作品中最优秀的著作"。

1. 弗里德里希·李斯特保护幼稚产业学说产生的历史背景

18世纪至19世纪初的德国处于风云激荡的年代。民族主义、自由主义、社会主义、保守主义等各种思潮汹涌澎湃,冲击着德国社会经济、政治、文化等方面。1815年反拿破仑战争胜利后召开的维也纳会议决议建立了新的德意志联盟,由34个邦和汉堡、不莱梅、卢卑克和莱茵河上的法兰克福四个自由市组成,它完全是一个松散的政治联盟,德国继续背负着中世纪以来形成的四分五裂的封建割据的状态，整个德国仍然处于一片散沙的状态，德国民众渴望的民族统一并没有实现，国家和民族的分裂严重阻碍了德国社会的进步和资本主义的发展。19 世纪的德国政治上领土分割，关卡林立，各邦纷纷在边境线上征税，阻碍了国内商品流通，对外经济贸易关系上，德国没有统一的关税，主要依赖原材料和食品出口，国内产业无论是工业技术还是管理方法，都远远落后于已经完成工业革命的英国，甚至与当时已进入工业发展阶段的法国、荷兰、美国相比，也有相当大的差距，经济发展水平十分落后，还是一个十分落后的农业国，从而英法等先进工业国廉价的工业制成品和半制成品如潮水般进入德国市场，打击了德国的民族新兴产业。再加上当时的德国资本主义不发达，资产阶级力量较弱，难以与当时强大的德国封建势力和专制国家抗衡，为了维护资产阶级的利益，德国资产阶级只能期望借助国家力量实现资产阶级利益，正是德国资产阶级的特殊性使得德国资产阶级表现出对国家政权的高度信任和高度依赖感，使得在德国政治体系中国家政权对于发展资本主义过程中的作用起到重要作用。19 世纪初德国民族主义倾向日益加强，明确倡导要点燃"隐藏在每一个德国人心中的爱国主义火焰"。弗里德里希·李斯特是德国资产阶级知识分子，代表着资产阶级利益，所以他的思想也不可避免地受到当时德国民族主义思潮的影响，正是这一特殊的时代背景决定了弗里德里希·李斯特从民族主义出发、从落后国家资产阶级利益的角度思考国家的产业政策和贸易政策，从而提出了依靠国家干预的幼稚产业保护理论。

2. 弗里德里希·李斯特保护幼稚产业理论的核心思想

李斯特的幼稚产业保护理论的核心思想包括几个方面的内容：第一，任何国家的经济发展都必然会经过五个阶段：原始未开化期、畜牧期、农业期、农工业期、农工商业期。在每个国家不同生产力发展阶段上，应采取不同的对外贸易政策。处于前三个阶段，应实行自由贸易政策，处于农工商业期，也应该实行自由贸易政策，德国现在处于农工业期，应该实行贸易保护政策。古典学派的国际自由贸易政策对各国有利的结论是有前提的，必须是世界各国具有几乎相同的经济发展阶段和国情。如果一个国家或地区在工业和商业上落后于先进国家，国家就要实施保护贸易政策，促进国内工业发展，增加国家财富生产力。第二，德国实施保护关税，虽然牺牲了眼前利益，但建立比较先进的工业体系，提高了财富生产力，并且这种生产力在抵偿损失后还会有大量剩余财富。李斯特认为，国家落后是暂时的，财富生产力在本质上是动态的，财富生产力的提高可以造就产业优势和国家优势，一个国家制定对外贸易政策的出发点应是优先考虑发展国家生产力，而不是仅仅从国际商品交换中获得的财富数量大小。第三，对于世界各国来说，政治经济学首先应该是一门国家经济学，民族经济学，各国的发展情况不同，自由贸易并不能使所有参与国际贸易的国家都获得贸易利益，一切从国家利益和民族利益出发是国家制定经济政策和贸易政策的基本出发点。对于暂时还比较落后的德国，只有实行保护制度，通过关税保护政策，才是落后国家赶超先进国家的必需手段，李斯特的最终目标还是同古典经济学的目标是一致的，即促进各国最后实现自由贸易。第四，在国家不同经济发展阶段上应采取不同的关税保护水平。农业不需要保护，尚处于建立时期的、或处于初期发展时期的、没有足够自由竞争实力的国家幼稚产业必须得到国家的保护。但他并不认为国家应对国内所有工业部门都必须采取高关税保护措施，他认为要针对不同产业实行区别对待，要重点保护那些与国计民生关系密切的工业部门，重点保护那些国家幼稚产业部门和经过关税保护一段时间以后能与先进国家进口商品竞争的工业部门，要重点保护国家技术、科研和教育部门，以实现国家生产力的迅速提升。对于虽然为新生产业，但经过判断即使保护也没有前途或者国外尚且没有强有力的工业生产部门进行市场竞争的产业部门或其他次要部门，可以实行低关税保护或不保护。第五，李斯特的贸易保护手段主要是以关税为主，并且他提出了具体的实施办法。在一个国家或地区采取关税保护措施之前要有一段时间的政策缓冲期，以增强建立和可以发展国内产业的预期，在关税保护了一段时间之后，经调研分析确认国内幼稚产业已具有一定的市场竞争力后要逐步降低关税水平，减弱保护程度，以竞争为手段来激励国内工业的进一步发展和壮大，国内幼稚产业的成长、发展、壮大和成熟都只能逐步实现。他认为，关税保护程度的确定要合理，关税保护程度应该在 20%～60%之间较为适宜，初建立的产业实行高保护关税，可以为 40%～60%，已发展起来的或比较成熟的产业的关税水平应不超过 20%～30%，关税保护必须与国家产业发展水平相一致，只有做到这一点，这样的制度安排才会有利于国家产业的发展、国家的繁荣富强。第六，李斯特认为，落后国家对国内幼稚产业的保护不能没有时间限制，保护期限太短，国内幼稚产业可能还没有长大，就会被外国产品竞争淘汰；保护期限太长，不利于人民培养起勤劳、节约、竞争、效率等观念，不利于推动开拓创新的民族精神，不利于新的生产技术的发明和创造，不利于国内幼稚产业的成长和壮大。保护时间的确定可以有两种方法，一是当国内被保护的幼稚产业生产的产品价格已经低于外国进口商品的时候，这时就不需要再提供关税保护了；二是经过一段时间的贸易保护，国内被保护的幼稚产业仍然不能自立自强，不能与国外进口商品在市场进行竞争，这时要放弃保护，这个保护期最长不能超过 30 年。

3. 弗里德里希·李斯特的保护幼稚产业理论体系的基本内容

弗里德里希·李斯特的保护幼稚产业理论体系的基本内容包括生产力理论、社会发展阶段理论、国家经济学理论、保护关税理论等四个方面。

(1) 弗里德里希·李斯特的生产力理论

李斯特认为，以亚当·斯密为代表的古典学派把物质财富作为经济研究的唯一对象是错误的，一个国家的财富正如一个渔夫一样，渔夫的财富不在于渔夫手中有多少鱼，而在于渔夫捕鱼的意愿是否强烈，捕鱼工具是否先进和捕鱼本领的大小，一个国家的财富也是如此，一个国家的财富不在于拥有财富的多少，而在于生产财富的生产力，财富生产力比财富本身不知道要重要多少倍。一个拥有许多财富的国家,如果没有生产财富的生产力,会越过越穷;反过来,如果一个国家暂时很穷,但如果拥有了生产财富的生产力,就可以生产更多产品,满足消费需要之后还有剩余产品可以交换,就会越来越富裕。所以财富生产力不但可以保障现有财富,增加未来财富,而且可以补偿失去的财富。他以西班牙和美国为例加以说明。西班牙曾经非常富强,西班牙的人民、领土、矿藏、自然环境甚至照耀西班牙的太阳都和原来一样,为什么西班牙日趋贫困了呢?是因为这个国家逐渐丧失了生产财富的社会生产力。独立战争前的美国非常贫穷,独立战争耗费了美国大量的财富,但美国独立之后,就在社会财富上获得巨额增长,什么原因呢?就是因为美国重在实现生产力的提高,使生产力得到空前大规模的发展。财富生产力就好比是能结果实的树,显然树本身与果实更有价值,财富生产力比财富本身更重要,国家没有生产力,国家就软弱无能,国家的软弱不但会难以保障我们已有的财富,就是民族的文化、人民的自由、国家的工业、国家的独立自主都有可能会落到生产力更强的国家手中。为了发展财富生产力,必须牺牲眼前的消费利益,保障国家产业的建立,保障将来的利益,经过一段时期的关税保护,国家建立起自己的比较先进的工业体系之后,工业品价格就会比国外工业品价格更低更有竞争力,国家生产力也得到飞速发展。保护关税的实施,虽然牺牲了眼前利益,却增长了财富生产力,这种生产力可以持续不断地生产难以估量的产品价值,并且会抵偿损失后还会有大量剩余。因此,李斯特认为,财富生产力在本质上是动态的,国家落后是暂时的,财富生产力的提高可以造就产业优势和国家优势,一个国家制定对外贸易政策的出发点应是优先考虑发展国家生产力,而不是仅仅从国际商品交换中获得的财富数量大小。

什么是财富生产力呢?李斯特认为,国家制度、社会制度、王位的继承、取消奴隶制、取消封建领地、基督教、一夫一妻制、警察、交通工具、自由保有不动产原则、货币、科学、艺术、计量、历法、技术改进、生产效能、智力培养、发明、发现、邮政、报纸、印刷、钟表、人民勤奋等都是财富的生产力不断增长的源泉。显然可见,李斯特的财富生产力既表现为个人在政治环境和社会环境中的精神力量,也表现为整个社会的教育状况、公德意识、宗教影响、道德状况、辛勤耐劳、进取精神、自由独立精神等。李斯特批判了亚当·斯密为代表的古典学派只把劳动当做唯一生产要素,否认脑力劳动在财富生产力中的作用的观点。李斯特指出,按照古典学派的观点,风笛和口琴的制造者是生产者,作曲家和音乐家不属于生产者;牛顿、瓦特和开普勒这样的人的生产力,不如一头驴、一匹马、一头牛;养猪的人是生产者,一个教育家却不是生产者。在李斯特看来,脑力劳动不知要比体力劳动重要多少倍,脑力劳动效率不知要比体力劳动效率增加多少倍,精神资本的重要性不知要比物质资本贵重多少倍。他以教师为例加以说明。教师是脑力工作者,不生产具体产品,只是提供教书育人的劳务,但其生产力比单纯体力劳动者重要得多,因为教师是未来生产力的哺育者和培养者,教师的工作促进文化知识的传播、促进道德进步、宣扬宗教精神,提倡扩大民主自由权利,提高国家政治制度的完善程度,巩固人身和财产权利，巩固国家完整和独立主权等，这些方面的作用越大，他们的财富生产力就越大。

怎么增加一个国家的财富生产力呢？李斯特认为，国家综合生产力是国家兴衰存亡的关键。一个国家的生产力状况取决于工作种类和划分，取决于国家生产力协作。一个国家的工作种类应划分为物质领域工作和精神领域工作。国家生产力协作就是物质领域内部的相互关系和物质领域与精神领域之间的相互关系。物质领域生产力协作主要是农业与工业的协调发展。物质资本增长依托于精神资本增长，农业物质资本增长依托于工业物质资本的增长，商业资本是对农业资本和工业资本的补充，工业经济对农业经济、商业经济以及整个国民经济起主导性作用，工业经济内部存在密切关系，构成一个有机整体。一个国家应使农业、工业、商业以及各部门内部协调平衡发展，从而形成综合国力，促进国家经济发展。工业，特别是制造业是生产力的领军产业，是一国生产力的源泉。工业与社会分工紧密相关，与人力资本紧密结合，工业可以提高资源的使用效率，提高生产效率，带来大量利润，工业可以创造先进的科学与技术，工业可以促进国家物质资本的迅速增长，一个国家强盛的基础就是要保持高水平的工业生产力。他认为，如果一个国家能垄断世界全部工业力量，其他国家只能提供原材料和农产品，该国必是世界经济的统治者。

贸易政策对一国生产力有什么影响呢？李斯特认为，自由贸易应区分为国内自由贸易和国家自由贸易，它们的性质和作用是不同的。他主张一国国内必须实行自由贸易，至于实行国际自由贸易，要根据国家不同的发展阶段进行选择。他承认国际分工和自由贸易能够给一国带来贸易利益，国际贸易对一国经济发展有重要作用。他认为，亚当·斯密的贸易自由主义观点是一种世界主义经济学思想，它抹杀了世界各国经济发展水平差异化的现实，完全的贸易自由化只会使像德国这样的国家沦为奴隶，但他同时认为，自由贸易思想也并不是空想，自由贸易思想是理性的法则，只有当世界各国各民族都达到相同的政治、经济、社会和道德水平时，才能真正实现，世界各国人民将能达到最高的物质文明和幸福。世界实行自由贸易最基本的条件就是各国在贸易上互利互惠。只有在进行贸易的国家在工业发展水平上处于基本相同的条件下，自由贸易才有可能实现，如果一个国家在工业发展水平上远远落后于竞争对手，如果简单按照比较优势学说实行自由贸易，无疑落后国家经济必然会成为先进国家经济的附庸，国家生产力难以得到有效发展。

国家政策对财富生产力增长有何作用呢？李斯特认为，国家是国民经济的指导者，国家在国民经济发展中起至关重要的作用。他认为，一个工业弱国与工业大国进行竞争时，需要国家建立贸易保护制度，不能简单相信市场经济中的自发力量，不能在国际贸易中抹杀民族利益，在国际贸易中不能不兼顾国家经济发展的整体性和协调性，不能否定国家在市场经济活动中的作用，忽视国家政策对新兴产业生存和发展的决定性作用，不能忽视国家对财富生产力增长中所起到的作用。他以种子成长为例比喻国家在幼稚产业发展过程中所起到的作用。种子在风力的作用下会从一个地方飘到另一个地方，在合适的温度湿度和营养下，种子才能长成参天大树，才能变成稠密森林，显然，风力作用就起到了关键性作用，要培养一片森林就要静等风力的作用，可能会等上若干世纪才能完成这一过程。如果一个植树者主动选择树苗，主动栽培施肥，在几十年内就能培育出一片森林，这才是一个科学的育树的方法，历史上有许多国家，包括英国都是采取了类似植树者的方法，实现了他们的快速发展资本主义工业的目标。因此，李斯特主张，德国应该实行国家干预政策，实行幼稚产业的贸易保护，以维护其国家经济利益。

(2) 弗里德里希·李斯特的社会发展阶段理论

弗里德里希·李斯特认为，任何国家的经济发展都必然会经过五个阶段：原始未开化期、畜牧期、农业期、农工业期、农工商业期。在每个国家不同生产力发展阶段上，应采取不同的对外贸易政策。

如果一个国家还处在农业期及之前，没有建立工业，还是一个典型的农业国，这时国家应采取自由贸易政策，有利于打破闭关锁国的状态，加强与较先进国家或地区的政治、经济、文化交往，唤醒国民进取精神，提升文化素质，激发建立工业热情，建立自己的工业，发展财富生产力，摆脱落后的农业国状态。

如果一个国家处于农工业期，国内已经具备建立本国工业的精神和物质条件，但国外存在更先进更有竞争力的工业国的强大竞争，这时为了发展国内新兴幼稚产业，必须采取贸易保护政策，积极改革阻碍社会进步的不合理的各种社会制度，重视科学研究，充分运用科学技术，重视教育，提升国民文化素质，加强对工业部门的扶持力度；积极采取奖励措施、特惠措施、补助待遇等优厚条件，引进先进国家的物质资本和人力资本到国内投资创业，加快发展国内幼稚产业，从而内外形成生产力协作，发展本国生产力，实现国民财富、社会发展、文化教育的大发展。

如果一个国家处于农工商业期，这时国内幼稚产业已经成长壮大，有足够的力量与国外产品竞争，这时国家应该实施自由贸易政策，让本国产业与外国产业在国内外市场上自由竞争，从而有利于接触到国外的信息，加强各种形式的政治、经济、文化交流，引进、消化和吸收国外先进的技术和管理。充分的无限制的市场自由竞争，可以使国民培养勤勉、不松懈的精神，鼓励他们不断进行管理、技术和文化创新，始终保持既得的市场竞争优势地位，可以获得综合生产力的长远和可持续发展。

综上所述，李斯特提出以财富生产力水平为主要划分依据的国家经济发展五阶段理论相对应的对外贸易政策模式是由自由贸易到保护贸易再到自由贸易。德国当时处于农工业期，所以对幼稚产业应实行贸易保护政策。

(3) 国家经济学理论

李斯特认为，以亚当·斯密为代表的古典经济学家的自由贸易理论是以世界联盟和世界持久和平为研究出发点的，在自由贸易体系下，参加贸易的各个国家都能获得贸易利益，这时自由贸易有利于提高各国福利水平，提高全世界各国的收入水平，自由贸易政策应该代替当时的重商主义的贸易保护政策。古典学派认为重商主义的观点是错误的。首先，古典学派认为重商主义主张金银等贵金属就是财富的观点是不正确的，自由贸易理论认为，金银等货币只是商品交换的中介，是物质财富交换的媒介，只有物质财富本身才是财富真正的存在形式。其次，古典学派认为重商主义贵金属的输出是国家财富的流失的观点是错误的，自由贸易理论认为，贵金属等货币对一国贸易收支是有影响的。当一个国家或地区贸易收支有顺差的时候，金银等贵金属流入，货币量增加，在国内商品供给量没有变化的情况下，商品价格自然就会上涨，通货膨胀就会出现，影响国内经济正常发展，同时商品价格上涨使该国出口商品的市场竞争力下降，贸易顺差就会减少甚至会变成贸易逆差。当一个国家或地区在贸易逆差的情况下，金银等贵金属就会流失，国内货币供给量就会减少，在国内商品供给量没有变化的情况下，商品价格自然就会下降，该国出口商品的市场竞争力就会上升，贸易逆差减少甚至有可能是贸易顺差。所以，古典经济学家认为，重商主义的贸易保护政策是错误的，世界各国和地区应该专门生产各国或地区有绝对优势或比较优势的商品，然后参与国际交换，才能获得国际贸易的比较利益。自由贸易观点从诞生之日起，就逐步成为经济贸易领域占主导地位的学说，成为世界各国制定对外经济贸易政策的理论基础和指导思想。李斯特认为，以亚当·斯密为代表的自由贸易政策是以一个和谐世界为前提的，各国自由交换各自获得贸易利益，但是在 19 世纪的世界，各国利益并不和谐，民族利益和国家利益相互冲突，自由贸易政策不具备实践的物质基础。李斯特认为，对于世界各国来说，各国的发展情况不同，自由贸易并不能使所有参与国际贸易的国家都获得贸易利益，各国只有在贸易保护制度下，经济贸易都实现发展，等到了一定阶段，再联合实现自由贸易政策，才是真正实现自由贸易、促进世界共同进步的最有效途径，特别是对于暂时还比较落后的德国，贸易保护主义是维护德国民族利益的最佳方式。所以李斯特认为，政治经济学首先应该是一门国家经济学、民族经济学。国家经济学就是要各国正确了解和判断各国经济的发展阶段，了解和掌握各国当前的政治环境、经济环境、贸易环境或特有的环境，从国家或民族的角度指导一个国家或地区如何实现从落后国向先进国的转化，如何从农业国向工业国的转变，在世界利益上，只有国家的利益和民族的利益才是最重要的，一切从国家利益和民族利益出发是国家制定经济政策和贸易政策的基本出发点。对于一切落后国家而言，要达到与先进国家同等的经济发展水平，谋求优势国家地位，实行贸易保护政策是唯一的方法，只有实行保护制度才是像德国这样的落后国家赶超先进国家的必需手段，通过关税保护政策，限制国际贸易并不是李斯特的目的，这只是李斯特保护落后国家和地区独立发展的有效手段，李斯特的最终目标还是同古典经济学的目标是一致的，促进各国最后联合，促进自由交换，这样从分析看来，李斯特的幼稚产业保护理论是自由主义贸易思想和保护贸易思想的统一，他的保护贸易理论是阶段性贸易保护理论。

(4) 保护关税理论

李斯特认为,任何国家的经济发展都必然会经过五个阶段:原始未开化期、畜牧期、农业期、农工业期、农工商业期,在每个国家不同发展阶段上,应采取不同的关税水平。在工业化发展的初期,关税保护程度不要太高,保护关税税率应比较低,随着工业技术水平的提高,要逐步加大对国产产品的关税保护力度,这时可以逐步提高关税税率,随着国内工业水平的进一步提高,国内工业竞争力足够强大以后,应逐步降低保护程度,降低关税水平。李斯特认为,德国工业是必须保护的主要部门,但是对工业的不同部门应实行不同程度的保护,与国计民生关系密切的工业部门要进行重点保护,其他次要部门,可以实行低关税保护。因为与国计民生相关的工业部门需要资本多、机械设备先进、技术知识复杂、工人技能高,充分发展这些工业部门,有利于提高财富生产力,激发国家创造力,促进国内经济的发展,推动对外贸易的发展,为了促进这些工业部门的发展,所需要进口的原材料和工业用机械设备要实行优惠进口措施,对于国家没有的专门技术和复杂机器设备进口,要免税或只征收极少的进口关税,直到国内工业发展到与外国水平一致时再撤销进口优惠措施。他认为,除了用较高的关税税率作为保护国内产业的手段,还可以直接禁止某些和国内产业生产的产品有竞争性的工业品输入,这样也可以对商品输入起到限制作用,但不管采取关税保护还是禁止进口,保护的程度和保护方式必须与国家工业的发展阶段相匹配,只有这样,才能达到目的,有利于国家的繁荣富强。

4. 对弗里德里希·李斯特保护幼稚产业理论的评价

李斯特对幼稚产业保护的贸易政策的必要性特点、阶段保护性特点和采取的具体措施进行了详尽的阐述,从而使得李斯特的幼稚产业保护理论成为国际贸易理论中的一个完整的理论体系。李斯特的生产力理论把对幼稚产业的保护用一种动态的视角来分析,把握了发展国家生产力、维护国家和民族利益的核心,抓住了落后国家如何赶超先进国家的关键所在,具有非凡的远见卓识。在对待自由贸易的态度上,他强调的是任何一个国家或地区都要一切从实际出发,从国情出发,批判了世界主义的观点,论证了世界经济发展不平衡,立足于像德国这样的落后国家如何发展经济以及采取何样措施上来。

在实施关税保护上,他并不认为一个国家任何时候都要实施贸易保护,各国需要根据自己国家所处的发展阶段来决定是实施自由贸易政策还是实施自由贸易政策,关税保护不是对所有产业都保护,也不是无止期的进行保护,他更强调保护贸易制度的适度性和阶段性,着重强调是对国内幼稚产业的保护,他的目标是各国最后完全抛弃对贸易的限制,实现自由贸易。李斯特的这些观点无论在经济贸易理论发展上,还是在经济贸易实践上,都是具有非常重要的意义的,符合经济贸易发展内在规律的要求,促进了资本主义经济发展的客观需要。恩格斯盛赞李斯特是“德国工业资产阶级关税保护学派的权威”。

一般认为，李斯特的生产力理论、国家干预理论、关税保护理论、工业化理论等也是继承了杜班、萨伊、圣西门、斯密、汉密尔顿等前人的许多思想，并且在前人学说基础上，形成了自己重要的思想发展和理论创新。例如，李斯特的学说思想内涵比汉密尔顿的要丰富要系统；李斯特认为工业化可以使国家繁荣强大，而圣西门认为工业主义发展会使国家消融。他创新地提出社会发展阶段理论为幼稚产业保护奠定了理论基础，从经济发展动态的角度描述经济运作过程，结合政治因素，从而使提出的政策更具有可操作性，为二战后发展经济学的发展奠定了经济学思想和理论基础。李斯特的发展科学技术、重视教育、增加教育投资、大力培养财富生产力的生产者，积极引进消化吸收国外先进金属和管理经验的观点，对于后进国家发展是有积极启发意义的。

李斯特的理论的重点在于关注在不公正的国际经济贸易秩序中，像德国这样工业落后的国家可以通过关税保护等国家干预的强有力措施，大力推动幼稚工业发展，提升国家财富生产力。这是对自由贸易学派理论的深刻批判，对不公正的国际市场竞争秩序的揭露和批判，对落后国家发展幼稚产业、赶超先进国家的经济发展路径的探讨。李斯特保护幼稚产业学说的历史地位，首先就是要把握他与自由贸易学派的斗争，李斯特是第一位从后发经济国家角度批判以亚当·斯密为代表的自由贸易学派的经济学家，也是在政治经济学领域中最有影响力的反对英国自由贸易主张、反对世界自由贸易主义理论、反对古典学派政策的具有鲜明国家性和民族特性的资产阶级利益的捍卫者。

李斯特的发展学说在历史上曾对落后国家的经济发展做出了重大贡献，在当代的国际经济贸易环境下可以看出他的理论内涵仍然具有很强的政策指导意义。当今的国际经济秩序，仍然是世界市场被各国主权分割，各国贸易利益存在明显差异，国际市场竞争关系激烈，发达国家凭借技术资金等优势主宰世界政治经济秩序，发展中国家仍处于远远落后的市场地位。对于这些发展中国家而言，发展工业化进程仍然缓慢，工业基础仍然薄弱，如何新建、保护和发展幼稚产业，对于许多未实现工业化的国家而言仍是个巨大的挑战，李斯特的学说无疑对这些后进国家还是具有政策指导意义的。在当代激烈的国际市场竞争下，在纷繁复杂的国际经济环境下，国家和政府对于经济发展所起到的作用越来越至关重要。从19世纪至今，所有发达国家都是在政府对经济的干预下开始工业化历程的，政府在经济中的指导作用不是在减少，而是在稳步增加，即使是借鉴发达国家的历史经验，发展中国家的政府对于自己国家发展工业化承担更多的责任也是无可非议的。目前发达国家保护贸易政策手段很多，李斯特的关税保护手段已经不是主要手段了，取而代之的是一些非关税贸易手段，如货币汇率政策、技术性贸易措施、劳工标准、专利、反倾销、反补贴等多种措施并用，多管齐下，综合使用，贸易保护主义在当今世界经济舞台上越演越烈，保护主义更加系统化、隐蔽化、复杂化。

李斯特保护幼稚产业理论确立了保护贸易理论在国际贸易理论体系中的重要

地位,标志着西方国际贸易自由理论和保护理论对立的正式形成。该理论保护幼稚产业的许多积极的观点无疑是有重要的理论价值的,对经济落后国家制定对外贸易政策有一定的借鉴意义。由于当时历史条件的限制,有些思想对于当今时代已经不适用了。他认为农业不需要保护,随着农业的工业化、工厂化、机械化和在国家安全中的重要性,世界各国在保护工业的同时也都在保护农业。但李斯特用历史的和现实的双重视角审视一国经济发展和贸易政策,对于我们是有重大的借鉴意义的。

2.1.4 约翰·穆勒对幼稚产业保护理论的拓展

约翰·斯图亚特·穆勒(John Stuart Mill,1806～1873),19 世纪中后期英国著名的经济学家、政治学家、逻辑学家和哲学家,也是著名的社会活动家和社会改良主义者。约翰·穆勒著述颇丰,他的哲学著作主要包括 1843 年出版的《逻辑原理》、1863 年出版的《功利主义》,他的政治经济学著作主要包括 1844 年出版的《略论政治经济学的某些有待解决的问题》、1848 年出版的代表作《政治经济学原理及其在社会哲学上的某些应用》等。在《政治经济学原理及其在社会哲学上的应用》(简称《政治经济学原理》)一书中,他对同时代的人和前人的不同观点进行了理论综合,既包括了亚当·斯密、大卫·李嘉图等古典经济学的不同观点,也包含了当时正在兴起的空想社会主义的某些认识,主张对资本主义制度的某些方面进行改良,约翰·穆勒的经济理论体系是对古典经济学的综合,也是西方经济学历史上第一次大综合,奠定了他作为古典经济学集大成者的史学地位。

1. 约翰·穆勒综合体系理论产生的背景和理论内容

19 世纪中期的英国正处于资本主义蓬勃发展时期,英国第一次产业革命推动了英国社会生产力的极大发展,英国作为当时世界头号工业化强国的地位进一步得到强化和巩固,英国的殖民统治也不断得到发展,以自由竞争为特点的资本主义生产方式对于当时的英国来说处于非常有利的历史时期,同时,英国国内的阶级斗争不断激化,空想社会主义思想得到一定程度的传播,英国的宪章运动对资本主义制度也造成了一定程度的冲击,但还不可能动摇英国资本主义生产方式的统治地位。18 世纪末重商主义的贸易保护观点受到古典经济学派的挑战。亚当·斯密在《国民财富的性质及原因的研究》中指出,由于各国在自然禀赋和后天的生产条件不同,各国商品劳动生产率和生产成本存在绝对差异,每个国家应专门生产自己占有绝对优势的商品,然后参与国际交换,这样各国资源都能得到最有效利用,使每个国家都获得最大利益。大卫·李嘉图在《政治经济学及赋税原理》中继承发展斯密的自由贸易理论,李嘉图认为,在充分自由贸易的制度下,国际贸易应遵循“两优相权取其重,两劣相权取其轻”的原则,只要各国之间技术水平存在相对差异,就会产生比较成本差异,就可以参加国际贸易,获得比较利益。亚当·斯密和大卫·李嘉图的自由贸易理论论证各国在专业化生产基础上参与国际交换的利益所在,并没有说明贸易总利益如何在贸易双方之间进行分配。约翰·穆勒是李嘉图学说的忠实追随者,他吸收19世纪上半期各种经济理论及观点,以亚当·斯密和大卫·李嘉图的理论为基础,继承马尔萨斯、萨伊和西尼尔等人的某些观点,建立了一个新的以折中、综合形式为主要特征的经济学体系,他的学说以维护资产阶级利益为出发点,又受当时空想社会主义和改良社会思潮的影响,成为资产阶级改良主义者。在这样的社会历史条件下,约翰·穆勒的经济学体系应运而生。

约翰·穆勒的综合体系理论内容主要包括六个方面的内容。

第一,关于政治经济学的研究对象和研究方法。穆勒在《政治经济学原理》一书中把财富的性质及其生产与分配规律规定为政治经济学研究的对象,他认为生产规律是永恒的自然规律,分配规律是可以随人类社会的发展而变化的,资本主义分配方式是不合理的,但可以用改良的方法来改变,使之趋于合理。穆勒认为政治经济学的研究是人类经济活动属性的理论抽象,并提出经济人的概念,即以最小牺牲获得最大利益的人。他认为在社会科学领域,所研究的经济情况的因果关系互相交织,非常复杂,不可能进行控制并重复的实验,因此政治经济学所采用的科学方法应是演绎法。演绎法就是要从假定的条件下推出新的结论,这种假设要以经验为依据,这种新的结论是要借助于思考和联想才能得到的,演绎法的精髓在于推理,在于建造富有哲理的经济模型。有了经济理论的结论,如何进行验证呢?穆勒认为应该使用趋势法。即经济判断和经济预测由于受到干扰因素的影响或由于经济理论的不完善,往往不能实现精确的预测,只能指出一个发展趋势,只有当假定条件得到满足时,大多数的被验证的经济理论才具有精确性。

第二,关于生产学说。穆勒认为任何社会生产都必须具备三要素:劳动、资本、自然提供的材料和动力。劳动是生产必需的要素,资本是供给生产的物品,自然提供的材料和动力中土地是最主要的自然要素。生产力要素应包括人的技能和知识水平、人的劳动积极性、人的道德水平、社会保护成员的水平和土壤肥沃、气候适宜、矿藏丰富等自然条件这五个方面。生产取决于劳动、资本和自然提供的材料和动力要素的增加,生产力的发展与各生产要素的质量和数量成正比,生产增加的限制主要在于土地不足或资本不足。穆勒认为货币本质上仅仅是一种一般商品,货币的短期价值取决于货币的供求比例,货币的长期价值取决于生产费用,信用具有货币的支付手段和流通手段功能,信用对于经济发展可以起到促进作用,信用的过度膨胀和收缩也可能会导致商业危机。但由于一切物品价值趋于自然价值,供给不足或供给过剩都是暂时现象,供给会自行调整,不会出现生产过剩的经济危机。

第三,关于分配理论。穆勒认为劳动者的工资是劳动的报酬,短期工资的决定是由市场对劳动的供求状况决定的,取决于劳动的需求和供给,长期工资是由工人的最低生活费用决定的。利润是资本家节制的报酬,是生产物扣除工资支出后的剩余部分。在不考虑投资风险和垄断情况下,社会资本利润率有趋于平均化的倾向。地租是垄断的结果,是由于资本家之间的竞争,使得以等量资本和劳动投入到不同的土地上所产生的差额,而这个差额最终落入土地所有者手中。

第四,关于价值理论和国际贸易理论。穆勒认为,价值是一个相对的概念,一个物品的价值是与他物交换的数量体现出来的,商品的短期价值是由市场供求决定的,需求增加了价格会上涨,供给增加了价格会下降,所以商品基本上是按自然价值交换的,从而以交换价值代替了价值,商品的长期价值是由生产费用决定的,是由工资和利润决定的。在国际贸易中,由于不同国家劳动和资本不能自由移动,商品的国际价值是由供给和需求的规律决定的,是由两国对彼此商品的需求决定的。约翰·穆勒从商品相互需求的角度,依据商品供求决定商品价格的原理,确定国际商品交换的价格区间问题,用相互需求强度解释国际贸易利益分配中的比例关系,有效解释了两国间贸易利益的分配问题,约翰·穆勒的理论是对比较优势理论的完善和补充。

第五,关于社会主义思想。穆勒认为,人类社会选择社会主义制度还是资本主义制度,不是历史发展的必然过程,是人们基于一系列道德的价值判断标准,如自由、平等、博爱、正义、公平、和平、进步等,从而做出的最终选择的结果。他设想人类社会最终形式是具有自由竞争机制同时不干预个人权利的社会制度。

第六,关于国家适度干预经济生活。穆勒将国家干预分为强制式干预和劝导式干预两种,强制式干预就是政府强制规定人民可以做哪些事情,不可以做哪些事情;劝导式干预就是政府以劝告和信息传播的方式,全局调节控制辖区内各种利害关系。穆勒认为,自由放任是一般原则,这是因为在资本主义市场经济条件下,个人比政府对经济活动具有更直接的利益关系,因而应该具有自由决策、自由选择权利,只有在一定时期或特殊情况下,关系到国家整体利益而私人不愿做或者无力去做时,政府就应该做和必须去做,适当对经济生活进行干预。因此穆勒在坚持经济自由主义基本立场的前提下,主张政府为了国家的利益应适度对经济领域进行干预。

2. 约翰·穆勒对幼稚产业保护的理论拓展

约翰·穆勒尽管积极倡导国际社会应实行自由贸易,但他认为李斯特等人的幼稚产业保护理论是贸易保护可以存在的一个正当的理由。约翰·穆勒认为,国家为了发展某一项幼稚产业,可以引进国外先进产业,但引进的产业应符合本国国情,符合本国生产条件,符合本国生产力发展水平,新引进的产业要学习掌握相关技术需要一定时间,如果国家不采取一定的保护措施,企业和个人可能就不愿承担产业拥有竞争力之前的风险,就不会积极引进先进技术发展幼稚产业,所以国家应采取关税保护等措施积极保护新引进的产业,但该产业保护期限应只限于从国外引进产业后的学习、掌握过程,然后就应该取消保护。

穆勒认为,保护幼稚产业的主要原因是由于幼稚产业自身所具有的正外部性因素。外部性,一般是指社会边际效益和个人边际效益背离,从而使某些市场经济主体不付费搭便车获得收益的状况。他认为,幼稚产业的外部主要体现在新生幼稚产业比现有产业的投入资本多,技术含量高,有利于促进技术进步,提升市场竞争力,其他相关产业也会从中受益,共享技术成果,提高生产效率,降低生产成本;另外还有,随着国家对幼稚产业的保护,在保护期限内,工人的劳动技能从不熟练到比较熟练到熟练,劳动生产率日益提高,生产商品质量趋于稳定可靠,生产成本不断下降,价格越来越具有竞争力,新生产业在实现动态规模经济之后带来的利益会超过在其成长过程中国家由于实施保护所受到的福利损失,显然这样的保护是值得的。

对于如何确定哪些产业是幼稚产业,穆勒提出了自己的幼稚产业的选择标准。一是保护的产业应是在一段时期取消保护以后能在市场竞争中生存下去的产业;二是最初为比较劣势的产业,经过一段时期的贸易保护以后可能变为具有比较优势的产业;三是国家对产业的保护应限于对从国外引进的产业的学习掌握阶段,过了这个时期就应该取消保护。也就是说如果国家某个产业由于技术缺乏,劳动生产率低下,致使商品生产成本高,在国际市场缺乏竞争力,如果在国家关税保护和生产补贴等措施下,经过一段时间的保护,该产业能够提高技术,提高劳动生产率,并在自由贸易条件下取得利润,这样的产业就是幼稚产业,这就是幼稚产业选择的穆勒标准。

2.2　现代幼稚产业保护的理论基础一:相关的贸易理论

二战后世界经济形势发生了重大变化,国际贸易出现了许多新情况和新问题,国际贸易理论和产业经济理论都产生了许多理论创新。幼稚产业保护思想既是国际贸易保护理论研究的核心课题,也成为产业成长、产业安全、产业结构、产业政策等产业经济领域重点关注的研究内容。梳理与幼稚产业保护相关的国际贸易理论和产业经济理论基础,深入思考和领悟这些创新思想,拓展幼稚产业保护的理论基础,有助于为幼稚产业保护的理论研究开拓思路,为幼稚产业的政策研究提供新方法。

现代国际贸易理论中与幼稚产业保护相关联的理论有:战略性贸易政策理论、比较优势理论及其发展、竞争优势理论、规模经济理论、产业内贸易理论、中心—外围理论、后发优势理论、赶超战略理论、进口替代与出口导向战略理论等。

2.2.1　战略性贸易政策理论

20世纪80年代,Grossman,Barbara Spencer,James Brander,Dixit,Bhagwati,

Krugman 等一批经济学家以不完全竞争和规模收益递增为研究前提，以市场结构理论、产业组织理论和博弈论为研究工具，提出战略性贸易政策理论。战略性贸易政策理论实质上就是传统幼稚产业保护理论在新的历史条件下的国际贸易理论的创新与发展。战略性贸易政策理论主张，在不完全竞争和规模经济条件下，国家通过实施贸易政策干预，适当运用关税、生产补贴、出口补贴、保护国内市场等政策手段，改变或维持不完全竞争企业的战略选择行为，扶持发展战略性产业，增强市场竞争力，获得更多工业利润，占领更多市场份额，获得更多贸易利益，使市场竞争朝有利于本国的方向发展，并可带动相关产业的发展，使国民福利水平提高。战略性贸易政策理论不论是对经济发达国家，还是发展中国家，都有着重要的政策指导意义和实践意义。

1. 战略性贸易政策理论产生的历史背景

20 世纪 80 年代以来，随着世界经济的发展，特别是各国产业部门规模的扩大，市场结构的变化，国际贸易出现了许多新情况新问题。

第一是贸易特征的变化。世界各国传统的国际贸易基本上都是基于比较优势理论，按照“两优相权取其重、两劣相权取其轻”的原则参与国际分工和国际交换的，发达国家出口工业制造品，发展中国家出口原材料。二战后，尤其是 20 世纪 80 年代以来，出现了许多新的国际贸易特征，贸易新特点对贸易政策变化提出了新要求。二战后科技革命迅速发展，工业生产的国际化加速发展，资本国际化迅速流动，生产力水平急剧提高，国际分工格局有了很大的调整和变化，产业间分工和合作日益强化，产业间贸易规模日益加大，产业内分工和合作迅速发展，并在国际市场上占据垄断优势，企业生产经营的规模化趋势加强，规模经济效益促使跨国公司的出现。这些贸易新特点，传统的国际贸易理论显然无法解释，需要新的贸易理论来解释这些现象并进行理论指导。

第二是美国在世界经济地位的变化。二战后，为了维护和巩固其在世界经济和军事上的霸主地位，建立以美国为核心的国际政治经济军事新秩序，美国积极实施对外贸易扩张和资本输出，把西欧、日本和亚非拉等国变成美国商品的销售场所和资本的投资场所，并且积极利用其国内丰富的自然资源、巨大的国内市场规模、美元的国际货币地位优势、先进的工业生产技术、日新月异的技术创新，推动石油、化工、医药、汽车、建筑、钢铁等产业不断向前发展，美国经济的繁荣一直持续到 20 世纪 60 年代中期。20 世纪 60 年代中期至 70 年代，美国的世界经济绝对优势地位受到了日本和西欧国家的强大冲击。日本和西欧国家采取积极的产业政策和贸易政策扶持国内幼稚产业的发展，使之成为具有很强国际竞争力的产业并在国际市场与美国竞争。1971 年美国出现自 1888 年以后第一次国际贸易逆差，这标志着美国在国际贸易、国际投资、国际金融等领域开始衰落，美国经济进入了转折时期，以美元为中心的国际货币体系开始瓦解。来自西欧和日本的竞争越来越激烈，西欧和日本强劲的商品出口，限制商品进口的产业保护措施，给美国出口带来诸多问题，美国的传统产业，如汽车、钢铁、建筑业，都出现了普遍衰败，这改变了美国在国际贸易格局中的地位，自1973年开始美国进入了长达十年的高失业、高通货膨胀、经济停滞的滞涨期。这些情况的出现，使得美国一些经济学家对美国传统贸易政策提出质疑，通过分析西欧和日本的产业政策和贸易政策，提出了贸易政策与产业政策相结合的扶持产业发展的新的贸易政策。

第三是新分析工具的应用。传统国际贸易理论是建立在亚当·斯密的古典经济学基础之上的，它强调"看不见的手"的作用，强调市场机制的作用，认为在市场机制作用下，在完全竞争的条件下，一切资源的自由流动都可以自动达到生产、消费和分配的最优配置，任何干预市场自动运行的做法都是不可取的、不必要的，自由贸易政策可以使世界各国国民福利达到最优。19世纪新古典经济学指出经济生活中存在垄断现象，垄断会影响资源的最优化配置，会导致均衡价格上升，带来垄断利润。20世纪30年代，张伯伦、罗宾逊指出，现实市场中由于商品存在差异性，所以现实中的市场不是完全竞争市场，而是垄断竞争市场，从而提出垄断竞争理论。20世纪70年代以后，斯蒂格利茨等开始把规模经济理论用于分析和研究资源使用效率与企业规模之间的经济关系。产业组织理论开始采用以推理演绎为主的研究方法来分析行为属性的不确定性，并把政府政策和管制作为影响经济活动的内生变量，来强调和分析政府对产业发展和产业结构的影响及作用。在市场结构理论、产业组织理论和博弈论等新型研究视角和应用工具的帮助下，战略性贸易政策理论应运而生。

2. 战略性贸易政策理论的理论体系

战略性贸易政策理论的理论体系包括利润转移理论和外部经济理论两个部分内容。通常所说的狭义的战略性贸易政策就是指利润转移理论，利润转移理论包括三个方面的具体内容，即抽取国外垄断厂商垄断利润的最佳关税政策、国家保护进口竞争产业以促进出口的政策、国家对本国寡头厂商进行出口补贴的政策。广义的战略性贸易政策既包含利润转移理论，还包括外部经济理论。外部经济理论可以从理论上为国家确定扶持幼稚产业提供依据，并制定相应的贸易和产业扶持政策。通过对利润转移理论和外部经济理论的深度分析，可以看出积极的战略性贸易政策对于幼稚产业的保护效果更好，积极的贸易政策比自由的贸易政策更能使一国在国际贸易中受益。

(1) 利润转移理论

Barbara Spencer，James Brander等一批经济学家在1981～1985年发表了一系列的论文，主要阐述了关于国家贸易政策对不完全竞争市场，特别是寡头垄断市场的影响，国家贸易政策会使本国厂商受益，并把外国厂商超额利润向本国厂商转移的核心思想，打造起利润转移理论架构。利润转移理论认为，进入国际市场交换的商品绝大部分是由不完全竞争产业生产出来的，由于规模经济的限制，在某些市场上可能只允许一个厂商进入该产业进行生产，如果进入两个及以上的厂商，所有厂商都会亏损，在这些市场上的国际竞争都具有寡头垄断竞争的性质，这些寡头垄断进行国际竞争的产业都具有一个显著的特征，即其商品价格都高于生产商品的边际成本，因而出口这些产业商品的厂商就可以获得超额垄断利润，进口这些产业商品的厂商就要支付更高价格，这就为国家干预提供了理论基础，国家可以在国际寡头竞争中通过扶持出口、限制进口等政策和措施，削弱国外厂商的竞争力，甚至阻止国外厂商进入本国市场，从而有效提高本国厂商的市场份额，使得国外厂商的超额垄断利润向本国转移，起到增加本国国民收入的目的。在这类市场中，只有国家实施相应的贸易政策才能实现外国超额垄断利润向本国转移的战略性作用，所以称之为狭义的战略性贸易政策理论。

利润转移理论包括国家实施抽取国外垄断厂商垄断利润的最佳关税政策、国家保护进口竞争产业以促进出口的政策、国家对本国寡头厂商进行出口补贴的政策。

第一种情形：国家对本国寡头厂商进行出口补贴的政策。

国家对本国寡头厂商进行出口补贴的出发点是想通过对国内厂商的出口补贴把国外厂商超额垄断利润转移给国内厂商。该理论认为，国家应该向在第三国市场上与外国寡头垄断厂商进行古诺博弈的国内厂商提供生产补贴或出口补贴，这样可以有效帮助国内厂商扩大国际市场竞争力，增加市场份额，有力增进本国国民福利。该论点的基本假定是该产业的规模经济很大，整个世界市场只能容纳极少数厂商，甚至可能只适合有一个厂商，如果两个厂商进入该产业就会都亏损，但不论哪一个厂商首先占领市场之后，另一个厂商只能被迫不进入，否则就会亏损，而首先占领市场的厂商就获得超额垄断利润，但是如果一国政府能够以补贴的方式支持本国厂商，则本国厂商会在市场竞争中最终胜出，使垄断利润从外国厂商向本国厂商转移，这种从外国厂商转移的超额垄断利润会超过政府对本国厂商的补贴，从而使得本国国民福利增加。

下面以美国波音公司和欧盟空中客车公司在大型飞机制造业中的竞争为例说明。

假设美国波音公司和欧盟空中客车公司的生产技术相近，生产能力相似，两家公司都决定要生产一种新机型大型客机，这种新客机具有规模经济，由于整个世界市场需求量有限，谁得到的订单需求数量越多，生产成本越低，得到的订单需求数量越少，生产成本越高，并且可能亏损。假设在整个世界市场，如果只有一家企业生产制造这种新客机，这家企业会赢利 100 个单位利润，但如果两家企业生产这种新客机，分享市场的话，这两家企业都会损失 5 个单位利润。如果欧盟采取战略性贸易政策，向空中客车公司提供 10 个单位的生产补贴或出口补贴，在这种情况下，如果波音公司不生产，空中客车公司将获得 110 单位的利润，如果波音公司也生产，空中客车公司仍然可以获得 5 个单位的利润，而波音公司亏损 5 个单位，波音公司在没有补贴的情况下只有退出竞争，放弃市场。这样一来，空中客车公司将获得110单位的超额垄断利润，远远超过10单位的补贴额。利润矩阵如表2.1所示。

表2.1　利润矩阵

第一种情况:在无任何一方得到补贴的情况下的利润矩阵			
		空中客车公司	
		生产	不生产
波音公司	生产	(−5,−5)	(100,0)
	不生产	(0,100)	(0,0)
第二种情况:在欧盟有补贴、美国不补贴的情况下的利润矩阵			
		空中客车公司	
		生产	不生产
波音公司	生产	(−5,+5)	(100,0)
	不生产	(0,110)	(0,0)

由此可见，一国政府的战略性贸易保护政策可以使得本国寡头企业在国际市场获得战略性优势，并使企业和国家都受益。但是从这个案例分析中我们可以看出，这个战略的实施是有前提条件的，本国采取战略性贸易政策的时候，竞争对手国家不能采取同样的贸易措施，并且本国政府要对对方企业的技术水平、技术研发、管理、生产成本、市场收益、预期利润等信息十分得了解，这样采取的措施才能有效，否则政府补贴不一定能达到预期效果，补贴成本可能会大于预期收益，还有可能达不到独占国际市场的目的。战略性贸易保护政策是建立在规模收益递增和不完全竞争的现实市场基础之上的，上述案例结果表明，自由贸易对于参与国际贸易的国家来说未必是最佳政策，政府采取战略性贸易政策可以帮助本国厂商从国外寡头厂商手中攫取额外的垄断利润。

1991年P. Lindert以日本和欧洲竞争美国高清晰度彩色电视机市场为例，对利润转移理论作了更全面的分析和研究。Lindert假设，日本、欧洲和美国三方厂商共同争夺美国高清晰度彩色电视机市场，由于美国政府停止支持美国厂商研发，美国厂商被迫退出市场竞争，日本和欧洲的寡头厂商竞争美国市场，Lindert认为，两者竞争的结果取决于谁先进入市场、谁有持续补贴以及竞争对手的反应。这种竞争可以分为五种情形。假设电视机的价格和销售量关系的数据如图2.1所示。

情形一：日本和欧洲厂商都认为，在与一个强有力的竞争对手竞争一个新的国外市场的风险太大，可能会损失投资，双方都认为应该躲避风险，不去开发美国市场。

情形二：没有补贴的先行占领市场形成的市场垄断。

假设日本厂商在没有政府补贴的情况下先行占领整个美国市场，如果欧洲厂

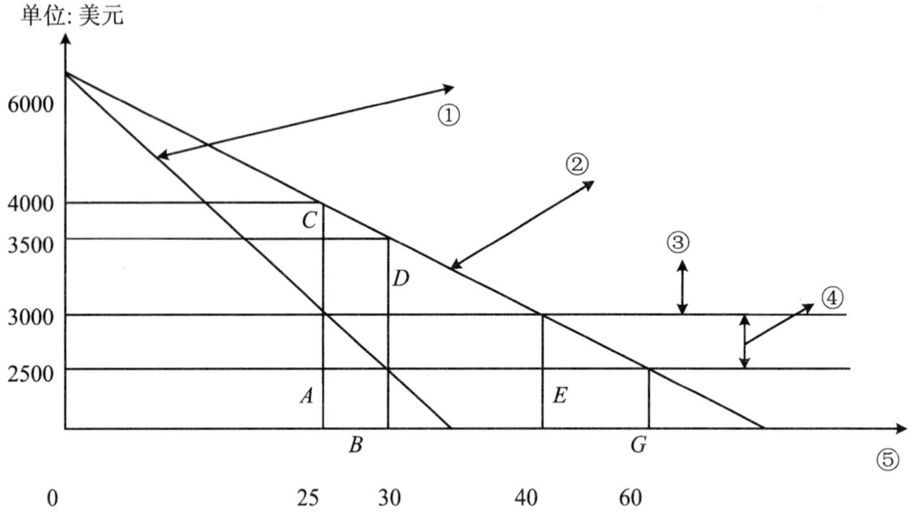

图 2.1 政府补贴下的厂商竞争模型

① 边际收益曲线;② 市场需求曲线;③ 边际成本曲线;④ 补贴;⑤ 销售量(百万台)

商不敢与之竞争的话,日本厂商就会按照“边际收益=边际成本”的原则安排生产,从而使获得的市场利润达到最大化,在图 2.1 中,生产点就是 C 点,生产产量 25 万台,市场价格为 4000 美元。显然比完全竞争的均衡点 *E* 点的对应的产量 40 万台少,对应的价格 3000 美元高。

情形三:有一方补贴的厂商垄断市场。

假设日本和欧洲厂商初始边际成本曲线相同,都是 MC=3000 美元,如果日本政府不补贴,欧洲厂商获得政府补贴每台 500 美元的生产补贴,这时欧洲厂商每台彩电边际成本下降为 2500 美元,相应的销售量为 30 美元,这时日本厂商竞争不过欧洲厂商就会退出美国市场,欧洲厂商获得美国市场的垄断地位,显然欧洲厂商的获益是以日本退出市场的损失为代价的。

情形四:双方都没有补贴的市场自由竞争。

如果日本和欧洲厂商双方都在没有补贴的情况下自由竞争,这时市场价格显然为 E 点,销售量为 40 万台,市场价格为 3000 美元,竞争双方都只能接受边际成本定价,结果双方厂商都会损失进入市场投入的固定成本,最终一方或双方都有可能破产。

情形五:双方都补贴的市场竞争。

如果日本和欧洲厂商都得到政府补贴,双方政府都会承担很大财政压力,付出很大代价,而美国消费者则会从中受益。

从上述分析我们可以看出,国家利用出口补贴为本国寡头厂商夺取市场份额有一些前提条件,目标市场类型是寡头垄断市场结构,该产业规模经济巨大,巨额垄断利润是竞争的动力,竞争双方实力相当,边际成本大致相同,政府补贴对于竞争胜负至关重要，政府补贴应在竞争对手作出决策之前作出明确承诺，从而本国厂商在政府补贴下先发制人地进入目标市场，占领目标市场，国外厂商在得不到政府补贴的情况下会主动减少产量或退出市场来减少亏损。从这个案例分析当中，我们可以更清晰地看到寡头市场竞争的利益分配、福利效应等各种情况的变化，更能深刻体会到政府补贴对厂商竞争的战略性作用。

第二种情形：国家抽取国外垄断厂商垄断利润的最佳关税政策。

国家实施抽取国外垄断厂商垄断利润的最佳关税政策，主要出发点是国家根据国际市场垄断程度，对国内产业实施贸易保护政策，从而获得外商垄断租金。如果将关税运用到从国外不完全竞争厂商中获得超额利润，基本做法可以是，假设某种商品的国外供应商只有一个，该种商品国内市场存在潜在进入者，为了阻止国内厂商进入，这时外国厂商就会把商品价格定位在阻止国内厂商进入的价格水平，如果这时国家对该商品征收关税，只要关税水平不超过一定限度，该商品的市场价格就不会上升，这时征收的关税就是从国外垄断厂商抽取的超额垄断利润，外国厂商的利润就转移到了国家财政收入；如果征收的关税水平超过一定额度，国内该商品价格就会上升，国内厂商就会以低成本进入市场，有一部分利润会从外国厂商转移给新进入市场的国内厂商，这就是 Brander 和 Spencer 提出的，被称之为“新幼稚产业论”的理论。显然，这一理论与传统幼稚产业理论有着明显不同，这里强调的是不完全竞争的市场结构和存在外部性情况，而传统幼稚产业理论的理论前提是完全竞争的市场结构和不存在规模经济的条件下。

这一观点可以用图 2.2 解释。

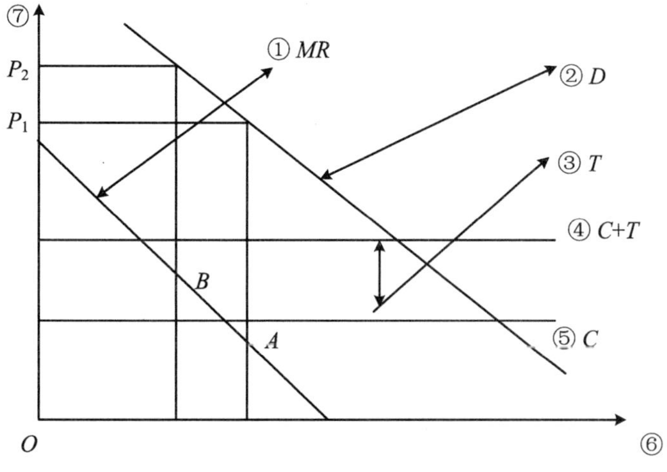

图 2.2　国家抽取国外垄断厂商垄断利润的最佳关税政策模型

① MR 边际收益曲线；② D 市场需求曲线；③ T 关税；④ C+T 征税后的边际成本曲线；⑤ C 边际成本曲线；⑥ 进口量；⑦ 价格

图中 D 表示国外垄断厂商面对的本国商品需求曲线，MR 是与本国商品需求曲线相对应的边际收益曲线，C 是假设为不变的外国垄断厂商的边际成本曲线。在没有本国政府干预的情况下，外国垄断厂商在国内市场按照“边际收益＝边际成本”的原则确定在本国市场的销售量和销售价格，这时的均衡点是 A 点，对应的销售价格为 P_1，P_1 明显远远大于边际成本，这时国外厂商获得超额垄断利润。

假设这时本国政府决定对该外国垄断厂商商品进口征收关税，关税水平为 T，征税后外国垄断厂商的边际成本曲线为 $C+T$，这时外国厂商按照“边际成本＝边际收益”的原则确定的均衡点是 B 点，明显可以看出，与没有征税前相比，进口商品销售量下降，销售商品的价格上升到了 P_2。这时如果想要判断本国贸易条件是改善了还是恶化了，关键取决于需求曲线的斜率和边际收益曲线的斜率的对比。如果需求曲线比边际收益曲线斜率小，进口商品税后价格小于关税征收的额度，这说明外国垄断厂商吸收了部分关税，使得商品价格上升幅度不大，不致诱使国内厂商进入，这时本国贸易条件会改善，社会净福利会增加。如果需求曲线比边际收益曲线斜率大，征税后进口商品价格上升程度更大，这说明本国消费者承担了税收，这时本国贸易条件恶化。由此可见，国家利用关税分享国外垄断厂商利润的理论是有前提条件的，外国寡头垄断厂商对进口国的市场拥有卖方垄断力量，可以根据“边际收益等于边际成本”的原则来调整价格和产量；进口商品国国内存在潜在进入该产业的厂商，这种潜在进入对外国垄断厂商征税后调整价格构成压力，外国垄断厂商往往会自己吸收消化部分税收，以防止高价格会引致新厂商进入该市场；进口国家对外国寡头垄断厂商的商品需求曲线比边际曲线更平坦，这时征税后进口商品价格上升幅度会小于征收关税的幅度，进口国家的净福利才会增加。

第三种情形：国家通过对进口竞争产业的保护来促进出口。

1984 年 Krugman 发表《以进口保护出口：寡头垄断和规模经济条件下的国际竞争》一文，提出了国家通过对进口竞争产业的保护来促进出口的观点，并且认为进口保护的最主要手段是关税和配额，这个观点也被认为是对传统幼稚产业理论的新扩展。

Krugman 认为，在寡头垄断和规模经济的市场结构下，国内寡头厂商在受到保护的国内市场可以获得许多方面的竞争优势，首先国内寡头厂商可以利用国内的有保障市场积极扩大生产规模，大幅度降低生产成本，实现静态规模经济效应；其次，在国内的寡头厂商利用受保护的国内市场通过大量商品生产和销售，积累大量经验，通过学习效应，使得生产出的商品成本不断下降，从而使获得的利润能够补偿最初投入的研究与开发成本；第三，国内寡头厂商通过国内市场保护，可以在国内市场给商品定更高的价格，在国际市场定更低的价格，实行价格歧视，使得自己的低价商品可以占领更多的国际市场份额。由于进口保护给国内垄断厂商所带来的这些优势既增加寡头厂商在国内市场的份额，又占领了没有受到保护的国外市场，从而使国内寡头厂商攫取了更多的国外厂商的利润，增加国内净福利。从这个意义上来说，进口保护不仅保护了国内市场，促进国内产业发展，发挥着进口替代作用，而且促进了商品出口，发挥着出口促进的战略性作用。

（2）外部经济理论

马歇尔 1890 年在《经济学原理》一书中首次提出外部经济理论的概念。他强调，任何经济活动都可能产生外部效应，有的是正的外部效应，有的是负的外部效应。当某一经济活动使得其他经济主体不用付费就可以获得好处时，该经济活动就有正经济效应；当某一经济活动使得其他经济主体蒙受损失却得不到经济补偿时，该经济活动就产生负经济效应。在国际贸易活动中，各个厂商都希望从其他厂商活动中获得更多正外部效应，利用企业、产业内、产业间的外部经济效应，促进生产率提高，降低生产成本。当本国高新技术产业投入大量研究与开发费用，进行技术创新时，这时需要政府对知识产权进行有效保护，对从事高新技术研发的企业给予资金支持，并给予其他一些政策支持或补贴。否则，伴随着本国高新技术产品销往国际市场，出口产品里所包含的科学技术知识也将流向国际市场与外国企业，本国初始研发企业没有有效途径补偿知识外溢所带来的损失。

在国际贸易中，如果一个处于垄断竞争的中间产品进入国际市场参与贸易，就会出现在产业内部上游下游之间出现技术外溢国际化的现象，这是国际贸易中的外部经济现象。产业与产业之间在某种条件下也会产生外部经济效应，如果某一产业对另一个产业具有支撑效应，这就可以说明产业之间产生经济外溢效应，对其他产业具有支撑效应的产业被称为战略性支撑产业。

外部经济效应包括两个方面，第一是技术外部经济效应，厂商通过其他厂商的技术外溢和干中学，比如信息收集、技术工人流动、技术模仿和反向设计等，获得技术、知识和管理，提高劳动生产率，降低生产成本；第二是货币外部经济，厂商从聚集的产业中很方便可靠地获得廉价的生产原材料、大量的中间产品、拥有技术的工人、专门化的商品服务，从而提高劳动生产率，降低生产成本，实现规模经济效应。外部经济的重要性主要在于，外部经济有利于促进厂商和特定产业在地理上的集中，有利于促进厂商生产效率的提高和生产成本的降低，有利于促进国际分工的专业化形成。

如何选择具有外部经济效应的产业呢？一般说来，这些产业具有以下几个基本特征，研究与开发费用占产品成本的比例大，产品需求收入弹性比较大，这些产业与其他产业的关联性比较强，能为许多产业提供中间投入品，带动其他产业的发展。具有外部经济的产业往往是技术密集型产业和资本密集型产业，先进技术会通过商品贸易和人才流动，通过干中学方式，传播到世界各地，随着生产规模的扩大，这些产业的平均成本会逐步降低，投资报酬会逐步增加，这些产业容易形成自然垄断，此外，这些产业生产率相对较高、附加值相对较高、利润较高、收入较高，国家扶持这些能够产生显著外部经济效应的产业的发展，符合国家、社会的长远利益，是提高国家竞争优势的重要途径。

3. 战略性贸易政策理论与传统幼稚产业保护理论的比较

战略性贸易政策是在传统幼稚产业保护理论基础上产生发展而来的，是对传统幼稚产业理论的创新与发展。战略性贸易政策和传统幼稚产业保护理论都是从维护本国国内经济利益出发的，强调政府应该主动采取进口保护贸易政策和措施，如关税、配额等，对具有战略意义的、具有潜在比较优势的、具有未来发展前途的新兴幼稚产业或进口竞争产业进行贸易保护，使之在国内市场逐步成长，经过一段时间保护，能够实现进口替代。这两个贸易保护理论都带有强烈的民族主义的贸易政策理论。

但是，两者还是有一些不同点的。首先，战略性贸易政策强调扶持战略性产业，其中的幼稚产业也是战略性幼稚产业。传统幼稚产业保护理论强调保护的是新建立的受到国外严酷竞争的产业。其次，战略性贸易政策对国内产业保护的目的是使该产业能够以国内市场为平台，进入国际市场，是以占领国际市场为导向的贸易政策，贸易政策只是促进出口的一个手段。而传统幼稚产业理论保护的目标是建立和发展幼稚产业，最终与外国先进产业竞争，进而实现完全国产，替代进口，这是以占领国内市场为导向的贸易政策理论。第三，战略性贸易政策中规模经济是静态的，商品成本随厂商生产规模扩大而下降。传统幼稚产业保护理论强调动态规模经济，产品成本随时间而不断下降。第四，战略性贸易政策认为，实施进口保护的国家的国内市场要大到足以使本国商品在国内市场就可以实现规模经济效益，所以该理论只支持大国保护战略性产业，不适用于小国。传统幼稚产业支持所有国家保护对其认为有发展前途的幼稚产业实行暂时的保护。最后，战略性贸易政策强调国家产业政策的适当运用，特别是补贴政策对于保护战略产业至关重要。传统幼稚产业理论强调贸易保护政策，强调国家对外实施限制，通过限制外来商品竞争来发展国内幼稚产业。

综上所述，传统幼稚产业保护理论保护对象是受到外国强力竞争的新生产业，保护以关税和非关税保护为主，保护目的是为了发展提升产业发展的生产力，是以贸易保护规避竞争的贸易政策。战略性贸易政策是以国际市场为导向的贸易政策，大国应该扶持和保护战略产业，其中包括幼稚的战略产业，可以通过限制进口和鼓励出口实现其最终占领国际市场的目的。战略性贸易政策是在传统幼稚产业保护理论基础上发展而来的，是对传统幼稚产业理论的创新与发展。

2.2.2 比较优势理论及其发展

1. 传统比较优势理论

传统比较优势理论包括亚当·斯密的绝对优势理论、大卫·李嘉图的比较优势理论、赫克歇尔—俄林的要素禀赋理论和对里昂惕夫之谜解释的新要素理论。传统比较优势理论是国际自由贸易的理论基础。大卫·李嘉图在亚当·斯密的绝对优势理论的基础上，进一步拓宽了国际贸易的基础，他认为世界各国不仅可以生产自己具有绝对优势的产品参与国际贸易，而且也可以生产自己比较优势较大或比较劣势较小的商品参与国际交换，也会从国际分工中受益。赫克歇尔—俄林的要素禀赋理论进一步提出，一国应在生产上密集使用该国相对丰富、价格相对便宜的生产要素，从而使得这种产品在国际市场具有比较优势；一国的进口产品应该是该国在生产上密集使用该国相对稀缺、价格昂贵的生产要素生产的产品，因此劳动力丰富的国家应出口劳动密集型产品，资本丰富的国家应出口资本密集型产品，这样都能从国际贸易中获益。20世纪50年代美国经济学家里昂惕夫通过实证检验，发现美国进出口商品的要素密集度情况与赫克歇尔—俄林的要素禀赋理论的结论相反，提出了著名的里昂惕夫之谜。里昂惕夫之谜出现之后，许多经济学家从不同角度进行了解释，如人力资本说、技术开发说、人力资源说、研究与开发说、信息要素说等，形成了国际贸易新要素理论，该理论认为，生产要素的范围应扩大，生产要素不仅仅包括劳动、资本和土地，也应包括技术、人力资本、研究与开发、信息、管理等等，这些新的生产要素对于国际分工和贸易，都起到重要作用。Kruger将赫克歇尔—俄林的要素禀赋理论的前提条件进行了扩展，设为M个国家、两种生产要素和N种商品，按照劳动一资本比排列，同种商品具有相同要素投入比重，不同商品具有不同生产要素比例，各国可以根据本国生产要素状况确定本国在国际分工中的地位。

传统比较优势理论是在完全竞争前提下的静态分析，“两优择其重，两劣权其轻”已经成为指导国际贸易的基本原则，在社会生活的其他方面，传统比较优势理论也在成为社会合理分工，取得最大社会福利的原则。

传统比较优势理论告诉我们，在选择幼稚产业进行保护的时候，要充分重视劳动、资本、土地、技术、人力资本、研究与开发、信息、管理等生产要素的作用，保护幼稚产业的目的应该是使得未来该产业产品在国际市场具有比较优势，在参与国际交换中获取国际贸易利益。

2. 动态比较优势理论

动态比较优势理论是日本研究经济周期理论和产业结构问题的著名经济学家筱原三代平提出的，他认为，经济波动因素是多元化的，技术创新、能源资源、通货供应量、战争四个因素都是导致经济长期波动的制约因素，其中最重要的因素是技术革新。他强调，国家应该将收入弹性高的产业作为国家政策扶持需要优先发展的产业，或者优先发展劳动生产率提高得快、技术进步率高的产业作为国家政策保护的幼稚产业，提高这些产业在整个国家产业结构中的比例，后起国家的幼稚产业经过政府产业政策扶持，其生产产品的比较成本是可以转化的，原来处于劣势的生产产品可以转化为优势产品，形成动态比较优势。

该理论认为，从根本上说，一个国家产业和技术结构取决于国内生产要素禀赋质量和数量，国家生产要素禀赋是动态变化的，一国生产要素升级是一国产业结构升级的基础。产业结构也是动态变化的，如果一国能够充分利用生产资源禀赋的优势，不断调整贸易结构，国际生产竞争能力就较强，实现产业结构升级，不断创造出新的产业优势。从静态上观察一个产业，可能只能看到它的现在，不可能看到它的未来,只有从长远的动态的观点看待产业发展,政府才能采取积极贸易和税收政策对国民经济有重要意义的产业实施保护,打造成为具有国际竞争力的出口产业。

动态比较优势理论告诉我们,选择幼稚产业的标准应该是收入弹性高的产业、劳动生产率提高得快、技术进步率高的产业,从而不断创造出新的产业优势,实现产业结构优化升级,政府应采取积极贸易和税收政策,从长远的动态的观点看待产业发展,对国民经济有重要意义的产业实施保护,才能打造出具有国际竞争力的产业。

3. 比较优势阶段理论

贝拉·巴拉萨(Bela Balassa)根据新古典贸易理论从人力资本和物质资本要素比例变化的角度提出外贸优势转移学说,完善了传统比较优势理论,提出比较优势阶段理论,也被称作比较优势阶梯理论。他认为,每个国家经济发展都是一个动态变化的过程,一切经济因素都在发生变化,包括生产要素禀赋也在变化,物质资本和人力资本的相对密集使用程度不断提高是这种动态变化过程的趋势。因此在国际生产和贸易中,不同国家存在比较优势的客观差别,但这种差别是动态变化的,各国贸易商品结构和商品比较优势会随着生产要素状况的改变而改变。

巴拉萨认为,国际经济发展阶段之间排列着许多阶梯,世界各国和地区按处于不同发展的阶梯层次可以划分为:第一阶梯,美国、日本、欧盟等发达国家;第二阶梯,新兴工业化国家和地区,如新加坡、巴西、墨西哥等;第三阶梯,次一等级的新兴工业化国家和地区,如越南、印尼、印度;第四阶梯,其他发展中国家和地区。阶梯的发展变化过程是连续的。阶梯比较优势呈现动态变化过程,在阶梯式发展格局中,发达国家率先发展新兴产业,新兴工业化国家将承接发达国家的产业转移并扶持发展自己的新兴产业,转移自己已失去优势的产业给发展阶段较低的国家,实施出口导向战略的落后国家通过承接转移的产业,利用自己比较优势发展出口,取代原国家的出口,竞争的结果将促使原先高梯队的国家发展出新的产业,国际分工种类得到扩大,国际市场容量更大,世界经济进入更高的发展阶段,从而使世界经济和贸易发展呈现出比较优势阶梯状的动态演变过程。该理论部分解释了二战后日本和新兴工业化国家的经济崛起,是对传统比较优势理论研究的有益补充。比较优势阶段理论模型如图 2.3 所示。

比较优势阶段理论告诉我们,每个国家经济发展都是一个动态变化的过程,在国际贸易中不同国家比较优势的差别是动态变化的,各国产业比较优势会随着生产要素状况的改变而改变,因此,在选择幼稚产业时要积极创造物质资本和人力资本条件,扶持发展和保护知识密集、技术密集、资本密集型"三密一体"型新兴产业,使新兴产业在更高梯队的国际竞争中占有一席之地,实现产业结构的优化升级。

4. 雁行比较优势理论

雁行理论是由日本经济学者赤松要(Akamatsu)1935 年提出的。他认为战后东亚国家经济、产业结构变迁是雁行理论经济发展的典型形态,雁行理论既指某一

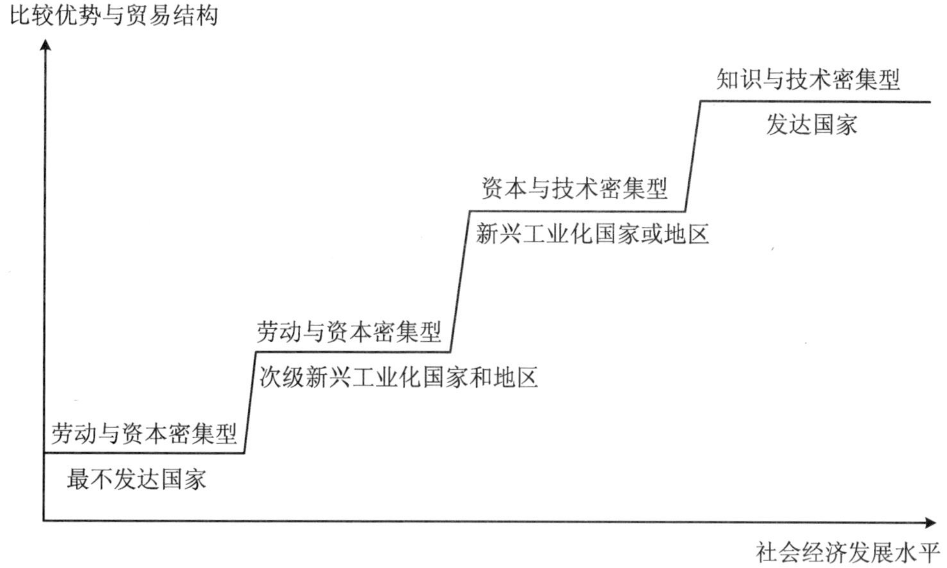

图 2.3　比较优势阶段理论模型

产业在经济发展阶段不同的国家或地区的兴盛、转移和衰亡，也指在一国不同产业的兴衰替代。赤松要认为，以日本、“亚洲四小龙”（新加坡、中国香港、韩国、中国台湾）、中国大陆与东盟各国（含印度尼西亚、马来西亚、菲律宾、泰国等）构成产业发展的雁行方阵，日本首先研发发展某一新兴产业，当技术成熟、生产要素变化时，日本生产的该产业产品竞争力消弱，日本把这些技术或产业转移到“亚洲四小龙”生产，而日本产业结构升级到更高的层次。“亚洲四小龙”在该产业发展成熟后，又把这些产业转移到更落后的国家开始新一轮的发展，这时“亚洲四小龙”的产业结构相应升级到更高一个等级，该产业在这些国家发展呈现出“产业建立—发展—成熟—转移—发展—成熟—转移……”的有顺序的梯队发展过程。他认为，要形成雁行发展模式，必须具备一定的条件：国家间的经济发展水平呈现梯度，为产业转移和产业承接准备条件；地域接近，市场有一定重合性，容易实现技术外溢；各国实行外向型经济发展战略，使得产业转移不会受到贸易壁垒的限制。

由此可以看出，一国的产业发展和贸易发展是与技术发展紧密相关的，一国产业优势的形成、贸易优势的发挥是受生产要素的制约的，特别是技术因素至关重要，产业的梯度转移随各国掌握技术的时间不同在国家间转移，从而论证了一国产业的承接建立、国内专业化生产、该产业商品出口之间时间上的先后关联性。

雁行理论告诉我们，一国的产业发展与技术发展紧密相关，一国产业优势的形成受生产要素特别是技术因素的制约，因此在选择幼稚产业时要着眼于新兴产业领域，要重视人力资本要素，加大研发经费的投入，注重技术人才的培养，重视技术的引进、消化、吸收和创新，实现幼稚的新兴产业在更高等级中的发展和壮大。

5. 链形比较优势理论

迪尔道夫(Deardorff)认为,国际分工和国家间的贸易比较优势是呈链形分布的,一国出口商品的优势就反映出一国的比较优势,因为出口商品中含有的占有优势的生产要素含量超过同类其他商品的含量,世界贸易商品呈链形分布,各国形成了比较优势的链条。如果产业优势增强的方向是资本密集度提高的话,世界链形商品的排序就是各国优势产品的组合,每个国家出口的商品是优势组合内的商品,进口的商品都是优势组合外的商品,处于组合临界上的商品可能被出口或被进口,也可能形成平衡的贸易,生产要素优势居中的国家倾向于生产要素密集度居中的商品,从劳动力资源丰富的国家进口劳动密集型商品,从资本密集度高的国家进口资本密集型商品,出口具有一定技术含量的、差异化的商品。

链形比较优势理论认为,与一国拥有的现存的要素禀赋相比,一国要素禀赋的变化趋势对一国在世界分工的地位起决定性的作用。在一个劳动力资源丰裕的国家,如果资本要素积累的速度快于劳动力要素的积累,则生产的商品中资本密集度就会提高,如果资本要素积累持续高于劳动力积累,该国就会逐步退出原先以劳动力密集型的国际分工,以资本密集型参与国际分工,国际分工链形移动的实现是以产业开放、自由贸易政策为前提的。

链形比较优势理论告诉我们,国际贸易比较优势呈链形分布,一国出口商品的优势反映出一国产业比较优势,一国要素禀赋的变化趋势对一国在世界分工的地位起决定性的作用,因此在选择幼稚产业保护的时候,既要考虑到国内拥有的现存的要素禀赋,又要考虑到未来生产要素的积累,要有一定的前瞻性,在我国这样一个劳动力资源丰裕的国家,如果知识要素、技术要素、资本要素等积累的速度快于劳动力要素的积累,则生产的商品中知识、技术、资本等要素密集度就会提高,如果知识、技术、资本要素积累持续高于劳动力积累,我国产业就会逐步退出以劳动密集型为基础所参与的国际分工,从而以知识、技术、资本密集型产业参与国际分工,有利于实现我国产业结构的优化升级。

从比较优势理论的发展轨迹可以看出,在选择和实施幼稚产业保护政策时,如何从产业动态发展、产业布局、产业结构等多角度分析思考问题,对于幼稚产业长远保护和发展是有积极的理论意义和实践意义的。

2.2.3 竞争优势理论

美国著名管理学家迈克尔·波特(Michael E Porter)在著作《品牌间选择、战略及双边市场力量》(1976)、《竞争优势》(1985)、《竞争战略》(1980)、《国家竞争优势》(1990)中系统论证了竞争优势理论。波特认为,一国贸易竞争优势并不是简单地取决于一国自然资源状况、劳动力、汇率等,竞争优势形成和发展已超出单个企业和单个行业的范畴,是经济内部各种因素综合作用的结果,一国价值观、历史文化、经济结构都是竞争优势产生的源泉,国家竞争优势在于国家产业创新、产业升级的能力，在于企业竞争优势和行业竞争优势，在于知识创造，在于能否取得国际市场竞争优势。形成竞争优势在于依托主导产业的优势，在于劳动生产率的提高。

波特对多个国家、多个产业的竞争力进行深入研究后认为，企业创造竞争优势的决定因素在于生产要素、国内市场需求状况、相关产业与支持性产业、企业战略和企业结构和竞争对手这四个主要因素，和政府行为、机遇两个辅助因素。其中四个主要因素之间彼此相互影响，共同构成一个整体，决定产业竞争水平的高低，是影响产业竞争力的主要因素，构成钻石模型的主体框架。钻石模型构筑全新的产业竞争力研究体系，是一个动态的体系，说明了各因素间如何相互促进，从而形成国家竞争优势。波特的钻石模型如图 2.4 所示。

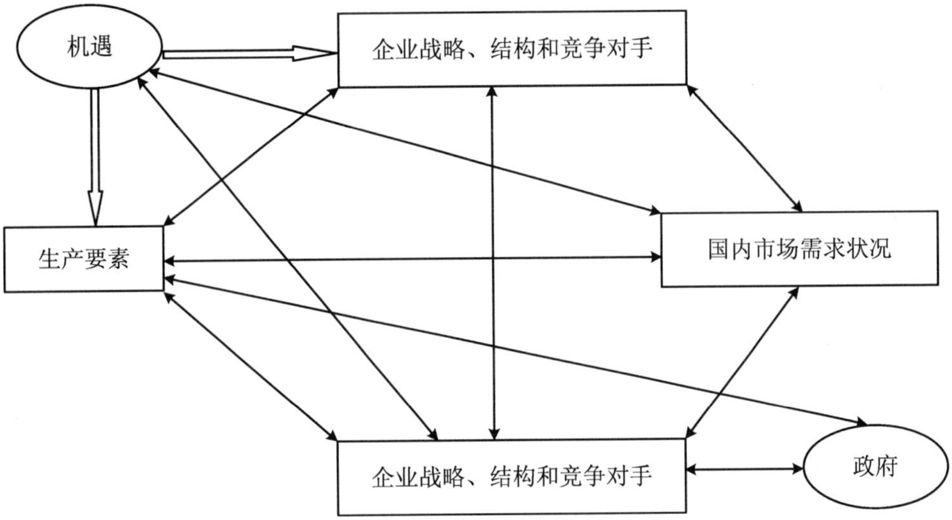

图 2.4 波特的钻石模型

波特认为，依据产业发展阶段划分，一个国家优势产业的发展可分为四个阶段，生产要素推动阶段、投资推动阶段、创新推动阶段、财富推动阶段。一国产业在参与国际竞争中，要充分调动国内所有资源，使本国商品在国际市场占有率不断增加，产业创造增加价值的能力不断提升，国民财富不断增加，经济稳定持续健康增长，这才是产业竞争优势增长的内涵。

产业竞争优势和产业比较优势是相关的。产业比较优势是产业竞争优势的基础，竞争优势是比较优势产生作用的结果。一国具有比较优势的产业有利于形成较强国际竞争优势，一国产业的比较优势通过国家竞争优势才能充分体现出来。从某种意义上说，竞争优势从属于比较优势，竞争优势是比较优势的高级部分。

产业竞争优势和产业比较优势是不同的。比较优势是说明同一国家不同产业间的比较关系，竞争优势说明的是不同国家同一产业间的比较关系，竞争优势是各国同一产业在相同国际竞争环境下表现出来的不同的市场竞争能力。比较优势不能直接用来解释产业竞争力水平的高低，竞争优势作为一种研究思路和分析方法可解释产业竞争力的形成机理。

竞争优势理论告诉我们，产业形成国际竞争力是一个动态的过程，需要政府的扶持。对于幼稚产业的保护，就是在幼稚产业成长壮大不断形成国际竞争优势的过程中，国家要在财政税收等方面起到积极的扶持作用，国家对于幼稚产业保护的最终目的就是要培养和建立幼稚产业的国际竞争优势，被保护的幼稚产业是否具备国际竞争优势就是检验幼稚产业保护效果的唯一标准。

2.2.4 规模经济理论

古典经济学派的创始人——亚当·斯密，应该说是第一个研究规模经济的。他认为，劳动分工的基础是一定规模的批量生产，劳动熟练程度、劳动的技巧、劳动的判断力、劳动生产率的提高都是社会分工的结果，分工和专业化的发展是一国经济增长的动力。李嘉图进一步强调了外生比较优势、分工和专业化生产之间的关系。

现代意义上的规模经济理论起源于美国。马歇尔、罗宾逊、贝恩、张伯伦等都是典型的代表人物。马歇尔的《经济学原理》一书中指出，大规模生产带来的利益在于有利于进一步划分专门机构：如采购部门、销售部门、专门技术工作和经营管理工作。规模经济形成主要有两种途径，内部规模经济和外部规模经济，随着不断扩大的生产规模，规模报酬将依次呈现规模报酬递增、不变和递减三个变化，并提出了规模经济与市场垄断之间存在矛盾的“马歇尔冲突”。英国经济学家罗宾逊、美国经济学家张伯伦提出垄断竞争理论来解释马歇尔冲突，补充发展了规模经济理论。马克思在《资本论》中认为，大规模生产是近代工业发展的必由之路，是劳动生产率提高的有效途径，生产规模的扩大，可以实现产供销联合和资本扩张、降低生产成本。美国第一个诺贝尔经济学奖得主保罗·A·萨缪尔森认为，刺激企业组织生产最强有力的因素在于大规模生产的经济性。美国哈佛大学教授哈维·莱宾斯坦在《效率配置和效率》一文中指出，大企业，特别是大垄断企业，机构庞大，关系复杂，内部组织层次多，外部市场竞争压力小，企业内在制度弊端难以克服，企业费用最小化和利润最大化的经营目标难以实现，企业资源配置效率低下，这种现象就是“X非效率”，是制约企业规模经济发展的内在因素。美国经济学家科斯在《企业的性质》一文中从市场交易成本的角度对企业规模经济作出解释。科斯认为，企业产生的根本原因是因为存在交易费用，企业是市场价格机制的替代物。只有企业市场交易成本等于其内部管理费用时，企业的规模扩张才会停止，企业间结构和关系的每一步变化都和企业规模经济有关，企业兼并、重组的过程就是交易活动内部化过程，企业间能否成功合并取决于增加的组织费用和节约的交易费用之间的比较，企业管理水平越高，管理成本越低，企业规模扩张程度就可以提高，可见企业管理水平对规模经济的贡献是巨大的。交易成本理论不仅成为了现代企业理论的核心，也对规模经济理论的发展作出了重大贡献。

克鲁格曼第一个分析了在不完全竞争和规模经济条件下的国际贸易的基础。规模经济因素进入国际贸易研究视野,实现了传统国际贸易理论向新贸易理论的转变。他认为,国际贸易的基础不一定在于生产要素禀赋差异,规模收益递增也是国际贸易产生的基础。当某一商品生产随着生产规模的扩大,单位产品成本不断递减,出现规模收益递增,从而可以利用生产成本优势进行专业化生产并出口这一产品,在规模经济条件下,世界各国可以协议分工,各自实现产业规模经济,进行国际交换,获得国际贸易收益。如果一个国家在某一产业处于领先优势,它的优势就会随时间累积而不断增加,拥有大型产业的国家可以支持产业链上的中间产品生产商,从而使这些中间产品生产商也可以具有一定规模经济优势,以低成本出口占领更多市场份额,最终产业将会倾向于集中在一个国家。

企业实现规模经济会带来几个方面的优势:企业可以实现产品的标准化,通过原材料的大量采购使成本下降,有利于管理人员和工程技术人员的精简和更加专业化,有利于新产品的研究与开发,使企业具有很强的国际市场竞争力。企业要实现规模经济,可以有两种基本途径:一是企业沿着主导产品的价值链进行纵向一体化合并,二是开发技术相关的多元化产品。

我国疆域辽阔、人口众多,国内市场容量较大,发展潜力大,经济增长较快,这些都为我国产业发展专业化和规模经济提供了必要条件。在选择和保护幼稚产业的发展上要充分利用国内市场和国际市场,以实现规模经济为导向,提高我国幼稚产业在国际市场的竞争力。

2.2.5 产业内贸易理论

20世纪60年代以来国际贸易实践出现一些新现象,主要表现为不完全竞争市场的普遍发展,要素禀赋相似的工业化国家之间的商品贸易主导世界贸易格局,且绝大部分是相似产品的双向贸易等。这些现象显然是传统国际贸易理论难以解释,一些经济学家将国际贸易理论与产业组织理论相结合,利用新的分析工具,创立了产业内贸易理论。传统的国际贸易理论,主要解释不同产业间的贸易,而产业内贸易理论则解释了在国际贸易中同类商品既进口又出口的现象。

1975年格鲁贝尔(Glubel)和劳埃德(Lloyd)在《产业内贸易:差别化产品国际贸易的理论与度量》中对产业内贸易进行了研究,结论是新要素比例可以解释一部分产业内贸易现象。20世纪70年代克鲁格曼(Krugman)将迪克西特(Dixit)和斯蒂格利茨(Stiglitz)建立的包括差异化产品和内部规模经济因素在内的垄断竞争模型加以推广到开放条件下,建立起新张伯伦模型,用来说明如果市场结构从完全竞争市场转变为不完全竞争市场,即使两国间技术和要素禀赋相同,只要存在产品差异、规模经济、不完全竞争、消费者消费需求的多样化等,两个国家间也会产生产业内贸易。20世纪80年代兰卡斯特(Lancaster)建立了兰卡斯特模型,进一步发展了产业内贸易理论。兰卡斯特认为,在经济特点相同的国家之间,如果不存在运输成本和贸易壁垒，在规模收益和消费偏好差异的影响下，产业内贸易仍然会发生。弗尔维(Falvey)等建立新要素比例学说，通过对赫克歇尔—俄林模型假设条件的调整，将产品差异与劳动、资本等要素之间建立联系，该理论认为，资本相对充裕的国家出口资本密集商品中的高质量品种，劳动力相对充裕的国家出口劳动密集商品中的低质量品种，由此形成了产业内贸易。为解释标准化产品产业内贸易现象，布兰德(Brander)和克鲁格曼(Krugman)建立了相互倾销模型，指出各国开展国际贸易的原因只在于垄断企业和寡头垄断企业的市场销售战略，国际贸易只是企业扩大市场竞争的一种方式，垄断企业和寡头垄断企业可以通过向国际市场倾销以扩大销售，即使存在运输成本，也会产生产业内贸易，贸易量由两国间需求弹性的差异决定。

产业内贸易理论和实践为我们展示了一个全新的视角看待幼稚产业保护理论与政策，传统的幼稚产业保护理论是以限制国外商品的竞争为主要目的的，当今世界产业内贸易迅速发展的贸易格局下，对于某些幼稚产业，政府可以以积极引导、开放竞争的心态，扶持这些幼稚产业立足于技术进步、技术创新，开发生产同类异质性产品，从产业内贸易的角度参与国际市场竞争，实现产业的从无到有并逐步地升级优化。

2.2.6 中心—外围理论

1949 年 5 月，阿根廷经济学家劳尔・普雷维什(Prebisch)向联合国拉丁美洲和加勒比经济委员会提交了《拉丁美洲的经济发展及其主要问题》的报告，在文中他首次提出了中心—外围理论，论证了中心国家在通过国际贸易剥削外围国家，发展中国家贸易条件长期恶化的观点。

普雷维什以 19 世纪末 20 世界初的英国为考察对象，当时经济最发达的英国向世界出口工业制成品，从世界各地进口原材料，他以 1876～1938 年英国进口的初级产品的平均价格代表世界原材料价格，以英国出口的制成品价格作为世界制成品价格，以 1876～1880 年世界价格指数为 100 来计算各年的贸易条件。计算结果显示，英国的贸易条件除 1881～1885 年之外是逐年改善的，说明在考察期内的国际贸易条件对出口工业制成品、进口初级产品的国家是改善的，是有利的，对于出口初级产品、进口工业制成品的国家是恶化的，是不利的。

因此他将资本主义世界经济体系划分为中心和外围两部分，在中心是生产结构同质性和多样化的发达国家，在外围是生产结构异质性和专业化的发展中国家，中心国家与外围国家相互依存、互相联系、互为条件，构成了动态的、统一的整个资本主义世界经济体系，这种传统国际劳动分工体系下形成的中心—外围关系并不像古典经济学家和新古典主义经济学家宣传的那样是互利贸易，并且从历史上说，技术进步及其成果在中心国家和外围国家中的产生和传播一直是不平衡的，中心国家首先发生技术进步，它的工业部门吸收新技术，提高工业生产率，使要素收入增加和制成品价格较高，然后迅速而均衡地传播到整个中心国家经济体系，中心国家生产的商品涵盖了消费品、资本品和中间产品等广泛领域，从而使得中心国家经济结构显现同质性和多样性。外围国家生产资源绝大部分被用来生产初级产品，初级产品部门技术落后，劳动生产率低，投入要素的边际收益递减，初级产品的价格较低，而工业制成品需求多依靠进口解决，并且落后的经济部门与使用现代科技、劳动生产率较高的部门同时存在，经济结构呈现专业化和异质性特点。

普雷维什强调，发展中国家对于国家建立的幼稚产业要积极采取贸易保护政策，只有走工业化的道路，经济上才能实现自主发展，政治上才能真正实现民族独立和国家稳定。

中心—外围理论告诉我们，发展中国家要坚持发展自己的民族产业，对幼稚的民族产业要采取措施进行保护和扶持，才能真正实现经济独立、国家稳定和富强，这就为发展中国家保护幼稚产业提供了新的视角和理论依据，有一定的积极的理论意义。

2.2.7　后发优势理论

1962年美国经济史学家亚历山大·格申克龙（Alexander Gerchenkron，1904～1978）在1962年发表的《经济落后的历史回顾》论文中创立了后发优势理论（Theory of Advantage of Backwardness），为发展中国家经济快速增长提供了理论基础。格申克龙对19世纪落后的德国、意大利、俄国等国的工业化过程进行研究后发现，一个经济落后国家的工业化进程和表现出的特征与美国显著不同。他认为，后起国家由于缺乏工业化的某些前提条件，必须根据自身的实际情况，选择可用的资源条件创造性地寻求达到相近的工业化结果，实行不同于先进国家的发展道路和发展模式；后起国家应积极引进先进国家的资金、技术和设备，以快速培养本国人才、节约科研费用、缩短科研时间，解决资金短缺问题，在较高起点上进行工业化进程；后起国家应学习和借鉴先进国家成功的工业化发展经验，吸取失败的教训，少走弯路，采取赶超战略，较快进入高级工业化阶段；后起国家工业化经济的相对落后性具有积极作用，会激起形成国民强烈要求进行工业化、实现工业化的社会压力，有利于促进、维护和增进本国工业化利益。

美国社会学家列维认为后发国家可以大量借鉴和采用先进国家的技术、设备、资本、企业组织结构等，并且可以跳越一些发展阶段。阿伯拉莫维茨（Abramoitz）认为，一国经济初始发展水平和经济增长速度反向相关，后起国家与先进国家存在的技术差距是后起国家经济追赶的外在动力；后起国家的政治、工业、商业、制度、教育等积极向上的状态是经济追赶的内在动力，后起国家的技术落后但社会进步的状态，是一个国家实现经济高速增长的强大潜力。伯利兹（Brezis）、克鲁格曼等认为，后起国家在技术发展到一定阶段，本国具有一定技术创新能力条件下，可以以高新技术为起点，在某些产业领域实施技术赶超战略。左大培认为，扶持和保护幼稚产业的发展是经济落后国家追赶经济发达国家最好的产业政策。

从后发优势理论可以看出，后起国家在实行对外开放、融入世界经济的过程中，为了不沦为发达国家原材料的供应地和制造品的销售场所，可以直接利用发达国家的先进技术、资本和管理，建立和保护国内幼稚产业，建立独立的国民经济体系，加速本国经济的发展，缩小或赶上与发达国家之间的差距实现后发优势。

如何把握后发优势与保护幼稚产业之间的关系，是需要思考的问题。从世界经济发展史上来看，美国、德国、日本等国都是后来者居上，既成功建立和保护了本国的幼稚产业，又充分发挥了后发优势，实现了经济发展，赶上并超越了老牌工业化国家。

杨小凯认为，后发国家可能也会存在后发劣势。后发国家在对先进国家的模仿中，模仿技术和管理比较容易，但模仿制度就比较困难，这样虽然后起国家在短期内可能取得了快速的发展和成就，但缺乏好的基础制度的情况下，会给国家经济和社会的发展留下一些隐患，影响长期经济社会健康、稳定发展。因此，发展中国家在工业化进程中，要尽量发挥后发优势，避免后发劣势。

在我国工业化过程中，国家要积极扶持幼稚产业的发展，积极创造有利条件，结合我国国情，通过技术、资本、制度的引进、学习、消化、吸收、模仿和创新，充分发挥技术后发优势和制度后发优势，实现国民经济快速增长，实现经济的赶超，扶持和保护幼稚产业的发展是我国追赶发达国家最好的产业政策。

2.2.8 赶超战略理论

唐世平在《战略与管理》2003 年第 5 期中《国家的学习能力和中国的赶超战略》一文中指出，一个暂时落后的国家，只要具备了强大的学习能力，就能赶超比自身更发达的国家。

赶超战略理论以市场失灵和后发优势理论为理论基础的，是经济落后国家有意识实施的、以赶超先进国家为目标的宏观规划，一国产业结构只有实现不断升级才能实现一国经济长期稳定的增长，而一国产业要实现不断升级就必须不断提高重点产业的高附加值，培植和发展一国高关联度的主导产业。一国实施赶超战略需要具备一定的条件:经济落后的国家可以自由引进、学习、模仿外国先进技术，并且能提高经济增长率，国家要有足够的动员资源进行社会制度和经济结构变革的能力。吴申元认为，赶超是经济后进国追赶先进国并超越先进国的经济发展过程。林毅夫认为，赶超战略理论的重要思想来源于李斯特的幼稚产业保护理论。

20 世纪 20 年代苏联是实施赶超战略的典型国家。当时的苏联农业占据国民经济主导地位，工业化比重很小，国家采取工业产品与农业产品实行不等价交换、对非社会主义经济成分征收高额赋税等措施，强制进行工业化积累，优先发展重工业，实现了重工业化快速发展壮大的目标。德国、日本、韩国等曾经的后起国家也曾实施赶超战略发展本国工业。这些国家成功的共同特征是他们在考虑工业发展赶超战略时，不是以比较优势为指导原则，而是分析研究国内外经济形势对本国工业化的要求，从而动员社会资源，取得了世界瞩目的工业化成就。当然也有一些国家实施赶超战略失败的，失败的主要原因在于过分压抑了市场机制的作用，使市场价格不能准确反映资源稀缺程度，使得企业资源配置缺乏效率，国家产业结构高度扭曲。

在开放的世界市场经济中，经济发展落后的国家必须要积极扶持和发展新兴幼稚产业，才能为实施赶超先进国家提供可能性。如果发展中国家不扶持发展这些幼稚产业，任其在激烈的世界市场中参与竞争，这些产业基本上是没有发展前途的，即使能够生存下去，但成长可能也是个艰难而漫长的过程，并且与发达国家的差距难以缩小。如果落后国家没有大量新兴产业的出现，那它只能实行进口替代或出口导向战略，只能永远跟在发达国家后面，更无法赶上和超越发达国家。从世界经济发展史上来看，只有实施赶超战略的后起国家才能实现向先进国的质变。后起国家的幼稚产业由于要面对发达国家寡头垄断厂商竞争，这就需要政府采取强有力的关税、配额等贸易政策和产业政策对这些新兴产业加以培育和扶持，加速其成长壮大，并引领相关产业的发展，带动国家产业整体竞争力的提高。

2.2.9　进口替代与出口导向战略理论

美国发展经济学家刘易斯研究比较优势模型时发现，在假定两个国家和两种商品条件下，当用边际产品表示劳动生产率，而不用平均产品表示劳动率时，得出的发达国家和发展中国家的贸易条件是不同的，发展中国家与发达国家制造业商品（如纺织品）生产率的差距要小于农产品（如粮食）差距，即发展中国家比较优势是纺织品的生产，而不是粮食生产，因为发展中国家传统农业部门存在过剩劳动力，劳动边际产品大大低于平均产品，边际产品等于零甚至为负。其政策含义就是处在工业化初期阶段的发展中国家应通过贸易保护，实行进口替代战略实现工业化，积极发展劳动密集型的制造业，而不是如传统比较优势主张的那样实行自由贸易。

进口替代战略是指一国采取高关税、进口商品数量限制、外汇管制等贸易保护措施，限制外国工业产品的进口，政府或从税收、投资和销售等方面给予政策优惠，或资助或直接投资建立国内进口替代工业，来促进国内相关产业的发展，逐步以国内生产的同类商品替代进口商品，实现国家工业化进程的战略。

从实质上来说，进口替代战略就是发展中国家对国内幼稚产业实施的贸易保护战略。美国在英国殖民统治时期，基本上都是在为英国等国家生产所需要的农产品，独立革命后，美国为了建立本国民族工业，实施了高关税保护制度。在高关税税率的保护下，美国 1820～1860 年首先建立了棉毛纺织业、机器制造业、生铁冶炼和日用品制造业，开始替代进口产品，1860～1919 年建立和发展电力、钢铁、汽车制造、石油采炼等新型工业，其中大部分产业完成了进口替代，1919～1945 年鉴于国内市场萎缩,美国开始扩大产品出口销往国际市场,到20世纪40年代,完成出口替代。1883～1913年间德国为了满足其国内市场需要,实施进口替代战略,其制造业增长速度一直高于制成品进口的增长。美国和德国的进口替代战略不但建立了良好的工业基础,而且大大加快了工业化进程,使美国和德国的工业实力在19世纪末20世纪初超越英国。美国和德国的成功经验就在于把握历史机遇,依靠大市场战略、引进、消化、吸收外国先进技术和自主创新战略等取得了超越式发展。

20世纪50年代初级产品价格不断下降,发展中国家的贸易条件不断恶化,亚洲、非洲、美洲等一些发展中国家或地区,如尼日利亚、加纳、赞比亚、巴西、秘鲁、阿根廷、智利、印度尼西亚、印度、墨西哥等,都在不同程度上采取进口替代的发展模式,实施高关税、配额等贸易保护政策,限制发达国家工业品大量流入本国市场,通过发展本国工业,进行国内生产来代替商品进口,满足国内市场需求,实现国家的经济自立。20世纪50～70年代,这些国家通过进口替代政策在国内建立了一些近现代化或现代化工业企业,经济获得了快速增长,取得了显著成就。整个拉美地区,1939年制造业占生产总值比重为16.5%,1980年上升到25%,1960年在世界制造业总产值中的比重为4.1%,1978年上升到5.5%,1975年在发展中国家制造业总产值中的比重上升到56%。巴西在60年代初工业品自给自足率达90%,生产资料自给自足率约80%,墨西哥工业品自给自足率在60年代中期达到85%,巴西、墨西哥、阿根廷等发展中国家建立了比较完整的工业体系,重化工业达到较高水平,钢铁、造船、汽车等工业接近同期世界先进水平。这些发展中国家实施的进口替代战略有力地促进了国内幼稚产业的建立和成长,成为经济发展的主要推动力和实现工业化和经济腾飞的重要战略。

进口替代战略宗旨不是产品的替代,而是技术的替代。进口替代战略是一种内向型经济发展战略,强调满足国内市场需求,不以出口为目标,它强调要保护幼稚产业,实现本国的工业化,加强经济自力更生能力,最终独立自主地发展民族经济。进口替代战略的实施为出口导向产业的发展创造了物质条件。

但实行进口替代战略也有一定的缺陷。实行进口替代战略要求国内市场要相对较大,可以以国内市场需求的不断增加引导出口替代产业的进一步发展;实行进口替代战略要求对国内市场进行一定程度的保护,损害了国内消费者的利益,还有可能会消耗大量国内稀缺资源,造成效益上的损失;发展进口替代产业,在无法促进传统产品增加出口的情况下,会增加进口国外的先进设备、原材料、中间品等,有可能会出现国际收支大量逆差,影响经济的健康持续平衡发展。

出口导向战略,又称出口替代战略,最初的含义是指国家采用鼓励措施发展本国制造业,以劳动密集型制成品出口取代劳动密集型农产品出口,现在是指以工业制成品出口替代初级产品出口。出口导向战略的理论基础主要是英国古典经济学家大卫·李嘉图的比较优势理论、赫克歇尔和俄林的要素禀赋学说。按照古典国际贸易理论，世界各国应生产因具有要素禀赋优势的、从而在成本和价格方面具有比较优势的产品并出口，因而资本丰富的国家应生产并出口资本密集型产品，劳动力丰富的国家应生产并出口劳动密集型产品。

20 世纪 50 年代新加坡、中国香港、中国台湾等国家或地区开始采用出口导向战略，后来获得了巨大成功，于是其他一些发展中国家或地区开始总结经验，纷纷效仿。出口导向战略实行鼓励出口贸易、财政、金融、汇率政策，如放松出口限制、设立自由贸易区和出口加工区、建立保税制度、实行生产补贴、出口补贴、出口退税、税收优惠、对出口企业提供优惠贷款和融资、货币贬值等，放宽进口限制，如降低关税，特别是原材料和中间品进口关税、减少进口商品数量限制，增加生产出口商品的投入要素进口，以利于降低生产成本等。采取各种出口导向措施的目的就是一个，鼓励国内产业生产产品出口，促进出口产业发展，发展外向型经济。

出口导向战略存在一定的局限性。实施出口导向战略会使国家经济对国际市场的依存度加大，容易受到国际市场波动的影响；实行出口导向战略会使发展中国家或地区在国际市场面临发达国家产品的激烈竞争，产业发展举步维艰，世界市场的贸易保护手段的日益多样化和复杂化，也使发展中国家或地区商品出口越来越困难，发展中国家或地区通过出口导向战略实现工业化发展之路越来越难以实现。

由此可见，进口替代战略和出口导向战略各有利弊。因此，在政策选择中应该把两者结合起来，扬长避短。钱纳里认为，可以实行进口替代和出口导向混合的贸易政策，即在宏观政策上既要鼓励出口又要鼓励进口替代，在政策手段上要实行关税等贸易保护政策和财政、金融、汇率政策，在市场导向上既要保护国内市场又要开拓国际市场。

从对幼稚产业保护的角度来看，进口替代战略对于培育和扶持幼稚产业能起到积极效果，所以进口替代战略对于幼稚产业的保护应该是过渡性质的，只应适用于幼稚产业的建立和成长阶段。出口导向战略强调国家积极扶持国内产业充分利用国外资源、开拓国际市场，以生产出口产品带动本国经济的发展，实施出口导向战略有利于发挥国际分工优势，有利于企业开发和创新市场，有利于企业形成规模经济，有利于利用各国经济发展的相互依赖性获取开放经济中的溢出效应，即进口国的总需求增加会对出口国的国内生产总值产生正面作用，所以出口导向战略可以适用于幼稚产业成长壮大阶段。

2.3　现代幼稚产业保护的理论基础二：相关的产业理论

现代产业经济理论对幼稚产业保护和发展的研究也十分活跃，出现了不少与幼稚产业保护相关的理论。现代产业经济理论以产业为研究对象，涉及产业组织理论、产业结构理论、产业关联理论、产业布局理论、产业发展理论和产业政策理论六个领域方面的内容。产业经济理论研究和探讨以工业化为中心的国民经济发展中，产业组织结构变化规律、产业间关系结构、产业投入产出关系、产业布局规律和政策、产业发展规律和政策、制度型和行为型产业政策、经济发展均衡等问题，通过产业经济理论研究为国家制定国民经济发展战略、制定产业政策提供理论依据。

现代产业经济理论中与幼稚产业保护相关的理论可以包括：一是产业安全与产业保护理论；二是产业集群理论；三是产业系统、产业结构和产业关联理论；四是产业成长理论；五是产业竞争力理论；六是产业政策理论等等。

2.3.1 产业安全与产业保护理论

传统意义上国家安全是指国家政治安全和军事安全，随着经济全球化的深入发展，经济金融危机的全球连锁效应，凸显了一国经济稳定性的重要性，现代意义上的国家安全更加关注经济安全。经济安全是政治安全和军事安全的基础，经济安全也是政治安全和军事安全所要实现的最终目标。产业安全起源于经济安全，是国家经济安全的重要组成部分。

产业安全的思想可以追溯到重商主义保护本国幼稚产业的思想，重商主义强调国家干预经济生活，实行产业政策，保护和扶持本国民族幼稚产业的发展，强调民族产业是民族经济和利益的来源，阻止外国制造品的竞争。英国古典经济学家亚当·斯密虽然积极主张自由贸易，倡导公平竞争，但他认为国家仍然应该对关系到国家安全的国防工业实行保护和扶持。美国亚历山大·汉密尔顿、德国弗里德里希·李斯特、英国约翰·穆勒等认为国家为了确保其产业生存、发展和安全，必须对幼稚产业提供关税等形式的贸易保护。20 世纪五六十年代拉美发展经济学家，如劳尔·普雷维什、伊曼纽尔、阿明、桑托斯、卡多索、弗兰克等提出了中心—外围理论和依附理论，认为处于中心的发达国家与处于外围的不发达国家之间的贸易关系不是平等的，而是不平等的，正是这种不平等的贸易关系造成发展中国家的不发达，强调发展中国家对于民族幼稚产业要积极采取贸易保护政策，经济上实现自主发展，政治上才能真正实现民族独立和国家安全稳定。20 世纪 80 年代，斯潘塞、克鲁格曼、布兰德等人提出战略性贸易政策理论，指出一国政府应制定贸易政策对国内产业进行适度干预，这对产业安全与发展都具有极其重要的作用。另外，比较优势陷阱学说从另一个侧面论证了产业安全的重要性。该理论指出，发展中国家不能完全按照比较优势理论的主张进行国际贸易，如果单纯生产并出口劳动密集型产品和初级产品，短期内虽然可以获得收益，但从长远看会过度依赖发达国家的技术进步，陷入国际分工的低附加值环节，掉入由比较优势主张所产生的贸易陷阱，因此，发展中国家在国际分工中必须克服比较优势陷阱，实行培养贸易竞争优势促进产业发展的战略。美国经济学家迈克尔·波特认为国家竞争力取决于产业竞争力，一国应创建竞争优势，维护产业安全。

关于产业安全，国内外经济学者尚未统一共识。国外学者认为，产业安全要考虑两种，一是产业国际竞争力，这以美国迈克尔·波特为代表；二是考虑产业安全的影响因素，主要考察跨国公司直接投资对产业安全的影响，以布雷、阿明为代表。国内学者20世纪80年代末开始构建和发展产业安全理论，主要是从产业安全界定、产业安全理论体系构建、产业安全评价、产业预警、产业安全与国际直接投资、产业安全与国际贸易等方面进行研究。王允贵、张立认为产业安全是指本国资本对本国的影响国计民生的产业控制力问题。许铭认为，产业安全是指在开放条件下本国产业抵御外来干扰或威胁并持续发展的状态。史忠良认为，产业安全是指在全球化情况下一国某一产业利益不受外国产业根本威胁的状态。何维达认为，在开放条件下，一国关系国民经济全局的重要产业的生产发展，以及政府对这些重要产业的控制权未到威胁的状态。李孟刚认为，产业安全理论体系包括产业保护理论、产业国际竞争力理论、产业控制理论、产业损害理论、产业安全评价和产业安全预警理论。总之产业安全包括产业生存安全和产业发展安全。产业生存安全必须要满足产业要占有一定的市场份额、可以获得一定水平的利润和实现产业资本的良性循环，生存不受威胁的状态。产业发展安全主要体现在产业技术不断创新、产业产值的不断增加、产业发展不受威胁的状态。

一国产业安全的影响因素主要有产业外部环境因素和产业内部因素。产业外部环境因素是影响一国产业安全的重要因素，主要包括产业生存与发展环境、政府产业政策、外资政策，跨国公司与外资进入国内市场的技术、资本和管理等状况。从产业内部因素来看，主要包括产业集中度和产业的制度结构等。

产业安全受到的威胁有合法的威胁和非法的威胁两种类型。在市场经济条件下，国内产业面对国外产业的强力竞争，出现优胜劣汰的情况，或者国外厂商合理使用WTO规则对国内产业造成的威胁都是产业安全面对的合法的威胁。而充满敌意的国家对国内产业安全的破坏，或者敌意国家通过WTO等国际准则对一国产业造成的威胁都是非法威胁。

产业安全有一些比较客观的评价指标，第一个指标是产业对外依存度。$E=(C+S+T)/P$。公式中E代表产业对外依存度，P代表产业的总产值，C代表产业外销额，T代表进口额，包括技术进口额，S代表产业对外服务额。如果一国产业对外依存度大于50%，表示该产业是对外高依存度的产业。第二个指标是产业国内市场率。如果国内销售额占总销售额的比例下降，表明该产业市场竞争力降低。第三个指标是外资控制国内生产能力的程度和对某一产业中重要企业的控制程度。第四个指标是产业竞争力。国内产业竞争力越强，该产业就越安全。

产业保护就是为了实现产业安全，特别是产业发展意义上的安全。产业保护的目的应该是提高被保护产业的国际竞争力，使之逐渐具有参与国际市场竞争的能力。至于实行什么方式的产业保护，何维达认为，如果产业遭受合法的威胁，产业保护应该促使国家制定一些扶持发展的政策，促进国内产业的发展，最终形成产业国际竞争力；如果产业遭受非法的威胁，国家和国内厂商一起充分利用 WTO 规则和其他一些国际贸易准则进行斗争。一国产业安全是一国经济安全和经济发展的基础，是制定产业政策、实行干预政策的出发点。

发展中国家为了实现产业安全，培育和扶持民族幼稚产业是其必然的产业选择。然而，如何确定产业安全和产业保护之间的关系呢？是不是产业保护越严厉，产业越安全呢？如何既能保护产业安全，又能促进产业进步，不致保护落后产业呢？何维达认为，对于某一具体产业来说，从数学图形上来看，产业安全度与产业保护度之间是反抛物线关系。如图 2.5 所示。

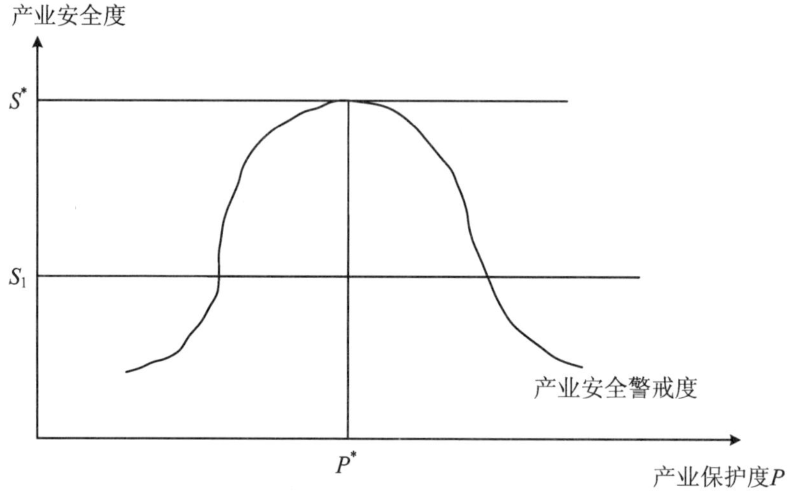

图 2.5 产业安全度与产业保护度的关系

图中横坐标表示产业保护程度，图中纵坐标表示产业安全度，显而易见，只有在最佳保护度 P^* 处位置，产业安全度才能达到最高程度 S^* 。

对于幼稚产业发展和保护程度也有类似图形关系。如图 2.6 所示，图中横坐标表示幼稚产业发展状况，纵坐标表示幼稚产业保护程度，只有在最佳保护度 P^*，幼稚产业发展状况才能达到最佳状态。

2.3.2 产业集群理论

Doeringer 认为产业集群是区域内相关产业的聚集，这种聚集以便于产业通过地域性合作获取绩效优势。一般认为，产业集群是指在某个特定区域某种产业高度集聚所引起的生产企业的整体成本下降产业成长的现象。

对产业集群的认识可以追溯到英国经济学家阿尔弗雷德·马歇尔 1891 年在其著作《经济学原理》中提出的产业区的概念，“当一种工业选择了自己的地方时它就会长久设在那里。从事同样技能行业的人从邻近的地方互相得到的利益是很大

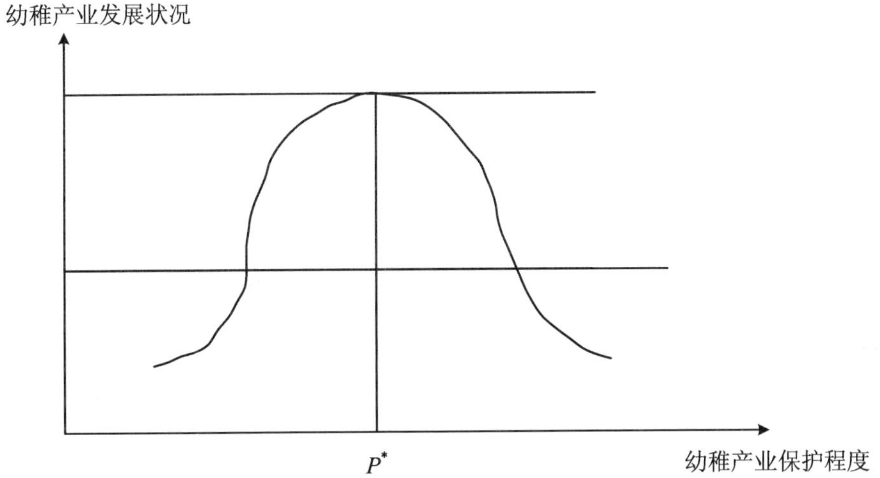

图 2.6　幼稚产业发展状况与幼稚产业保护程度的关系

的。行业的秘密不再成为秘密；而似乎是公开的了。如果一个人有了一种新思想，就会为别人所采纳，并与别人的意见结合起来，成为更新思想的源泉。不久辅助行业就会在附近地方产生，供给上述工业以及工具和原料，为它组织运输。”马歇尔把规模经济分为内部规模经济和外部规模经济，通过考察英国一些传统工业的产业集群现象，发现外部规模经济与产业集群之间有密切关系，产业集群是基于外部规模经济形成的，技术外溢、共享劳动市场、附属产业的专业化创造是产业集群的三个关键因素。

德国经济学家阿尔弗雷德·韦伯(Alfred Webber)1909 年在《工业区位论》中认为产业集群形成的原因是成本节约。他认为，技术设备专业化发展、劳动力搜寻成本降低等节约企业成本、促进企业集聚。

20 世纪 80 年代新产业区理论认为研究产业集群形成的原因应从企业与社会环境之间的关系来考察，决定产业发展最主要的因素不是物质资本的质量和数量，而是人力资本、经济组织结构、文化传统等社会环境因素。美国经济学家萨克森宁指出，硅谷成功的奥秘是因为其有利于创新和人才成长的良好的生态文化环境。美籍经济学家熊彼特认为，技术创新和技术扩散促使关联产业形成集群。美国哈佛大学教授迈克尔·波特率先从竞争力角度分析和研究产业集群现象。他认为，产业集群能改善创新条件，降低交易成本，加速生产企业成长，提高生产效率，改进激励方式，创造出信息、专业化制度、声誉等集体财富，有利于形成新企业。国际生产折衷理论的提出者邓宁认为，随着全球化发展，跨国公司区位选择既要考虑地理位置、基础设施、要素投入等传统要素和成本，也要考虑交易成本、聚集经济和外部经济的动态性等。Krugman 认为，不管生产要素最初的分配状况如何，贸易总会使得生产集中，各国贸易优势不是来源于产业间的比较优势，而是各国的产业分工能达到的规模经济的程度，即产业聚集的关键在于规模经济，特别是外部规模经济，聚集能使生产成本下降，效率提高，产生递增规模效应。

徐康宁在《开放经济中的产业集群与竞争力》一文中指出，以国际市场需求为基础的产业规模扩张和产业结构优化可以提升该国产业的国际分工地位和在国际市场上的竞争力，而且具有优势的产业集群在国家扶持下可以很快出现，利用产业集群优势，充分发挥产业集群带来的经济效应，可以使国家支持的产业发展速度更快。

为什么会出现产业集群？一般认为，具有自然资源和区域优势的企业会因为追求规模经济而大量集聚并合作，相关机构会围绕核心企业进行合作并产生依存现象，这种社会关系的形成是产业集群存在的动因。这种聚集有利于企业凭借地缘优势，通过联合使用区域内的辅助性资产、技术和市场机遇，在相互学习中以求降低交易成本，建立起市场优势，实现共同发展。

产业集群具有一些明显的特征，即在有限的地域有专业化产业，区域内企业以分包为主要的生产系统形式构建本地化网络，在相互学习和借鉴中进行横向合作和纵向合作，形成集成的产业链条，在区域内有本地化的培训、教育和研发机构，能够提供具有一定研发、营销、管理、技术、战略等水平的劳动力和不断进取的知识环境，企业的财税、金融、贸易渠道畅通，企业与各组织间可以形成区域合作系统，企业家具有不断创新的动力等等。如意大利东北部工业区，美国的硅谷，我国浙江和广东的服装、陶瓷、五金、玩具、家具城等都是成功的产业集群的典型案例。

显然，产业集群的思想非常关注产业间的有机联系，强化企业间的合作，强调知识、技术、基础设施的共享，提升企业的创新能力，对于推动地区经济发展无疑具有重要的指导意义。但需要注意的是产业集群不是纯粹地理上的集聚，其实质在于知识、技术和基础设施等共享，企业之间、企业与各组织之间的合作、竞争和创新。

因此，在幼稚产业的发展与保护上，后起国家制定的产业政策应充分发挥产业集群效应，实现产业的跨越式发展。

2.3.3 产业系统、产业关联和产业结构理论

系统科学理论认为，系统是一切事物存在的方式，系统是由多个相互作用、相互联系的元素构成的一个有机整体。因此，经济系统作为一个复杂系统，构成其组成要素的各产业部门之间也必然存在着多层次、多方面的联系和影响，它们相互依存、相互制约、相互作用形成了一个产业系统，产业系统内部既存在自然和社会联系，又存在技术和经济联系。产业系统要素包括管理要素，通过计划、组织、领导和控制等管理活动来协调其他产业系统要素的活动，实现产业系统的发展目标；技术要素，技术要素是产业系统演化和发展的核心因素；人员要素，管理人员、技术人员、生产人员等人员要素是产业系统呈现非线性特征的主要动因；生产要素，生产

设备、工艺、质量等决定了产业系统的输出质量；资源要素，资金、原材料、利用率水平决定产业系统的输入质量；市场和信息要素，市场和信息要素对产业系统起导向作用。各产业系统要素在产业系统内部的地位和作用不同，呈层状结构关系，不同产业系统之间的相互作用是通过它们各自要素间的相互作用来实现的。产业系统的演化一般要经历孕育期、幼稚期、成长期、成熟期和衰退期等阶段。这对于我们把握幼稚产业保护的内在作用机理无疑是有帮助的。

通过对产业系统的把握有利于产业关联问题研究。产业关联是指产业之间存在关联关系，不同产业之间的关联关系表现为不同产业系统要素之间的关联关系。产业关联理论研究一个产业与另一个产业之间的联系，即产业间投入产出结构，如果一个产业的产出是另一个产业的投入，就说明这两个产业之间有联动机制和效应，分别称为前向关联产业和后向关联产业。前向关联就是某产业作为上游产业需要把自己产品提供给下游产业，形成对下游产业的供给关系。后向关联就是某产业作为下游产业需要消耗上游产业的产品，形成了对上游产业的消耗关系。产业关联准则，又称“赫希曼（Hirschman）标准”，强调产业结构的协同效应，支柱产业必须关联度高，有较强的前向、后向和旁侧关联效应，能够向各方向渗透，带动相关产业和地区经济的发展，关联产业中的任何一环发生变动都会影响其前向关联或后向关联产业，一个产业部门的扩张会产生引致诱导型投资扩张，促进发展关联产业，关联产业得到发展以后又会反过来带动该产业进一步扩张，实现整个国家产业的均衡发展。

产业关联准则强调产业结构的协同效应。产业结构是指产业之间和产业内企业之间的相互联系及数量关系。产业结构理论主要研究产业组织结构变化规律、优化调整、战略产业选择、政策措施及其对经济发展的影响，着力探讨产业间的技术经济关系及其不断变化的趋势，揭示国民经济主导产业的不断替代、发展变化的规律。

威廉·配第在1672年出版的《政治算术》中指出，工业比农业收入多，商业比工业收入多，史无前例发现了收入差异与产业结构有关系。20世纪30年代新西兰经济学家费夏首次提出三次产业划分法。1932年日本经济学家赤松要提出以产业结构国际化为依托发展产业的雁形理论。1940年克拉克在《经济进步的条件》一书中通过统计分析，揭示产业结构变动与人均国民收入水平变化的内在关联，建立产业结构理论完整的理论框架。他通过整理和比较劳动与三次产业投入与产出的资料，提出著名的克拉克法则，即劳动力在产业间转移具有一定的规律性：随着人均国民收入增加，第一产业农业劳动力会向第二产业制造业转移，当人均国民收入水平进一步增加时，劳动力会由第二产业制造业向第三产业商业和服务业转移。里昂惕夫1953年和1966年分别出版《美国经济结构研究》和《投入产出经济学》，对产业结构进行深入研究，建立起投入—产出分析体系，分析国内各地区间经济关系和经济政策影响，并研究了产业结构与经济增长关系问题。罗斯托认为，产业结构变化对经济增长有重大影响，在经济成长不同阶段中应重视发挥主导产业的扩散效应。

目前产业结构理论主要分为产业结构软化理论和产业结构开放理论。产业结构开放理论认为,一国产业的平衡与发展与国际产业是密切相关的,一国产业升级和产业结构的调整必须紧跟国际产业的发展,一国产业结构是世界产业系统中的一环,必然与其他国家产业体系相互影响。国际贸易活动,特别是技术贸易,对促进夕阳产业的技术革新,对促进新兴产业的技术进步具有强大的推动力。产业结构软化理论认为,在社会生产和再生产过程中,知识、信息、资本、技术、管理、脑力劳动等的投入量增加,消耗增大,而自然资源、物质材料、体力劳动的投入和消耗会相对减少,产业发展逐步呈现广义生产要素投入集约化趋势,劳动密集型产业会逐渐减少,资本、知识、技术、信息等密集型产业会逐步增多。

由此可见,产业系统理论是从产业与外界关系角度研究的,产业结构理论是从产业内部结构进行研究的,这两种理论在某种程度上是互补的。产业关联理论从某种意义上说也是广义的产业结构理论的一部分。

新兴产业的萌芽来源于企业创新活动,企业创新会通过产业关联效应,带动更多企业创新,创新是新兴产业活力的源泉,因此我们在选择需要进行保护的幼稚产业时,应关注产业系统内部诸要素之间关系,选取产业关联度高,技术含量高,创新能力强的产业,另外还要把建立幼稚产业放在国际产业链条中去考虑,放在国际产业系统中去研究,依托国家产业政策,实现产业结构调整和产业优化升级。

2.3.4 产业成长理论

产业的发展是一个逐步演变的过程,每个产业都会经历其成长的阶段,因此产业成长具有阶段性特征。产业成长根据所包涵内容的范围可以分为广义的产业成长和狭义的产业成长。产业成长的狭义含义是指一个产业成长的过程分为产业萌芽期、幼稚产业期、产业成长期、产业成熟期和产业衰退期五个阶段。广义的产业成长除了包括狭义的含义之外,还包括研究产业成长的模式选择、动力机制和创新机制等。

国外学者对于产业成长理论的研究大多是实证分析,其在一定程度上揭示了某一产业发展的内在路径。我国对产业成长问题的研究始于 20 世纪 90 年代。郑林是国内较早对产业成长问题进行研究的学者,在其 1990 年《产业经济学》著作中就开始分析产业成长问题,庄铭川 1997 年在复旦学报发表《组织结构演进与产业成长》一文,对组织结构演变与产业成长进行了实证分析。王先庆 1998 年在《产业扩张》一书中较系统地对产业扩张问题进行了研究。中国社会科学院工业经济研究所刘戒骄 2003 年在《产业生命周期与企业竞争力》一文中,研究了根据产业不同生命周期阶段来分析经济特征并对企业竞争力的含义进行了考察。陆国庆(2002)指出,产业演进的系统动力来源于产业政策、制度安排、人口结构、市场需求和供给变化、技术等因素的共同作用。宋泓和柴瑜(1999)认为,依据一国产业对跨国公司的依赖程度，发展中国家产业成长模式可以划分为依附型产业成长模式、自给自足型产业成长模式和自立型产业成长模式，比如，初级产品属于传统资源密集型产业，纺织产业属于劳动密集型产业，汽车业、电器、石化属于资本密集型产业，信息产业、制药产业属于技术密集型产业等等。万迪舫、王宇光和朱伟民（2001）指出一国产业发展的创新体系是由组织创新、制度创新、技术创新所构成的有机整体，并研究了产业演进和发展的动力因素。

产业成长理论就是研究某一产业从产生到衰亡的全过程。产业建立以后会不断利用各种资源发展壮大自己，产业内企业的数量和生产能力等都会迅速扩大，产业快速发展，等到了产业成长成熟期，伴随着技术进步、管理进步、知识创新、组织结构的优化、商品的升级等，产业不仅在数量上实现快速扩张，而且质量上有了飞速进步。

对于幼稚产业保护来说，产业进入到了成长成熟期以后，市场竞争力明显扩大，市场生存能力增强，关键的问题是产业能否挺过幼稚期。在产业幼稚期，如果缺乏政府的有效保护，脆弱的幼稚产业能否抵御外国的激烈竞争，这关系到产业的存亡，也关系到关联产业的发展和民族产业体系的建立和发展。因此，对于某个正在萌芽的幼稚产业的保护，政府可以采取依托产业关联的大型企业等方法来扶持和培育新兴产业，使之顺利渡过萌芽期和幼稚期，步入成长期。

2.3.5　产业竞争力理论

综观国内外学者对竞争力理论的研究，对竞争力概念的认识主要有以下几种观点：从国际贸易角度来说，竞争力是一种比较优势，主要代表人物有亚当·斯密、大卫·李嘉图、赫克歇尔—俄林等；从企业的角度来说，竞争力是企业的组织管理能力、销售能力、赢利能力和核心能力等，主要代表人物有科恩、钱德勒等；从过程的角度来说，竞争力是创新能力，主要代表人物有温特（S. Winter）等；从效率的角度来说，竞争力是生产率，生产率越高，竞争力越强，主要代表人物有迈克尔·波特、保罗·克鲁格曼等。随着经济全球化的不断深入，国内外学者对竞争力理论的研究不断加深，从经济学、管理学、产业组织理论等多角度，对国家、区域、城市、产业、企业、产品等多层次进行研究，构建了关于竞争力的评价指标体系。显然，产业竞争力是相对于国家和企业层面上来说的，国家竞争力是宏观层面，企业竞争力是微观层面，产业竞争力是中观层面。产业竞争力就是一国某一产业通过国际商品交换而反映出的生产力。产业竞争力关系到产业的生命力、产业的生存、产业的安全与发展。

如何衡量一国的产业竞争力，关键是要分析本国产业产品在国内市场和国际市场上与外国商品的竞争力。产业竞争力具体可以用一些指标来衡量，比如商品国际市场占有率、产业贸易竞争力指数。根据 WTO《补贴与反补贴协议》中“发展中国家受补贴商品连续两年占世界贸易比重超过 3.25%，应予取消出口补贴”的规定可以看出，3.25%是商品国际市场占有率的分界线，大于3.25%就说明产业在国际市场具有竞争力，小于3.25%就表明产业在国际市场竞争力弱，可能需要扶持或保护。产业贸易竞争指数包括产业静态竞争力指数和产业动态竞争力指数。静态竞争力指数=产业进出口差额/产业进出口总额，数值等于0，说明该产业有一定竞争力；数值等于－1，说明该产业竞争力很弱，可能需要扶持或保护；数值等于1，说明该产业竞争力很强。因此，国家需要保护的幼稚产业应该是静态竞争力指数数值介于－1和0之间的产业。产业动态竞争力指数是末期与基期静态竞争力之差，其数值可以衡量出幼稚产业面对的国际竞争压力的大小，差值越大，说明该产业动态比较优势越大，幼稚产业竞争实力增强。

产业保护与产业竞争力之间存在相关性。发展中国家相关性比较强，发达国家相关性比较弱。不论是发展中国家还是发达国家，保护程度超出一定界点，产业保护程度越高，产业竞争力越弱，只有适合一国国情的适度贸易保护时，产业竞争力最强。

因此，国家对幼稚产业的保护程度应该与产业竞争力相联系，产业竞争力强，保护程度就要弱一些，产业竞争力弱，保护程度就要强一点，只有当产业竞争力弱到快威胁国家产业安全时，政府就要及时采取干预措施，建立以关税壁垒、非关税壁垒等贸易措施和产业政策为主的强力的贸易保护体系。可见，对关系到国计民生又缺乏国际竞争力的幼稚产业进行产业扶持和保护的目的就是要提高该产业的竞争力，维护国家产业安全。

2.3.6 产业政策理论

世界银行(1995)在《东亚的奇迹》中认为，产业政策就是政府为了长远利益和全局利益，干预产业活动的各种政策的总称。《现代日本经济事典》(1982)认为，产业政策是指国家通过保护、扶植、调整和完善产业，参与某个产业的生产经营和交易活动，干预商品和服务市场形成机制的政策总称。

戴伯勋、沈宏达的《现代产业经济学》认为，产业政策是指一国政府根据产业发展规律，运用经济、行政、法律、税收等综合治理手段，调整产业组织结构、产业结构、产业分布，优化配置社会资源，带动国家整体产业健康稳定持续发展的政策体系。

郭克莎在《中国产业结构变动趋势及政策研究》一书中指出，产业政策是指政府对经济实施适当干预，带动经济发展的内在动力。本书认为，产业政策是政府对产业形成、成长与发展进行扶持和干预的各种政策的总和。

《经济大辞典》(1992)认为，产业政策是规划产业发展目标、指示产业发展方向、协调各产业之间相互关系、调整产业结构变化的措施和手段的总和。

因此，产业政策是指政府为了鼓励或限制某一产业的发展，通过干预引导和调控企业生产经营和投资行为，弥补市场的失效，促进产业的发展，实现资源优化配置和经济的可持续健康发展的各种措施的总称。

产业政策包括产业扶持、调整、组织、技术等政策。实施产业政策可以以看得见的手弥补市场失灵，保护幼稚产业成长，有效配置资源，发挥后发优势，提高产业国际竞争力，促进经济增长。

产业政策的实施是有其理论基础和实践依据的。索洛从经济增长理论的角度指出，如果市场力量无法使资源流向快速增长的新兴产业，政府就应该利用产业政策来引导资源流向，纠正市场失灵，推动经济发展。波特认为在现代经济中国家应该通过产业政策来获得竞争优势。美国、德国、日本等发达资本主义国家在历史上也是依靠运用了各种产业政策扶持本国民族幼稚产业，保护本国国内市场，通过行政和法律手段鼓励特定产业的发展，实现经济的跨越式发展的。

国家制定产业政策必须因时因势而变。世界各国因为经济发展阶段不同、历史文化背景不同、政治经济环境不同、国际环境不同，所以各国产业政策内容不同。一个国家在经济发展不同的历史阶段，实施的产业政策内容也应不同。产业政策的制定必须充分考虑历史和现实。产业政策应是一个多方位多层次的立体政策体系，政策各个方面要相互协调和配合。

对于幼稚产业的发展，政府可依据国民经济发展状况，有选择有重点地培育和扶持发展国家需要发展的幼稚产业，可不拘于经济资源条件约束，制定相应产业政策，如政府采购、生产补贴、出口补贴、研究与开发资金补贴、优惠贷款条件或提供低息贷款、税收减免等政策，实现幼稚产业超常规的形成与发展，使其成为产业结构优化升级、带动国民经济发展的新的增长点。

2.4　本章小结

本章主要论述了幼稚产业保护的理论基础，是从传统幼稚产业保护理论和现代幼稚产业保护理论来展开论述的。传统幼稚产业保护理论主要介绍了重商主义、亚历山大·汉密尔顿、弗里德里希·李斯特和约翰·穆勒等人关于幼稚产业保护方面的理论主张。在介绍现代幼稚产业保护理论方面，从与幼稚产业保护相关的贸易理论和产业理论两方面进行展开。与幼稚产业保护相关的贸易理论主要介绍了战略性贸易政策理论、比较优势理论及其发展、竞争优势理论、规模经济理论、产业内贸易理论、中心—外围理论、后发优势理论、赶超战略理论、进口替代与出口导向战略理论等。与幼稚产业保护相关的产业理论主要介绍了产业安全与产业保护理论、产业集群理论、产业系统、产业结构和产业关联理论、产业成长理论、产业竞争力理论、产业政策理论等。这就从理论上说明了幼稚产业保护是有理论依据和历史渊源的，为后面的章节介绍美国、日本和我国的幼稚产业保护的实践打下了理论基础。

第3章　世界贸易组织框架下的幼稚产业保护

3.1　世界贸易组织的产生

1943年美国为确立其在全球经济和世界贸易关系中的主导地位，倡议成立一个促进各国削减关税、促进贸易自由化的国际性贸易组织。1944年7月在美国新罕布什尔州布雷顿森林召开了国际货币与金融会议，即著名的“布雷顿森林会议”，会议成果之一是决定建立国际货币基金组织和世界银行，并成立国际贸易组织来配合国际货币基金组织的工作，使它们成为支撑世界经济的“货币—金融—贸易”的三大支柱。1946年10月至1947年8月负责起草国际贸易组织宪章的准备委员会先后在英国伦敦、美国纽约、瑞士日内瓦召开三次会议，商谈关税减让、就业、一般商业政策、商业限制行为、国际商品安排、出口补贴规定和组织规则等主要内容。1947年4月至10月世界20多个国家的谈判代表就关税减让达成一系列协议。为尽快实施已签署的关税减让谈判协定，执行《国际贸易组织宪章》中有关贸易政策，促进贸易自由化进程，起草委员会以关税减让协议与《国际贸易组织宪章》中有关贸易政策内容为基础，形成了《关税与贸易总协定》作为“临时适用议定书”，其基本内容包括最惠国待遇、国民待遇、禁止数量限制、禁止实施配额等三方面条款。1947年11月1日美国等八个国家签署《临时适用议定书》，同意实施关税与贸易总协定条款，随后又有15个国家签署《临时适用议定书》。1948年1月1日，关税与贸易总协定正式生效。关贸总协定从此成为战后国际贸易多边谈判的主要机构。关贸总协定初始成员国23个，到1994年关贸总协定退出历史舞台，成员增至117个国家。

在执行关贸总协定的过程中，特别是1986年乌拉圭回合谈判涉及领域广泛，与《国际贸易组织宪章》中的国际贸易组织的初衷几乎一致，世界各缔约方政府和学术界都普遍认为在关贸总协定基础上成立一个正式国际经济与贸易组织是非常有必要的。1990年意大利率先提出建立多边贸易组织的倡议。1993年11月乌拉圭回合谈判各方代表原则达成了建立多边贸易组织的协定，在美国谈判代表提议下，多边贸易组织改名为世界贸易组织。1994 年 4 月 15 日，在摩洛哥南部历史古城马拉喀什召开的关贸总协定部长级会议上各方签署《建立世界贸易组织协定》，正式决定成立世界贸易组织，来取代关贸总协定。1995 年 1 月 1 日世界贸易组织成立。1995 年世界贸易组织与关贸总协定共存一年。1996 年 1 月 1 日，世界贸易组织正式替代关贸总协定临时机构。

世界贸易组织成立的基本原则是非歧视原则，减少贸易壁垒、自由贸易的原则，约束关税、增加政策透明度以增加贸易的可预见性原则，鼓励公开公平竞争的原则，鼓励经济发展和经济改革的原则。

世界贸易组织成立的目标就是希望各成员国在经济与贸易问题上应以提高人民生活水平，保障国内充分就业，保障居民收入的实际可持续增长和保证居民消费需求的可持续增长，保障充分利用资源，积极发展生产、扩大商品交换以满足世界市场的需要，并号召各成员国通过双边和多边谈判以达成互利互惠的双边和多边协议，积极大幅度地消减影响国际贸易顺利开展的关税，减少其他阻碍贸易措施，取消在国际贸易中所实施的贸易歧视措施，并且在发展中国家的艰苦努力下世界贸易组织还特别增加了确保发展中国家，特别是较不发达的发展中国家在国际贸易增长中也能获得相应利益的目标。为了实现世界贸易组织目标，各缔约方共同签署了一些体现各成员国权利与义务的多边贸易协定（Multilateral Trade Agreements）和诸边贸易协定（Plurilateral Trade Agreements）。多边贸易协定内容包含三个附件内容，即货物贸易多边协定、服务贸易总协定及其附属文件和与贸易有关的知识产权协定。多边贸易协定包含民用航空器、政府采购、国际奶制品和国际牛肉协议四项内容。

世界贸易组织，确立了关于世界经济与贸易相对比较完整的法律架构，明确了各成员国解决贸易争端的方式和方法，是指导各成员国进行国际贸易和国际经济活动的行为规范，是各成员国制定国内经贸政策、制定国内经贸法律法规的重要参考，是监督和领导各成员国执行国际贸易法律法规的重要组织，它和国际货币基金组织、世界银行一起在国际经济贸易领域发挥着至关重要的协调作用，它的成立标志着一个统一的世界经济与贸易体制和格局的建立，标志着一套全球范围内的国际贸易制度已经形成，标志着它将对世界经济与贸易的发展产生重大而深远的影响。

3.2　世界贸易组织关于幼稚产业保护条款的内容

关贸总协定中第 18 条 A 节、C 节、D 节明确阐述了有关幼稚产业保护的规定，世界贸易组织保障机制中以此为基础，专门列明了幼稚产业保护条款。

关贸总协定第18条规定，发展中国家可以通过关税保护和数量限制保护本国幼稚产业，但事先应征得全体缔约国的一致同意，在涉及约束关税时，必须得到享有关税减让利益的缔约国的同意。

关贸总协定将欠发达国家分为两类，一类是经济处于发展初期阶段、只能维持低生活水平的国家，可以援引18条中的A节中止或修改关税减让条款和C节实施进口限制条款(包括实施进口数量限制和实施国家专营贸易限制)，另一类是经济处于发展阶段，不属于上述范围的国家，只可以援引D节条款实施进口数量限制。

WTO成员援引A节条款，必须满足两个实质条件才能实施。

第一，援引A节条款国必须是经济处于发展初期阶段、只能维持低生活水平的国家。在考虑"只能维持低生活水平"时，应考虑国家的整体经济的正常状态，不以某项或某几项主要出口商品在世界市场处于特别有利条件作为判断基础。"经济处于发展初期阶段"，既指经济开始发展，也指经济正在进行工业化历程的初级产品出口国。由此可见，只要尚未完成工业化，均可被认为是处于经济发展初期。因此，几乎所有发展中国家均应被视为满足此条件，我国也是其中一员。

第二，援引A节条款国必须证明，中止或修改约束关税产品的关税减让是为了实施国民经济发展计划和政策的需要，是为了促进国内特定产业的建立。特定产业，既可以是新建产业，也可以是改建、扩建和重建产业。特定产业保护的目的必须是为了实施国民经济发展计划或政策，提高人民的生活水平。WTO并对成员国援引A节条款规定了相应的程序。首先要通知全体WTO成员拟采取的具体措施，然后与有关利益攸关方进行中止或修改关税减让的谈判，如果谈判成功并达成协议，则可以实施新协议，如果谈判不成，则提交WTO全体成员国审查处理。原则是只要援引国家与WTO中利益攸关方经谈判而达成协议，或即使未达成协议但双方对适当补偿作出了一切合理的努力，就可以中止或修改关税减让，利益攸关方和WTO全体成员对援引国的行为无否决的权利。

WTO成员援引C节条款，必须满足三个实质条件才能实施。

第一，成员国必须是处于经济发展初期、只能维持低生活水平的国家。

第二，通过进口限制措施的目的是为了执行国家经济发展计划或政策，是为了促进特定产业的建立。

第三，只有关贸总协定其他措施不可行时才能实施数量限制措施。按照关贸总协定的规定，关税和补贴是合法的保护手段，数量限制一般来说是被禁止的。只有在例外情况下，即只有在与关贸总协定其他条款相一致的其他措施无法奏效时才能使用数量限制。WTO并对成员国援引C节条款规定了相应的程序。首先，援引国应在实施进口限制前通告WTO全体成员国其经济发展面临的特殊困难，并证明符合GATT规定的其他措施如关税和国内补贴都不可行，拟采取的进口限制的具体措施。其次，如果进口限制措施涉及约束关税商品，应与利益攸关方谈判，如果达成新协议，则执行新协议，如果 60 天内达不成新协议，成员国认为援引国并已尽了一切合理的努力保障有关利益攸关方的利益，则援引国也可实施进口限制措施。如果全体成员国不能同意援引国的证明或请求措施，则不能实施。如果进口限制不涉及约束关税商品，通知 30 天内无异议，则援引国可自行实施。如果通知 30 天内有要求协商的，协商一致则可以实施。如果协商未果，受到实质影响的利益攸关方，在全体成员国不持异议的情况下，在援引国采取行动的半年内，可以采取幅度大体相等的报复行动，并且即便 WTO 成员方不能接受援引国提出的理由或请求措施，援引国仍可以实施其提出的进口限制措施。

WTO 成员援引 D 节条款，必须满足三个实质条件才能实施。

第一，援引国是经济处于发展过程中，但不属于第一类的国家，往往是指西方工业国家中相对不发达的国家，如澳大利亚、以色列、葡萄牙等。

第二，援引国是为了发展经济的目的，促进建立特定工业，采用数量限制的措施的。

第三，援引国必须提出申请，并得到 WTO 全体成员国的批准后才能实施。WTO 并对成员国援引 D 节条款规定了相应的程序。首先援引国提出申请，说明理由和拟采取进口限制措施。然后 WTO 全体成员国考察提议后作出决议。如果各方均同意援引国提议的措施，则申请国才可以实施进口限制的措施，并且每年都需要接受缔约国全体的审查。

据统计，GATT 第 18 条 A 节和 C 节曾多次被援引，但 D 节从没有被援引过。由此可见，尽管有比较复杂的援引程序、事先谈判和多方审查，甚至是作出补偿或接受报复，发展中国家仍比较重视第 18 条的援引，以促进本国幼稚产业的建立和发展。

3.3　世界贸易组织对幼稚产业概念的界定

关贸总协定第 18 条的注释和补充规定指出，特定产业是指：① 建立的一项新的产业；② 在现有产业中建设的一个新的分支生产部门；③ 现有产业的重大改建；④ 对只能供应国内需要的现有产业的重大扩建；⑤ 因自然灾害或战争遭到破坏或重大损坏的产业重建。可见，特定产业包括新建、改建、扩建、重建的产业。1979 年 GATT《为发展目的采取保障行动的决定》进一步扩大特定产业的范围，把为充分有效利用资源而发展新的生产结构和改扩现有生产结构也纳入特定产业内涵当中。这里强调的是，只要该特定产业是发展中国家的经济发展计划促进的产业，并且又有保护的必要，就可以进行 WTO 所允许的合法保护。由于发展中国家的许多产业在国际市场竞争力都比较弱，所以发展中国家需要保护的特定产业也是幼稚产业，后来，许多经济学家就把这里的特定产业视为幼稚产业。因此世界贸易组织对特定产业的保护条款就是世界贸易组织对幼稚产业保护的条款。

3.4 世界贸易组织幼稚产业保护条款与其他保障条款的比较

GATT 的其他保障条款主要包括第 18 条 B 节条款、反倾销措施、反补贴措施、保障措施、豁免条款和重新谈判条款六个方面的内容。

3.4.1 第 18 条 B 节条款

依据第 18 条 B 节条款规定，成员国为了维护对外金融地位、实现其国民经济发展计划，可以实施以控制商品进口总体水平为目的的限制商品进口的措施，而且以此为理由实施的限制措施可以先行自主实施，然后再与受影响的成员国协商，与货物贸易理事会协商。由此可见，援引第 18 条 B 节条款主要是基于外汇平衡的需要和维持必要外汇储备的需要，并且可以采取的限制措施是全面的。援引第 18 条 B 节条款的条件显然比援引第 18 条 C 节条款宽松了许多。但《关于〈1994 年关税与贸易总协定〉支付平衡条款的谅解》中对 GATT 第 18 条 B 节条款内容进行了修改，依据该规定，成员国如果为了平衡国际收支而采取贸易限制措施，应优先选择以价格为手段的措施，例如实施进口押金制、最低限价制、提高进口附加税等，除非以价格为手段无法阻止国际收支的继续急剧恶化，才可以采取进口商品的数量限制措施，这就增加了 WTO 成员方援引该条款的难度。

3.4.2 反倾销、反补贴和保障措施

反倾销、反补贴和保障措施成为贸易补救的三种措施。随着关税水平的逐步降低，进口许可证、进口配额等限制措施越来越难以使用，反倾销、反补贴和保障措施已逐步成为世界贸易组织所允许的，各国在特定条件下可以采取的，以维护公平的市场竞争环境，维持正常的世界贸易秩序，抵制不公平竞争为目的的贸易补救措施。贸易补救措施已经逐步成为世界各国对外贸易法律和对外贸易政策的一个重要的组成部分。

1. 反倾销

1994 年 GATT 第六条规定，实施反倾销措施必须要具备以下三个条件。

第一，倾销真实存在。当一国或地区的一种商品以低于其正常价值的价格出口到另一个国家或地区，即构成了商品倾销。商品出口价格低于商品正常价值的差值大小即为商品倾销幅度。如果商品出口价格高于正常价值就不是倾销。显而

易见，这里需要界定两个核心概念，正常价值和商品出口价格。1994年GATT第六条第一款规定，对于市场经济模式和非市场经济模式采取不同的确定方法。如果商品出口国是市场经济国家，则出口商品的正常价值可以用国内商品在正常贸易中所形成的、非人为造成的销售价格或商品出口第三方的价格或由商品的实际消耗的原材料、折旧、能耗和劳动力等生产成本加上合理的管理费、销售费、其他成本和利润所形成的结构价格作为衡量商品正常价值的依据。如果商品出口国不是市场经济国家，其出口商品的正常价值只能以替代国的同种商品在进口国的销售价格、或替代国同种商品的结构价格在进口国的销售价格、或替代国的相似商品在进口国的销售价格、或以生产要素的价格为依据确定出口商品的正常价值。商品出口价格是在正常贸易中一国或地区出口商将商品出售给另一国或地区进口商的价格，在国际贸易实践中，这种价格通常是指商品的FOB价格。如果在一些特殊情况下，比如易货贸易或补偿贸易或者出口商与进口商存在伙伴关系或出口企业与进口企业是业务关联型企业，这时出口价格要么是不存在，要么是不真实，这时商品出口价格可以根据商品第一次转售的价格进行推定，也可以由进口国政府在合理基础上进行确定。可见商品正常价值和商品出口价格是两个不同市场的销售价格，在计算两者的差值之前必须根据贸易环节、销售数量、物理性能、汇率等影响价格的项目对这两个数据进行调整，通常做法是将每种价格减去相应的税费、利润、运费等，直推至出厂价水平，再用销售当天的汇率数值进行转换，再进行比较，比较的原则是用加权平均的商品正常价值同所有可比较的出口交易商品的加权平均价格进行比较，这种比较方法是用总的出口价格水平同国内销售价格水平进行比较，这种方法比较公平合理。

第二，进口商品对进口国国内产业的损害存在。国内产业是指国内生产同类产品的全部厂商，或者是商品总产量之和超过国内总产量的一半以上的大部分生产商。造成的损害可以分为对进口国生产相似商品的产业产生了实质损害、或实质性损害威胁、或实质阻碍进口国的产业新建三种情况。首先，在判断是否有实质损害时可以考察商品进口的绝对数量或相对数量是否比以前有较大幅度增长，或者考察进口商品的市场占有率是否有显著上升，或者考察在需求不断增长的情况下，该商品的价格不但被严重抑制上涨，而且可能还在下降，或者考察进口商品的市场份额、产量、销售、利润、投资收益和各种影响市场价格的因素和倾销幅度，以及对经济增长率、工资、就业、投资等实际和潜在的作用，总之这些对进口国生产相似商品的产业的损害必须是实质性存在的，是严重的影响，轻微影响则不予考虑。其次，在判断实质损害威胁时，必须是对进口国生产相似商品的产业的损害威胁是真实的、可以预见的、不久的将来会发生的，不能是怀疑或假设出来的。比如出口国生产该商品能力过剩，出口国有大量积压商品，出口国在进口国建立了大量营销网点，出口国有详细地扩大出口扩大市场占有率的规划等，都可以认为虽然暂时对进口国的有关产业还未造成实质损害，但可以预见将来会导致实质损害的后果，这种损害威胁也是判断的依据之一。最后，出口国商品对进口国的新建产业产生阻碍作用。当然，确定新建产业受阻不能理解为进口商品阻碍了进口国建立一个新产业的计划，出口国商品对进口国的新建产业产生阻碍作用必须有充分的事实证据。比如进口国工厂已经建立起来了，设备人员已经到位，商品开始生产，但是由于大量商品的进口，使商品价格下跌，工厂面临倒闭，使进口国的新产业无法建立起来，就可以视为阻碍了进口国产业的新建。

第三，进口国产业受到的损害必须是由出口国商品的倾销造成的。一国产业受到损害的原因很多，比如商品倾销、进口商品的价格太低、进口商品数量太多、国内消费需求下降、国内消费者偏好改变、规模经济效应、市场竞争激烈、技术进步等因素。进口国只有调查审议各方面因素，排除其他因素，确定商品倾销和产业损害之间存在因果关系，才能满足倾销的第三个条件。

一旦进口国按照程序认定以上三个条件都满足，进口商品倾销现象确实存在，进口国有权采取反倾销措施，以抵消或弥补倾销带来的损害。进口国一般会仔细评估采取反倾销措施对本国整体利益的影响，如果对进口国有利，就不实施反倾销措施，如果对进口国不利，就有可能实施反倾销措施。反倾销措施一般为三种，即进口国征收反倾销税、出口商价格承诺、进口国对出口商反规避行为征税。第一，进口国征收反倾销税。即进口国海关在征收正常关税之外对已确认为倾销的进口商品可以按照从价征收或差额征收的一种进口附加税。从价征收是按进口商品价格的固定百分比征收，差额征收是按照商品正常价值与实际进口价格之间差额征收，征收的反倾销税税额不能超过所认定的商品倾销幅度，并且反倾销税的征收从实施之日起不超过五年，但进口国可以以复审方式决定是否继续征收反倾销税。第二，出口商价格承诺。为了中止或消除对进口国的产业损害，进口国与出口商可以通过谈判签订由出口商提高出口商品价格或限制出口商品数量，而这时进口国不再进行其他反倾销制裁的双边协议。在国际贸易实践中，提高进口商品价格往往是常见的措施和结果，进口商品数量限制由于世界贸易组织不提倡而不太常用。第三，进口国对出口商反规避行为征税。在国际贸易实践中，一些出口商在受到反倾销制裁后，往往通过其他方法来逃避征收反倾销税。常见的规避行为方式有三种，一是出口商不再出口整件商品，而是把零配件出口到进口国，然后组装进入流通领域；二是出口商把零配件出口到第三国加工组装，再从第三国出口到进口国；三是出口商改变商品形状，或对商品深加工，再出口到进口国。这些规避行为削弱了进口国反倾销税的作用，加剧市场的不公平竞争。但如果进口国经调查核实出口商存在规避反倾销税的行为，进口国就可以把反倾销税的征收对象扩展到所有这些进口商品，以保护本国产业的发展。

2. 反补贴

补贴对于国家实现政治、经济、军事、文化、国家安全、社会稳定等目标是积极、有效、必不可少的政策手段，是世界各国广泛采用的一种支持本国产业发展的方式。

GATT 第一条对补贴的概念和范围进行了明确的规定。补贴从形式上看包括两种，一种是政府或任何公共机构为企业提供的财政捐助，这种财政捐助包括政府直接提供资金如赠款、贷款、注入资本等给企业，或政府对企业的税收减免，或政府购买企业提供的货物或服务等；另一种是政府对企业提供价格支持或收入支持，表现为由法律规定某一种商品最低价格或政府为维持物价的物资采购制度，如农产品的补贴制度。要构成补贴，除了具备以上两种形式，还一定要满足政府行为使企业获得在通常商业条件下不能获得的利益。如果是政府投资行为，不符合私人投资者正常的投资做法给被投资企业带来利益，就构成补贴。如果是政府贷款，接受贷款的企业所支付利息低于市场同类商业贷款利息，也构成补贴。如果是政府贷款担保，企业在政府提高贷款担保时支付的利息远低于无政府担保时所支付的利息，就构成补贴。如果是政府购买，政府支付的购买价格高于市场上通常价格，或政府收购企业卖不出去的库存商品使企业能生存下去，就是补贴行为。

由于世界各国对国内产业补贴的程度是不同的，从而对国际贸易的影响程度也是不同的，国家对国内有些产业的补贴是合理的。比如，政府实施的社会失业救济、医疗卫生补贴、基础科学研究开发补贴、残疾人企业税收减免、公共基础设施投资的优惠条件等就是合理的补贴。世界贸易组织是为了促进国际贸易健康有序的发展，所以世界贸易组织就必须对补贴进行区分，合理合法的补贴必须保护，只有对严重扭曲国际贸易关系的产业补贴，才是反补贴措施的严格适用范围。因此，世界贸易组织的反补贴协议将补贴分为不可申诉性、禁止性、可申诉性补贴三类。

不可申诉性补贴是世界贸易组织允许各国实施的补贴措施，对于这类补贴不得采取反补贴措施。比如，政府对于企业的研发活动给予的咨询费、人工费用、仪器设备、建筑、土地等的补贴；政府按照地区发展规划给予贫困地区的补贴，但贫困地区必须是地理上完整的行政区划，人均收入、人均国内生产总值低于全国平均水平的 85%，失业率是全国平均值的 1.1 倍，这种面向贫困地区企业的补贴必须面向非专向性的企业，补贴金额按照投资成本计算，补贴金额的最高限度根据贫困程度设置不同数值；政府对于所有采用新设备、新工艺的企业因环保要求而改建工程费用的一次性补贴，但补贴金额必须与企业计划减少的排污量直接相关联或成一定比例，并扣除企业承担的重置费用和经营费用。

禁止性补贴是世界贸易组织不允许成员方实施的补贴，这里主要是指出口补贴和进口替代补贴。出口补贴是企业根据出口业绩所享有的政府补贴，主要包括以下这些做法：外汇留成制度、政府直接补贴、出口奖励措施、出口货物国内优先运输的服务、出口货物优先生产保障措施、减免出口企业工资税、利息税、利润税、租金税、特许权使用税、不动产权税、所得税等各种直接税、出口企业允许加速折旧、超额出口退税、在官方出口信贷利率低于正常利息时获得的补贴和其他公共开支构成的出口补贴等。进口替代补贴，是指如果使用者用国产产品替代使用进口产品，政府给予使用者和生产者的补贴。显而易见，补贴的对象是国内生产产品的生产者和使用者，补贴的目的在于减少国内能生产产品的进口、减少外汇支出、扶持发展新兴产业。这种补贴的形式多种多样，比如对进口替代产业的优惠贷款、优先提供货物和服务和外汇使用便利条件；对生产商减免直接税、加速折旧和更多抵扣原材料、固定资产等投入的纳税额；给予国产产品使用者的物质奖励和优惠贷款等等。一言以蔽之，出口补贴影响了外国市场竞争的经济秩序，进口替代补贴阻碍了外国商品进入本国国内市场。

可申诉性补贴是介于不可申诉性补贴和禁止性补贴之间的补贴，它是指如果出口国的产业补贴对进口国产业造成不利影响，进口国可申诉 WTO 争端解决程序，或者可以通过征收反补贴税抵消出口国补贴的作用。可申诉性补贴，WTO 并不完全禁止成员国实施，但其他成员国只有在一定条件下才能采取反对措施，这些情况包括：出口国补贴对进口国的国内产业造成损害，这种损害可以是实质性损害，也可以是实质性损害威胁，也可以是实质性阻碍进口国产业的新建；出口国补贴对进口国因关税减让得到的利益受到了损害，出口国补贴排斥或阻碍了另一成员国产业进入该国市场或进入第三国市场或造成另一成员国同类产品销量减少或价格下跌，严重影响另一成员国利益。但是如果出口国补贴不超过商品价值百分之五或补贴是用来弥补产业的经营损失但没对进口国产业产生不利影响，这时进口国不能采取反补贴措施。

3. 保障措施

世界贸易组织保障措施包括两个不可分割的部分，即 1994 年 GATT 第 19 条和《保障措施协议》。世界贸易组织保障措施协议内容主要包括：保障措施实施条件、实施程序、实施方式、期限、形式、报复、补偿、监督、争端解决等方面。

(1) 保障措施实施条件

世界贸易组织保障措施协议规定，成员国想要实施保障措施，首先必须要调查证明进口商品数量在增长，并且该进口商品的数量增长严重损害或严重威胁了进口国相关产业的发展。

换句话说，WTO 成员方实施保障措施必须满足三个条件。

第一，进口商品的数量在增长，这种增长可以是进口商品绝对量的增长，也可以是进口商品市场份额的变化即相对量的增长，而不是进口商品价格或价值或金额的增长。

第二，进口国国内产业受到进口商品数量增长的严重损害或严重威胁。因为世界各国经济发展水平不同，产业成熟度也不同，为了科学评估国内某一产业是否受到严重损害或严重威胁，世界贸易组织保障措施协议规定，进口国调查时必须评估一些与产业发展状况紧密相关的可量化的、客观的所有因素，比如进口商品数量的绝对增长量、进口商品相对增长比例、进口商品的市场份额的相对变化和绝对量、进口商品的销售情况、进口商品的产量、进口商品的生产率、进口商品的设备利用率、国内市场就业、生产率、设备利用率、产量、销售等情况及其变化，然后才能作出判断是否对进口国国内产业造成重大、严重的总体损害，如果依据事实，可以看出进口商品对国内产业产生了显而易见的、十分危急的威胁，则可以认定为存在严重损害威胁，可以采取保障措施。

第三，进口商品的增长与进口国内的产业严重损害或严重威胁之间必须存在因果关系，这是进口国实施保障措施的一个必要条件。如果进口国内的产业严重损害或严重威胁不是由于进口商品的增长造成的，而是由进口商品增长以外的其他因素造成的，不能将其他因素造成的产业损害随意归因于进口商品增长，这时进口国就不能依据 WTO 保障措施协议实施保障措施。

（2）保障措施实施程序

WTO 成员方要想实施保障措施，必须保证调查程序公正透明，并且满足实施保障措施的三个条件。

第一步，调查。调查必须严格按照规定程序保证公正透明地进行，发起调查的 WTO 成员方应向所有利益攸关方公告或以举行公开听证会等合理有效的沟通方式提供机会给出口商、进口商和利益攸关方以陈述意见和抗辩，并且应以采取保障措施是符合公众利益作为主要出发点。调查结束后应及时发布调查报告，列明相关事实，得出法律结论。

第二步，通知。拟采取保障措施的 WTO 成员方应根据世界贸易组织的透明度原则，及时向世界贸易组织货物贸易理事会和世界贸易组织保障措施委员会提供一些相关材料，如进口国对国内产业受到严重损害或严重威胁发起调查及其原因、对调查事实认定以后所做的裁决和采取保障措施的决定。

第三步，磋商。世界贸易组织为了充分保护各成员国利益进一步提高透明度，保障措施协议规定，受到保障措施影响的利益攸关方在保障措施实施之前可以对进口国调查中所涉及的所有问题进行磋商，也可以对进口国拟采取的具体保障措施进行谈判，也可以针对实施保障措施以后的提出贸易补偿要求。

总之，世界贸易组织鼓励各成员国在实施保障措施问题上通过充分磋商达成谅解，并且各成员国磋商结果要及时通知世界贸易组织保障措施委员会和世界贸易组织货物贸易理事会。

（3）实施保障措施的方式

实施保障措施的具体形式一般有关税的减让或提高、实施进口商品数量限制、实施关税和数量限制相结合。不管实施哪些保障措施，世界贸易组织保障措施协议规定，必须以非歧视的方式实施保障措施，保障措施的实施只能针对进口商品，不能针对进口商品的来源国家或来源地区。保障措施协议规定，进口国在紧急情况下，根据明确证据证实进口商品的数量增长已经造成严重损害或严重威胁，或者正在造成严重损害或严重威胁，如果不及时采取保障措施会造成国内产业难以弥补的重大损失，可以不经过与利益攸关方的磋商就可以采取临时保障措施，但实施这种临时保障措施只能以增加关税的形式进行，并且拟采取临时保障措施的国家在采取措施前要通知世界贸易组织保障措施委员会，在采取临时保障措施以后要尽快与利益攸关方进行贸易磋商。实施临时保障措施的期限不得超过两百天。

（4）实施保障措施的期限

进口国实施保障措施的期限一般不应该超过四年。如果经过调查，确认保障措施应延长的，可以适当延长，但从最初实施临时措施起，总保障期限不应超过八年。并且保障措施协议规定，对同一进口商品再次实施保障措施，两者之间的时间间隔应不少于两年。如果实施保障措施的预定期在一年以上，实施保障措施的国家应逐步放宽该措施，如果实施期限超过三年的，实施方应在中期审议实施保障措施的效果，审议撤销实施保障措施或者加快放宽保障措施。

（5）贸易补偿与报复

在世界公平贸易条件下，实施保障措施必然会影响出口国和有关利益攸关方的正当利益，因此，世界贸易组织保障措施协议规定，受到影响的利益攸关方可以与实施保障措施的国家关于贸易补偿问题举行磋商。如果各方不能达成一致满意的补偿方案，在世界贸易组织不反对的条件下，受到保障措施影响的利益攸关方可以对实施保障措施的国家实行实质对等的贸易报复措施。

4. 三种措施的比较

虽然反倾销、反补贴和保障措施都是世界贸易组织所认可的用以限制商品进口，保护成员国国内产业发展的合法措施，但是三者之间还是存在明显差异的。

（1）反倾销和反补贴措施的确立体现了世界贸易组织倡导的公平贸易原则，主要针对不正当竞争行为，力图维护公平的世界贸易竞争环境。而保障措施是在公平贸易条件下针对进口商品所采取的贸易限制措施，是世界贸易组织所允许的，各成员国在符合实施程序的条件下可以实施的限制商品进口，保护国内特定产业，或者调整国内产业结构的措施。

（2）世界贸易组织各成员国实施保障措施所必须满足的条件比实施反倾销措施和实施反补贴措施的条件严格。实施反倾销和反补贴措施时，只要进口国证明国内相关产业受到实质损害或实质损害威胁就可以采取，显然损害程度上要轻一些，并且只要倾销和补贴对国内产业产生影响就可以采取，哪怕倾销和补贴不是国内产业遭受实质损害或实质损害威胁的主要原因也可以采取。而实施保障措施就更加严格了，首先要证明短期内商品进口数量的绝对量或相对量存在大量增长的现象，其次要证明这种进口商品增长就是造成进口国国内产业严重损害或对国内产业造成严重损害威胁的原因，进口国提供证据证明进口商品数量增长对进口国国内产业的损害程度必须达到严重的程度是实施的关键。

（3）反倾销和反补贴措施是针对世界贸易组织的特定出口国的受到补贴或者倾销的出口商品所采取的，而保障措施适用于所有世界贸易组织成员国，是非歧视性的，是公平的，不区分进口商品来源的国家或地区，并且要将拟采取的保障措施及时通知利益攸关方和保障措施委员会，在保障措施实施之前要与利益攸关方进行充分磋商，达成谅解。

(4) 反倾销和反补贴措施实施的期限一般为五年，实施方只要能证明倾销和补贴继续存在，并且相关产业在受到实质损害，则反倾销和反补贴措施可以继续实施，没有次数限制，没有期限限制，世界贸易组织也没有放宽措施的强制性要求。保障措施的实施期限是四年，最长期限不超过八年，并且 WTO 规定保障措施在实施过程中应逐步放宽限制程度和限制水平。

(5) 实施反倾销和反补贴措施针对的是不公平的市场竞争行为，所以不需要对出口方的利益进行补偿，出口方也不能对此进行报复。保障措施是在公平贸易条件下采取的，利益受损方有权要求实施方提供相应的利益补偿，如果双方或对方不能达成一致满意补偿方案，利益受损方有权进行实质水平对等的贸易报复。

3.4.3 豁免条款

关贸总协定第 25 条对于豁免条款给予规定，如果 GATT 全体成员国的三分之二多数表决通过，可以豁免某一成员国在关贸总协定下的某一项义务。世界贸易组织的豁免条款更加严格，在 WTO 全体成员国四分之三多数表决通过的条件下，才能对某一成员国的某一项义务进行豁免。

3.4.4 重新谈判条款

关贸总协定第 28 条规定，在约束关税实施三年以后，各成员国之间可以通过谈判修改关税税率，如果谈判成功，则可依照新协议修改关税税率，如果谈判失败，则首先提议修改或关税减让的成员国仍然可以修改关税税率，但利益攸关方也可以采取措施，撤销实质相等的减让。在世界贸易组织框架下，在经世界贸易组织货物贸易理事会授权的前提下，世界贸易组织成员国可以不受约束关税三年的限制，随时可以提出修改和撤销关税减让的谈判请求。如果谈判达成协议，则按新协议修改或撤销关税减让，如果不能达成协议，倡议谈判国可以自行修改或撤销关税减让，受此影响的利益攸关方也可以实施实质相等的关税减让。

3.4.5 比较与评价

综合比较来看，与 GATT 的其他保障条款相比，幼稚产业保护条款的实施条件较为宽松。成员国援引幼稚产业条款不受三年约束期的限制，不需要以国内产业受到损害为前提，不需要报请世界贸易组织有关机构批准，援引条件相对优越。幼稚产业保护条款对发展中国家建立特定产业、发展民族经济、增加贸易政策的灵活性方面都起到了一定的作用，是发展中国家可以有效采用的一种重要的保障条款。

3.5 本章小结

本章首先对世界贸易组织进行了简要介绍，然后着重论述了世界贸易组织对幼稚产业概念的界定以及世界贸易组织关于幼稚产业保护条款的内容，最后把世界贸易组织幼稚产业保护条款与其他保障条款进行了比较，认为幼稚产业保护条款的实施条件较为宽松。援引条件相对优越，WTO幼稚产业保护条款对于发展中国家建立特定产业、发展民族经济、增加贸易政策的灵活性方面都起到了一定的作用，是发展中国家可以有效采用的一种重要的保障条款。本章是从世界贸易组织的角度论述了幼稚产业的保护是受到WTO众多成员国所认可的，从而为幼稚产业保护的合理性提供了新的依据，也是对第2章内容的有效补充。

第 4 章　国外幼稚产业保护的实践

19 世纪美国和德国对本国制造业实施了幼稚产业保护政策，有力促进了本国幼稚工业的发展，从而走上资本主义工业化发展道路。美国、德国的成功引起了其他国家的纷纷效仿，日本、韩国、印度等国都对本国幼稚产业采取了不同的产业政策和贸易政策，但都着眼于促进本国幼稚产业的成长和发展，并使这些被保护的产业最终成为国际市场竞争力很强的产业。

4.1　美国幼稚产业保护的实践

4.1.1　美国幼稚产业保护的历史回顾

美国是当今世界第一大经济体，也是当今世界唯一的超级大国，在金融、信息、电子、网络等高科技领域处于世界首位，科学研究和创新能力举世无双。美国当今的经济、军事、政治地位是如何得来的呢？追溯历史的轨迹，美国的成功应该归功于美国自建国以来至今实施的贸易政策和产业政策。

1776 年建国之前，美国是英国的殖民地，是一个纯粹的农业社会，在当时的国际分工中美国是英国的原材料供应来源地和工业品销售场所。当时，美国的制造业大都是家庭手工业，生产技术简陋，产品质量和英国相比差距甚远，英国对美国形成大量的贸易顺差对美国经济的冲击很大，引发美国经济的萧条和经济停滞，社会矛盾激增。如何发展美国经济，增强美国制造业实力成为美国建国后第一任财政部长汉密尔顿日夜思考的问题。1791 年汉密尔顿在吸收亚当・斯密的国际分工有助于增进一国财富的思想基础上，起草《关于制造业的报告》的文件，文中强调美国应着力发展制造业和商业以实现强国之梦，在美国工业还处于幼稚阶段，没有较强的市场竞争力之前，应该采取高关税保护手段对美国幼稚的制造业进行保护。汉密尔顿的幼稚产业保护的思想对美国的贸易政策走向产生了重大影响。1816 年美国总统麦迪逊颁布实施《1816 年关税法》，在这部法律中，美国商品进口的平均关税为 20%，并且对毛纺织品、棉花等工业制造品征收额度为 25%的进口关税，因此，1816 年关税法成为美国历史上第一部对幼稚产业进行保护的法案，并使美国确立了以贸易保护来发展美国产业的政策。美国的关税保护客观上有力促进了美国制造业的快速发展，给美国带来了巨大经济利益，使得美国在以后的经济发展中更加热衷于贸易保护政策，甚至在美国成为工业化强国之后，虽然对外要求其他国家实行自由贸易，但对内则加强产业保护。贸易保护政策是贯穿美国经济发展的一条主线，即使在某个阶段实行了一段时期的自由贸易，但是纵观美国经济发展史，美国在其经济发展的不同阶段都在实施幼稚产业保护政策，只是实施的形式和内容在不断变化着，但产业保护的实质没有发生变化。

1828 年美国关税法规定进口商品的平均税率为 45%，关税对美国产业的保护力度进一步加强。1861 年美国颁布实施《莫里尔关税法》(Morrill Tariff Act)，在该法中将进口商品的关税税率提高到 32.7%，并加强了对羊毛和钢铁的保护。1861 年的莫里尔关税法是美国进入工业时代以后第一个以高关税为保护手段保护国内产业的贸易立法。1864 年美国将进口商品平均税率提高到 47.6%。1890 年美国通过《麦金莱关税法》(Mckinley Tariff Act)，对毛棉麻织品、玻璃、钢铁、布料等都提高了进口关税，并将进口商品平均关税提高至 49.5%，该法是 19 世纪的美国全面保护国内产业的典范。1894 年美国工业总产值超过英国居于世界首位，美国工业制成品大量出口到欧洲工业化先进国家的市场，但由于美国不同产业部门发展阶段不同，市场竞争力不同，美国仍然继续实施关税保护的贸易政策。1894 年《威尔逊一戈曼关税法》(Wilson-Gorman Tariff Act)将进口商品平均税率调整为 40%～50%。1897 年《丁格利关税法》(Dingly Tariff Act)恢复麦金莱关税法税率，并将一般税率提高到 25%和扩大了进口商品征税范围。1909 年《佩恩一奥尔德里奇关税法》(Payne-Aldrich Tariff Act)规定进口商品平均关税税率为 42%，并提高了 600 多项进口商品的税率。1913 年《安德伍德一西蒙斯关税法》(Underwood-Simmons Act)将进口商品平均关税税率调整为 29%，但是该法的目的不是为了减少对美国产业的保护，因为这时的美国已是工业化高度发达的国家，工业技术、生产效率、生产成本等都已超过欧洲资本主义国家，但为了获得更多的欧洲市场并且不会遭到报复，所以美国降低了关税保护力度，但其真正目的是为了使美国产业与欧洲相关产业展开真正竞争，促使美国产业占领更多欧洲市场份额。美国的高关税保护产业发展的政策，为美国国内幼稚产业发展营造了一个相对宽松、封闭的国内市场，稳定了企业的市场预期，保护了产业的发展，并且促成了美国产业的集中和形成垄断。1920～1921 年随着欧洲一战的结束，欧洲市场日渐萎缩，美国经济也产生了衰退现象。1921 年美国实施《紧急关税法》(Emergency Tariff Act)，大幅度提高糖、肉类、羊毛和小麦的进口税率，并对幼稚的印染工业和化学工业给予特殊保护，禁止进口德国染料。1922 年美国实行《福德尼一麦坎伯关税法》(Fordney-Mccumber Tariff Act)，将进口商品平均税率提高了 7%，并授权美国总统可以在 50%的范围内调整进口关税税率，继续实行经济民族主义政策。1930 年美国实行《斯穆特一霍利关税法》(Smoot-Hawley Tariff Act)，对 890 种进口商品增加关税税率，47种原来免税的进口商品改为征收关税，这时的美国实际税率已接近65%。1931～1932年美国又颁布一些法令，对一些进口商品征收10%～100%关税，并且对进口商品开始采取数量限制措施，如许可证制度、进口配额制、外汇管制、禁止进口等。1934年美国通过《互惠贸易协定法》，允许美国总统在适宜情况下可以在50%的幅度范围内降低进口关税，遏制了美国进口关税的进一步上涨。二战后，美国工业产量占世界总产量60%以上，商品出口占世界贸易总额21.8%，进口占11.3%，美国凭借其世界第一的强大的经济实力，为了迅速打开国际市场，为其产品寻找销售场所，通过出口增加带动国内就业，美国开始积极推行贸易自由化进程。1948年美国倡导并推动建立关贸总协定，推动了世界贸易的恢复和发展。20世纪70年代美国的地位受到德国和日本的冲击，一批新型工业化国家也在逐步构成对美国产业的挑战。1971年美国贸易出现逆差，随后美国主导建立的布雷顿森林体系宣告崩溃，美国产业的国际竞争力下降。1974年美国通过《贸易法》，其中最有名的是301条款，允许美国总统可以在判断外国对美国实施不公平贸易的条件下，对进口商品进行限制，对国内厂商进行援助，这显示了美国贸易保护主义的复苏。1984年美国通过《贸易和关税法》，规定进口钢铁税率为17%，并允许对在一个国家生产但使用第三国在该国倾销的投入品商品征收反补贴税。1988年美国颁布《综合贸易和竞争力法》，允许美国贸易代表采取国际协商或贸易报复行动，减少外国对美国的不公平贸易。美国针对不公平贸易采取行动的普通301条款、美国针对重点国家的不公平贸易采取行动的超级301条款、解决知识产权问题的特殊301条款，有效形成了美国对外贸易争端解决的威慑手段。随着世界贸易组织的建立，单纯依靠关税保护国内幼稚产业已经不太容易实现，美国开始采取越来越多的非关税壁垒手段来保护国内的幼稚产业，并且贸易保护的指导思想由传统以限制进口为重点的贸易保护主义，转变成以鼓励出口为重点的新贸易保护主义，现在发展成为战略性贸易保护政策，即美国实施国家干预并帮助本国战略性产业扩大出口，与国外进行竞争。1993年美国实施国家出口战略，对战略性产业实施补贴，对出口提供融资、担保等全方位的资金支持，放松限制，支持兼并，鼓励发展，对进口商品实行非关税措施、行政管理、贸易管理等措施保护国内幼稚产业。在国际贸易实践中，非关税措施很多，一般包括最低限价、禁止进口、国家进口垄断、进口配额制、进口押金制、进口许可证制度、自动出口配额制、复杂的检验检疫制度、繁杂的包装规定、标签规定、繁琐的海关程序、海关估价制度、苛刻的技术标准、外汇管制、歧视性政府采购等。美国最常采用的、效果最显著的非关税措施就是技术性贸易壁垒手段，美国的技术法规按照各部门、各行业和内容的不同划分为不同部分，这些技术法规规定对于国外厂商来说纷繁复杂，难以在短期内掌握和突破，再加上美国技术贸易壁垒的透明度差，美国各州规定的标准不统一，内容经常变更，操作不规范，这就有效限制了外国商品进入，保护了美国的国内幼稚产业。

从美国立法角度分析美国的贸易保护实践可以看出，美国对幼稚产业的保护主要是通过贸易政策、科技发展政策和产业政策实现的。在贸易政策方面，美国政府主要通过立法进行幼稚产业保护，通过法律条文明确规定，美国幼稚产业保护的主体是美国政府和各行业协会，美国贸易保护的机构有美国总统、美国国会和美国国际贸易委员会以及其他许可的行政机构，这就为美国幼稚产业的保护提供了法律制度保障和程序保障，有利于贯彻执行美国的贸易政策。在科技政策方面，美国政府加强教育投资，强化科研领域研究与开发的扶持力度，鼓励技术创新，并为高新技术产业提供宽松的国内市场环境，为幼稚产业发展提供源源不断的科技动力。在产业政策方面，美国对幼稚的高新技术产业实施财政倾斜政策，鼓励公司间在技术复杂、投入巨大的研发项目上进行合作，鼓励公司采用新技术，开发新产品，对高科技产业提供财政、金融、税收方面优惠政策。例如美国的信息产业就是在克林顿政府的大力扶持下发展起来的。另外像美国的生命科学、生物技术、医药技术、信息通讯、原子能技术、航空航天、光电子技术、军工装备产业等高新技术产业都是与美国政府的保护与扶持紧密相关。美国除了依靠立法贸易、非关税措施、贸易政策、科技政策、产业政策保护之外，还广泛采用世界贸易组织框架下的反倾销、反补贴和保障措施等规则进行产业保护。1986～1988 年美国提出 124 次反倾销、34 次反补贴、14 次其他贸易调查。1981～1992 年美国认定的反补贴案件高达 292 件。2003 年 3 月美国总统布什不顾世界大部分国家和国内大多数行业的反对，应国内钢材生产商要求对进口的多种钢材实施为期三年的保障措施，加征 8%～30%的进口关税，一年半后据美国国际贸易委员会发表的一份报告显示，美国钢铁工业在高关税保护下钢材产量上升，国内钢材购买量从高关税实施前的 65%上升至 73%，对进口钢材实施的高关税政策帮助已岌岌可危的美国钢铁工业在市场竞争中重新站稳了脚跟。从这些典型的事例和数据可以看出，美国早期贸易保护的目标是推动资本主义工业化进程，实现工业化后的美国贸易保护把重点目标调整为实现充分就业与经济增长上，至于是实施关税保护还是非关税保护，其实都只是选择的保护工具的差别，但实际产生的效果都是对美国国内市场、国内产业的保护。

综上所述，从美国建国至今，美国推行贸易自由化的时间很短，美国基本上一直都是在使用各种手段对本国产业进行保护，特别是美国通过制度性的立法保护幼稚产业对其产业的成长和发展都起到了至关重要的作用。美国的经济发展史就是一部以传统贸易保护主义、新贸易保护主义、战略性贸易保护主义交替保护的历史，就是一部以贸易政策、产业政策、科技政策为依托扶持美国幼稚产业发展的历史。

4.1.2 美国汽车产业的保护实践

1769 年法国工程师尼古拉斯·柯诺特把蒸汽发动机安装上一辆三轮车，制造出世界上第一个机动交通工具。1860 年，法国人莱诺发明出以天然气为燃料的二冲程卧式内燃机。1876 年，德国工程师尼古拉斯·奥托发明活塞式四冲程内燃机，这项发明泽惠至今。1885 年，德国人卡尔·本茨最早将三轮汽车投入制造生产。但汽车在欧洲仍是手工作坊的产物，只是贵族显示身份的奢侈品。

虽说世界汽车产业首先诞生在欧洲，但美国却是汽车工业现代化生产方式的首先确立者，美国汽车产业也因此赢得了在国际竞争中的长期优势。

1893 年美国马萨诸塞州的自行车机械工杜里埃(Duryea)兄弟两人研制出美国第一辆汽车，1896 年杜里埃兄弟建立美国第一家汽车制造厂。1908 年亨利·福特发明了 T 型车，并成立福特汽车公司，进行技术创新和管理创新，建立"福特制"生产模式，即传送带式的流水线生产工艺、产品和零部件的标准化生产。福特公司"价格低廉、设计简洁、发动机设计简单、耗油量小、底盘较高、经久耐用"的 T 型车的推出，使福特公司汽车产量从 1908 年 6158 辆猛增到 1917 年 815931 辆，在美国汽车市场占有率从 1908 年 10%上升至 1914 年 50%，并保持了很长一段时间。福特 T 型车的推出彻底结束了世界手工作坊生产汽车的历史，并打破了欧洲人对汽车产业的垄断，美国汽车产业从此登上历史舞台，并取得了几十年引领世界汽车市场的霸主地位。1905 年，美国汽车年产量世界第一，高达 2.5 万辆，美国从此逐步演变为世界汽车产业的中心。1923 年美国汽车产量达到 190 万辆，占当时世界汽车总产量的 44%。至 20 世纪 30 年代末，美国汽车产业逐步形成了福特、通用、克莱斯勒三大巨头竞争的格局，这一格局一直延续至 21 世纪。福特、通用、克莱斯勒美国三大巨型汽车制造企业经过 100 多年的发展已成为美国汽车产业标志性品牌，是美国汽车产业百年荣耀的见证和象征。汽车产业也成为美国的支柱产业。但 2005～2009 年福特、通用、克莱斯勒三大汽车生产厂商却接连亏损，濒临破产的边缘，预示着美国汽车产业的衰落。2009 年 4 月 30 日克莱斯勒宣布申请破产保护，已被法院裁决允许破产。2009 年 6 月通用也在纽约联邦法庭申请了破产保护。福特公司面对世界汽车市场的激烈竞争，也面临盈利艰难的局面。但美国政府已伸出援手，准备重振美国汽车产业的辉煌。因此可以说美国汽车产业成长和发展的历史就是福特、通用、克莱斯勒相互竞争和发展的历史。

美国汽车产业发展的特征主要体现在两个方面：首先，在很长一段时期内福特、通用、克莱斯勒之间的市场份额基本稳定，变化幅度不大。由于美国汽车市场形成寡头竞争体制，虽然市场竞争激烈，即使每一个公司都能够选择最佳的竞争战略和市场策略，由于汽车产业特殊的技术特点，一般情况下也难以从根本上动摇其他公司的技术垄断的市场地位，只能引起市场份额的震荡变化。其次，技术不断创新成为寡头汽车厂商间争夺市场的基本手段。从 20 世纪 40 年代起，各大汽车公司都投入巨额研发经费，争相提高生产工艺、装备和生产技术水平，不断开发新车型和新品种，争取更高的市场占有率。1908 年在"更多、更好、更便宜"的创新理念下凭借技术创新的福特 T 型车的成功为其他汽车厂商提供了一个经典案例。1921 年通用汽车公司一反福特公司以单一车型为主打产品的单一产品战略，开始实施以“推出多档新车、快速更新车型”为核心理念的全产品创新战略。首先通用汽车公司设立汽车技术中心，强化车身总体和外形设计，在研究与开发上投入巨资，为汽车生产和创新提供技术上强大的持续性的支持，为产品创新战略奠定技术基础，使它有能力为市场提供丰富多彩的高中低档车，供不同追求和不同层次的消费者选择。通用全产品创新战略带来了美国汽车产业“产品多系列化、产品更新频繁化”的一个年年款式创新的时代。其次，通用汽车公司在销售方式和消费观念上大胆创新，提出“旧车折价、分期付款、年年换新、密封车身”的销售原则，实现了市场突破。通用公司的成功，在于它的创新方向紧紧与市场需求方向相契合。1927年福特的T型车被市场淘汰。1931年通用汽车的市场占有率升至31%，而福特汽车的市场占有率降至28%。1983年11月克莱斯勒率先推出被消费者评价为“驾乘舒适、操纵可靠、操作简单、视野宽广、进出方便、动力强劲、行驶安全、适用广泛”的面包车。1984年克莱斯勒新面包车销售量突破20万辆，1985年销售量超过25万辆，1988年达到45万辆，并在以后很长时间里保持着市场优势。1990年克莱斯勒推出代号为AS更新型的面包车，接着又推出代号为NS被美国《汽车潮流》杂志评选为1995年时尚汽车的面包车，到1995年底克莱斯勒NS车的市场份额高达48%。美国汽车产业寡头竞争体制下的技术创新历程，充分显示了市场竞争对技术创新强大的促进作用，有力推动了美国汽车产业的技术进步，提升了美国汽车产业的国际市场竞争力。

美国最大的制造业是汽车制造业，是美国的支柱产业，汽车生产具有显著的产业关联带动作用，对促进经济发展起着重大的推动作用，美国汽车产业不仅提供各类汽车产品，也为美国增加就业、稳定税收、扩大内需和增加出口等方面做出了很大的贡献。如在美国，美国汽车及其关联产业(如钢铁、有色金属、橡胶、塑料等)提供了约1400万人的就业岗位，更有约930万人在更加广泛的纵深相关产业链上的企业工作，如与汽车系统配件相关的纺织材料行业、电子和计算机芯片产业等。因此，美国政府一向非常重视汽车产业的发展。

美国政府对美国产业的支持和保护大致可以分为两个阶段。

第一阶段，从1893年至20世纪70年代。19世纪末至20世纪20年代，美国汽车产业以“福特制”实现了世界汽车产业史上具有划时代意义的技术革新，进入汽车规模化生产阶段。20世纪20年代至70年代以通用公司“全产品创新战略”为主导，世界汽车产业从同质大规模量产向多样化车种的生产方式转化。在这一时期美国汽车产业的国际市场竞争力处于绝对领先地位，也是美国汽车产业的辉煌时期。一个国家对汽车产业发展的作用与各国汽车产业发展国内外环境和发展阶段有着密切的关系。因为在这一时期，美国在世界汽车市场几乎没有竞争对手，没有其他国家的成熟的技术和经验可以借鉴，只能依靠自主式的创新发展，并在相当长时期内主宰了世界汽车市场，因此美国没有制定汽车产业保护政策。美国政府对于汽车产业的发展，主要是创造公平竞争环境，保护各方面的合法权益，倡导以市场力量来引导汽车产业的自由竞争。尽管如此，美国政府对汽车产业的发展仍然采取了一些扶持手段。第一，力促汽车全球自由贸易，主张全球汽车市场全方位开放。美国全方位开放国内汽车市场，只要符合美国汽车技术法规和标准的要求，任何国家的汽车都可以在美国市场销售。美国汽车产业在激烈的市场竞争中，既促进不断创新，提高质量，降低成本，使美国的汽车产业向更高水平发展，又可以使美国用户买到更物美价廉的汽车。同时按照美国的公平贸易和对等原则，其他国家的汽车市场也必须向美国开放，有利于美国汽车打开其他国家的汽车市场，因为这时美国汽车的竞争力是世界最强的，自由贸易对美国汽车产业极为有利。第二，实行低税收政策。在美国汽车购买、拥有和使用阶段所交税费占汽车总价的比重很小，大约不超过 15%。而其他国家对汽车征收税费很高，如丹麦、挪威等国，有的国家征收的汽车税费甚至相当于汽车价格的一倍或以上。美国低税收产业扶持政策，大大降低了美国国民的汽车税负，极大地刺激了美国汽车市场，推动汽车产业发展。第三，建立和完善道路交通系统。道路交通网络的建设对汽车产业的发展起着强大的制约作用。20 世纪 30 年代美国通过立法，投入巨资，开始修建全国性的高速公路网络，为美国家庭汽车的普及和美国汽车产业的发展创造了一个良好的发展环境。总之，这一时期美国对汽车产业主要支持手段是税收优惠政策和提供较完善的服务。

第二阶段，从 20 世纪 80 年代至今。日本和欧洲汽车产业 20 世纪 80 年代开始崛起，特别是以"采取出口导向策略、差异化的客户订制模式"为核心内涵的日本丰田汽车对美国汽车霸主地位形成了强大挑战，再加上能源危机和全球竞争日益加剧，美国汽车产业竞争力开始下降。为了保护美国的汽车产业，美国政府采取了一系列的措施。

第一，加强国际贸易协调，为美国汽车发展创造良好的国际国内环境。1981 年美国通过政治压力和日本签订《美日汽车、汽车零件协议》，协议迫使日本自动限制汽车出口到美国市场的数量，协议规定从 1981 年 4 月 1 日起日本政府每年出口到美国的汽车限制在 176 万辆，持续两年。

第二，建立政府、企业、大学、研究机构相互合作的汽车研发体系。政府、企业、大学、研究机构的相互合作可以形成"科研—设计—生产"一体化系统，使科研成果和实际生产应用结合起来，有利于根据实践需要出科研成果，也有利于科研成果的生产转化，实践证明美国的这种四位一体的汽车研发体系是美国汽车产业创新和发展的动力，对于构建美国汽车产业核心竞争力具有重要的作用。1992 年美国成立了一个美国汽车研究委员会（USCAR），负责组织和协调国家实验室和有关大学参加汽车科学项目研究。1993 年 9 月克林顿政府与美国汽车研究理事会（USCAR）达成协议，共同发起一个由政府和企业方面合作的"新一代汽车合作计划（PNGV）"，这是一个实施包括 758 项研究子课题的庞大的官方、产业、大学、研究机构等相互合作的高新技术产业计划，在此项合作中政府资金主要起引导作用，如美国政府每年拨款3亿美元，通用、福特、克莱斯勒三大汽车公司每年投入10亿美元，从1994年至2004年为期10年，共计投资12.5亿美元，整个项目涉及政府交通部、能源部、商务部、环保总署、航空航天局、地方州政府、市政府等机构，涉及研究机构包括美国47个州的51所大学和21个联邦实验室。“新一代汽车合作计划”成果显著，美国在轻质材料、动力电子学、燃油电池方面取得巨大的进展，已经实现提高燃油率3倍的目标，新一代轿车已开发成功。“新一代汽车合作计划”的重大意义在于PNGV成为美国政府、企业、大学、研究机构等共同参与的汽车产业创新的国家行动，它以汽车产业的提升为契机，明确把提升国家竞争力作为产业开发合作的目标，并形成了环保与节能汽车产业创新体系的基本框架。2002年美国的布什政府为了对汽车产业进行升级，缓解能源和环境污染问题，提高国内人民生活质量，组织实施了“自由车工程”，把研究重点放在氢燃料电池车方向。自由车工程由自由车执行小组、操作小组和技术小组三个机构组织实施，每个团队都有来自企业和政府的代表，使政府和企业可以在关键活动和决定上达成共识。自由车计划不仅是一项汽车产业升级计划，也是一项综合能源计划，更深刻的意义在于通过投入巨额研发费用，期望能通过技术途径降低汽车产业对石油的需求，使得环境更加清洁，并提高美国经济的安全性。从PNGV到自由车计划，以美国政府为主导指导汽车项目进行研发总体规划，依托大学和科研机构研发汽车生产的新工艺、新技术、新材料，促进汽车企业将创新性的科研成果与生产经营相结合进行产品转化，美国汽车产业经历了一次长时间、高水平、大规模的创新运动，这种重大技术和管理创新在美国产业发展史上具有重要意义。

第三，美国政府对国内汽车市场的技术性贸易壁垒保护。美国政府对汽车设计和产品制造进行立法，授权汽车主管部门针对汽车安全、节能和环保方面制定技术法规，实现政府对汽车产品在节能、环保、安全方面的有效控制。美国政府依据《国家交通及机动车安全法》《大气清洁法》《噪声控制法》《机动车情报和成本节约法》《机动运载车法》等有关法律，分别授权美国环境保护署和美国运输部制定并实施有关的汽车法规。主管部门如发现不符合法规中节能、环保、安全方面的要求的汽车产品，将责令制造厂家立即停止销售，并对车辆强制实施召回制度，全部费用由厂家承担。由于美国是发达国家，美国制定的有关汽车产品的技术法律法规对于节能、环保、安全的要求相对较高，从而对国外汽车产品进入美国汽车市场无形中设立了技术性贸易壁垒，可以有效地保护美国的国内汽车市场。

第四，对产业研发资金和人才的大量投入。美国每年投入到汽车产业的研发经费占GDP的比重高达2.7%。如福特汽车公司建有50个大型现代化实验室。2005年福特公司的研发经费达到80亿美元，美国汽车公司还拥有大量研发人员，例如美国克莱斯勒汽车技术研发中心设计和研发人员多达7000多名，主要从事汽车设计、新产品开发、样车制造与试验、竞争对手分析等工作。大量资金和人才投入有助于为引入竞争机制、培养创新意识，从而为美国汽车产业的创新发展提供了强大的技术支撑。由此可见美国产业技术创新是以市场竞争为基础、政府和企业混合主导型的模式。

总之，为了保护汽车产业的发展，美国从国家战略出发大力扶持国内汽车厂商、大学和研究机构进行联合研发，并制定汽车技术创新、扩散、成果转化的技术政策和产业发展战略，加强国际贸易多边或双边协调，帮助美国汽车向外扩张，并利用技术性贸易壁垒等非关税贸易壁垒阻止外国汽车进入美国市场从各方面对美国汽车产业进行扶持，美国政府对美国汽车产业的发展起到巨大的推动作用。

4.2　日本幼稚产业的动态保护

4.2.1　日本幼稚产业保护的历史实践

日本是太平洋上的岛国，资源十分匮乏，日本的经济发展与其海外贸易拓展是紧密相关的。日本海外贸易发展的历史可以分为二战前和二战后两个阶段。19 世纪欧美各国为了寻找廉价的原料供应地和商品销售市场，目标瞄准了封建落后闭关锁国的农业国日本。1858 年美国胁迫日本签订《日美友好通商条约》，日本开放横滨等重要港口城市，并签订了日美协定关税和领事裁判权等不平等条款。据统计 1874～1887 年日本进出口商品 85％以上都是外国轮船公司包运的，外国商人对日本外贸的垄断程度超过 85％，1900 年仍高达 61.6％。日本沦为西方国家的原料产地和廉价商品的倾销场所。日本明治维新时期，政府实行国家干预经济主义，实施贸易政策和产业政策来扶持发展日本幼稚产业，从而使日本近代进出口贸易商品结构出现显著变化，日本从美国、西欧进口先进工业品，向他们出口茶叶和丝织品，日本从中国、朝鲜、东南亚、非洲、大洋洲、南美洲、中美洲等进口原料、食品，出口工业品。二战后，日本确立贸易立国的经济发展战略，并认为贸易立国应该和产业振兴紧密结合，通过对幼稚产业保护使其产品出口以实现产业结构的升级和经济的发展，积极实施保障资源供给、调整产业结构、开拓国际市场、进行资本原始积累、引进消化吸收创新技术等方面工作，使日本经济发展奠定良好基础。对于哪些产业是日本的幼稚产业？日本并没有根据比较优势理论和赫克歇尔—俄林理论大力发展劳动密集型产业作为出口产业，而是开拓新思路，实行在贸易保护下优先发展资本密集型的重化工业。1952 年日本发布《企业合理化诸问题》，提出日本要通过实施贸易立国主义实现经济自立的战略选择，并把重化工业特别是化工产业、冶金产业和综合机械加工产业作为幼稚产业扶持和发展成为日本出口主导产业。日本依据贸易立国战略，在经济发展的不同时期，根据国内产业结构的转化，资源和市场等国际环境的变化，积极实施保护幼稚产业，促进商品出口，合理确定进口，奖出限入的贸易政策。

20世纪50年代日本主要扶持钢铁产业，通过限制钢铁产品进口，积极利用外国直接投资扶持大企业集团发展。60年代和70年代日本扶持汽车和石化产业，通过控制市场进入为本国幼稚产业争取更多市场份额。80年代日本扶持计算机和飞机产业，通过政府直接组建大型研究机构，对企业研发经费投入进行支持等方式进行。90年代以后日本积极扶持信息产业、生物医药、电子、新能源、环保等高新技术产业，可见日本的产业扶持政策与美国有很大的不同，并且日本在不同时期对不同产业采用不同扶持政策。

日本的经济实践证明日本对幼稚产业的扶持和保护无疑是成功的，总结日本的成功经验，可以总结出以下几点成功经验。

第一，实行贸易政策与产业政策相结合。

日本经济从二战后至今大致可以划分为三个阶段。1945年至1955年为日本经济恢复时期，1956年至20世纪70年代为日本经济高速增长时期，20世纪80年代以后为日本经济低速增长时期。在日本经济恢复时期，日本政府主要致力于轻工业、农业、造船、钢铁、煤炭、电力等产业的恢复与发展，贸易政策采取限制进口，进口替代，促进出口的政策。在日本经济高速增长时期，日本外贸政策转变为扩大出口，促进出口导向型产业发展，出口产业结构趋于重化产业，并实行市场多元化战略。在日本经济低速增长时期，日本出口产业结构进行调整，主要以电子机械、成套设备等知识密集型、资本密集型、技术密集型商品出口为主。所以日本的产业政策在各个不同时期确立的战略产业不同，具体包括产业结构政策、产业组织政策和产业布局政策，并与外贸政策、能源政策、技术创新政策相结合有力促进了日本幼稚产业的发展。纵观日本不同时期对幼稚产业的选择，可以发现日本选择的幼稚产业具有一个特别的地方，这些产业不是发达国家即将转移的产业，而是发达国家高度发达并正在国际市场获得高额贸易利益的行业，而且日本本身并没有具备相应丰裕的要素禀赋，而是靠政府扶持实现由进口替代向出口导向的发展，并最终成为该产业国际市场的有力竞争者。例如日本汽车行业，20世纪60年代和70年代日本对汽车产业实施贸易保护，1982年日本汽车不仅满足了国内需求，而且占领美国市场27%份额，占领英国30%的市场份额，占领德国10%的市场份额。日本的贸易政策与产业政策相结合，通过扶持本国幼稚产业，坚持实现后天发展的动态比较利益，促进本国产业结构的优化，发展本国经济。

第二，实行进口替代和出口导向相链接。

日本学者赤松要的雁行理论认为，后进国家产业发展要经历商品进口、进口替代和商品出口三个阶段。一个国家的贸易政策要紧随产业结构的变化进行相应的调整。二战后初期，日本工业还很落后，为了保护本国幼稚产业，实施进口替代战略，日本1949年颁布实施《外汇外贸管理法》，规定任何商品进口都需要政府许可后才能进口，实行外汇集中管理和进口配额制度，对进口加以限制，保护国内市场，并且日本政府为了扶持本国幼稚产业，鼓励企业积极引进国外先进技术，然后通过消化、吸收、改革和创新，带领日本科学技术实现突破。

在进口替代战略成功实现以后，日本为了使本国产业走向国际市场与发达国家竞争，积极采取措施实施出口导向战略，以劳动密集型产品出口代替初级产品出口，以技术资本知识密集型产品出口代替劳动密集型产品出口，确立以化学产业、机械产业、电子产业、汽车产业、装备制造业等作为重点扶持产业，政府通过直接补贴、间接补贴等财政金融手段、国际信贷担保手段、低汇率政策手段、鼓励企业联合的手段和对出口商品实施检查等手段促进出口，有力地推动了日本幼稚产业的发展和壮大。

第三，建立健全外贸法律、法规、制度和外贸组织机构。

日本以政府为主导的赶超型经济发展模式，政府的作用非常重要。日本通产省、大藏省、日本贸易振兴会、日本银行、海关和进出口银行紧密配合，相互衔接，建立起高效的组织机构，并且由日本出口会议按照日本产业发展情况确定每年出口目标。

日本为了保障外贸管理的有效性，制定了一些外贸法律法规和制度。如《外汇外贸管理法》《进出口交易法》《进口贸易管理令》等。日本外贸制度主要有出口认可制度，确定特定货物，如国内需求的重点物资和战略物资的出口必须政府同意才能出口；进口管理制度，进口商需要申请政府进口许可证，按照政府规定的进口结算办法，进行进口申报，待批准后方可进口；关税制度，日本关税主要有基本税率、优惠税率、协定税率和临时税率四种，对于不同的贸易对象国、不同的产业实施不同的进口关税税率；日本金融制度主要区分为出口金融制度、进口金融制度和当地金融制度，从而可以有效协调日本出口商、进口商的行为，从而符合国家贸易政策和产业政策。

第四，实行高关税保护和非关税保护相结合的政策。

一是高关税保护幼稚产业。日本在不同时期确定不同的幼稚产业之后，通常通过制定较高的进口关税来保护国内幼稚产业生产的相关商品，为本国幼稚产业发展提供良好的国内市场环境。Krugman 认为，在动态的寡头垄断条件下，日本对幼稚产业的保护政策具有相当重要性，被保护的国内市场可以作为未来出口的跳板。20 世纪 50～70 年代，日本为了扶持钢铁产业、汽车和石化产业，对汽车、计算机、电器、精密仪器等商品制定了保护性关税，限制外国商品大举进入。1961 年日本提高 251 种进口商品关税，1962 年提高 78 种商品进口关税，1963 年提高 18 种商品进口关税。60 年代以前日本进口汽车关税税率为 40%，1969 年进口汽车关税调整为 35%，1972 年大轿车为 17.5%，中小轿车为 30%，远高于同期美国的进口汽车的关税水平。日本的高关税保护对于保护日本的汽车产业起到至关重要的作用。

二是非关税保护幼稚产业。日本为了保护国内的幼稚产业，在采取关税保护的同时，也积极采用非关税保护措施。日本通过制定《外汇外贸管理法》《进出口交易法》《进口贸易管理令》等法律法规，规定进口管理办法，有效限制外国商品的进口。为了进一步提升日本商品的国际市场竞争力，日本还利用汇率贬值手段促进商品出口。日本规定进口商品必须建立销售体制，对进口商品实行复杂的进口销售手续，并帮助本国幼稚产业建立强大的销售网络，有效阻止外部竞争者进入日本市场，保护了日本市场。日本是发达国家，企业技术水平高，技术管理严格，认证体系复杂，为了有效阻止外国商品进入，日本积极采取技术贸易壁垒。日本的技术贸易壁垒主要体现在技术标准、技术法规、产品认证、合格评定程序、绿色壁垒等方面。日本技术法规和技术标准繁杂，其中多数技术标准高于国际标准，并且日本行业协会也有权制定本行业标准，这就为进入日本市场的厂商带来了困难。日本对进口商品的报检报验手续繁杂，分工细致，对进口商品的产品质量认证和合格程序评定由不同的部门负责管理、设计和发布认证标志。日本对产品环保要求很高，规定严格的绿色技术标准，对环保标志的使用规定细节详尽，要求从生产、运输、销售、消费、质量等全过程环保，对农药残留、重金属含量、放射性残留等食品安全卫生标准严格控制。日本还实行政府采购政策。为了扶持不同时期的幼稚产业，日本都会利用政府采购制度对相关产业进行扶持。20 世纪六七十年代，日本为了扶持计算机工业，规定政府各级部门和教育系统要优先采用日本国产计算机。

综上所述，日本的幼稚产业扶持和发展和保护是非常成功的。日本对幼稚产业的扶持政策是系列化一揽子的综合支持措施，从产业政策到贸易政策紧密配合，而且每一种政策都具有综合性的内容，这是日本幼稚产业保护成功的关键。另外，日本幼稚产业的保护是动态的保护，政府通过各种政策对幼稚产业实施保护，一旦该产业在国际市场具有竞争优势，便会逐步取消保护措施，利于幼稚产业的继续成长和发展。

因此日本的幼稚产业保护经验可以总结为积极运用贸易政策和产业政策，在合法的程序下，积极引进竞争，实行动态的保护。

4.2.2 日本汽车产业保护的实践

1898 年日本开始从美国和欧洲进口汽车。1904 年日本人吉田真太郎成立东京汽车制造厂，并于 1907 年装配出日本最早的汽油轿车“太古里 1 号”。日本最初的汽车制造厂与美国和欧洲的差距很大，发动机等重要汽车零部件必须依靠进口，并且完全靠手工生产，装配一辆汽车要花至少 1 年的时间。1913 年宫川制造所成功研制出旭牌国产轿车。1914 年东京汽车制造所制造出 50 匹马力发动机和 16 座的公共汽车。1917 年三菱造船公司模仿意大利菲亚特汽车研制出三菱 A 型车。1924 年，美国福特汽车公司在横滨投资成立日本福特汽车公司。1926 年通用汽车公司在大阪投资建立日本通用汽车公司。1925～1935 年，美国福特和通用汽车公司依托资本优势与技术优势，进行大批量生产垄断了日本市场，1934 年占高达

90%市场份额，并且控制着汽车的技术标准。美国汽车的垄断是日本政府和企业都不愿看到，于是，政府重申要扶植民族汽车产业发展，激发了日本民族汽车产业发展的动力。1929 年日本成立国产振兴委员会，鼓励发展国产汽车。1931 年国产振兴委员会成立汽车工业调查委员会会同日本汽车厂商共同制定国产汽车技术标准。在政府支持下，1932 年日本国产汽车组合成立，负责协调汽车生产和分配政府提供的补助金。同时，政府大幅度提高汽车及相关部件进口关税，如零部件关税由 30%提高至 42%。1934 年日产汽车批量生产灵活小巧的"脱兔"汽车。对扶持日本汽车产业起到决定性作用的是 1936 年颁布的《汽车制造事业法》，明确提出限制外国汽车的车体和部件进口，彻底赶走外国汽车企业，建立汽车生产许可体制、扶植民族汽车工业发展的明确方针，该法律实际上关闭了外国汽车企业在日本经营的大门。此后日本政府逐步加强经济管制，陆续颁布了《进出口临时措施法》《临时资金调整法》《外汇管理法》《国家总动员法》等法律。1939 年福特和通用彻底结束了在日本的汽车生产和经营活动。1937 年日本人丰田喜一郎成立丰田汽车公司。1937 年日本又制定了《临时进出口许可规则》《进出口物品临时处理法》，严格限制物品进口，进一步打压了外国汽车制造厂。日本汽车产业在国家强力政策的支持下迅速成长壮大起来。1930 年日本生产国产汽车仅有 458 辆，1935 年增加到 5089 辆，1936 年达到 12086 辆，1938 年迅速扩产到 24388 辆，1941 年更是高达 46498 辆。而二战后的 1946 年日本汽车产量为 14000 辆。1948 年日本积极进行汽车产业政策调整，制定《汽车工业基本对策》，对汽车企业设备更新等提供融资便利化支持措施，从国家层面来扶持汽车工业发展。1949 年日本《进口贸易管理令》对轿车进口没有加以限制，使得外国轿车大量进入日本市场。20 世纪 50 年代前期美欧汽车挤满日本汽车消费市场，为了保护民族汽车产业，日本政府对进口的外国汽车征收 40%关税，并对外国资本进行严格限制投资日本民族汽车产业。1950 年美国因朝鲜战争向日本订购大量的军车，当年日本汽车产量激增至 60000 辆。1951 年日本提出民族汽车产业保护的具体方案，内容包括：对汽车零部件、原材料、设备进口优惠；对小轿车设备投资的长期项目进行投资倾斜；国产轿车免物品税，提高进口轿车物品税；对用于研究的小轿车进口给予优惠；对购买外国汽车专利给予优惠等。1952 年日本《理解国产轿车意义》的宣传册重点阐述了保护日本国产汽车的必要性，建议企业生产小型轿车，促进轿车国产化，加速汽车及关联产业发展，对国产轿车实施保护措施等。1955 年日本颁布《国民车扶植大纲法案》来引导日本汽车产业的发展方向，提出生产日本国民车、扶植国产车发展的构想，并规定国民车就是"排量在 350～500 cc 之间，油耗标准为 30 km/L，设计时速 60 km、最高时速 100 km，定员 4 名或定员 2 名载货 100 kg，月产量 2000 台，成本价格低于 15 万日元"的汽车。日本政府对满足上述条件的日本汽车企业在税收、资金、外汇等方面予以支持。1956 年日本颁布《机械工业振兴临时措施法》，对日本汽车产业的发展进行扶持，这也是日本战后对本国汽车产业扶植力度最大的产业政策，日本政府组织日本开发银行和中小企业金融公库，在严格的规范程序和监督下，对被列为重点扶持对象的汽车零部件生产企业提供融资支持。《机械工业振兴临时措施法》的实施取得的成果显著，日本汽车生产效率提高 11%～39%，生产成本降低 9%～64%，零部件设备改善率达 78%，汽车零部件制造水平的提高大大改善了日本汽车的质量性能，增强了日本汽车产业的市场竞争力。1965 年名古屋—神户高速公路的开通掀起了日本汽车普及消费的狂潮，1965 年日本汽车产量跃居世界第四位，1966 年跃居第三位，1968 年跃居世界第二。1971 年日本政府实施汽车资本自由化。日本的汽车产业也成了日本三大支柱产业之一。受 1973 年世界石油危机和国内市场饱和的影响，1978 年日本出台了当时世界上最严格的汽车排放标准和噪声法规，开始以政策法规引导汽车产业向环保节能型方向发展。这就迫使日本汽车产业进行技术革新，减少排污、降低噪音、提高安全性能，从此日本汽车以质量好、油耗低、设施好、价格廉等优势占领国际市场。1978 年日本对进口汽车实施零关税，从而成为发达国家中唯一的对进口汽车实现零关税的国家。1980 年日本汽车年产量为 1104 万辆，超过了美国，日本成为了世界上最大的汽车生产国，日本与欧美汽车贸易摩擦加剧，日本汽车产业步入以资本输出为主要手段的国际化生产扩张阶段。1981 年日本实施对欧美出口汽车自动数量限制。这迫使日本各汽车厂家开始直接向海外投资建厂，变汽车直接出口为资本输出当地生产，加速了日本汽车产业进军国际市场的步伐。1983 年美国日产(独资)汽车制造公司、1982 年美国本田(独资)制造有限公司、1984 年丰田与通用合资的新联合汽车制造公司、1987 年马自达与福特合资的国际汽车联合公司、1988 年肯塔基丰田(独资)汽车制造有限公司和美国三菱(独资)汽车制造有限公司先后成立，日本汽车大举进入美国市场，日本汽车在美国的市场份额不断提升。90 年代受生产成本上升、日元升值、欧美市场贸易保护加强和 1997 年亚洲金融危机的影响，日本汽车工业遭到冲击。在政府大力扶持下，日本汽车企业加强管理协作和技术合作，加大研发经费投入，从而在混合动力、燃料电池等新型环保节能汽车开发方面走在世界前列，日本汽车产业逐渐恢复。2002 年，日本汽车在美国汽车市场的份额提升到 26%。2006 年日本汽车产量突破 2200 万辆。2009 年日本丰田汽车成为世界上最大的汽车生产厂家。

研究日本汽车产业成长和发展的轨迹，可以看出日本汽车产业的发展是与日本政府对民族汽车产业的保护与扶持是密不可分的，日本正确的汽车产业政策和贸易政策促进了日本汽车产业赶超型的发展。

日本对民族汽车产业的发展采取既保护又扶持的产业政策和贸易政策。

1. 产业政策目标

日本汽车产业政策目标在于通过对汽车产业的保护和扶持，不断推进汽车产业结构的调整、优化升级，从而增强本国汽车产业竞争力，把汽车产业打造成为国民经济的支柱产业。

2. 产业结构政策

日本汽车产业结构政策主要包括汽车产业保护政策和汽车产业扶持政策。

(1) 汽车产业保护政策

产业实施保护政策的主要手段是关税措施和非关税措施。日本采取的关税措施主要是保护性关税。日本汽车公司主要生产轴距小的小型汽车,为了保护国产汽车,日本政府对进口小型车就实施了较高的关税。50 年代前期面对美欧汽车挤占日本市场的情况下,日本政府对进口汽车开征 40%关税,并对小型轿车进口实行高关税政策和外汇配额制,限制外国整车的进口,并严格限制外国资本投向日本民族汽车产业。日本 1955 年加入关贸总协定,遵循关贸总协定的相关规定,日本当时把汽车产业作为需要加以保护的幼稚产业。1964 年日本成为 OECD 和 IMF 成员。20 世纪 60 年代日本对轴距为 2700 mm 及以下的小型轿车征收 40%进口关税,对轴距为 2700 mm 以上的轿车征收 35%进口关税,对轴距为 2540 mm 及以下的小型货车征收 30%进口关税,对轴距为 2540 mm 以上的货车征收 27%进口关税。1970 年日本对轴距为 2700 mm 及以下的小型轿车征收 20%进口关税,1971 年日本的进口轿车关税下降至 10%,1972 年日本的进口轿车关税下降至 8%,1978 年日本完全取消了汽车进口关税。显而易见,日本为了给本国汽车产业发展争取时间,在关税减免上采取拖延战术,直到日本汽车产业具有世界市场竞争力才有所放宽。

日本采取的非关税壁垒措施主要有外汇管制、外汇配额、行政审批、税赋调节、销售网络保护、技术性贸易壁垒等。具体表现为:第一,外汇管制和外汇配额制度。从 1954 年开始日本政府采取严格措施限制汽车进口,首先限制购买用途,进口的汽车只能作为新闻用车和出租车使用,其次进口汽车在 3 年内不准倒卖,最后进口汽车要征 40%增值税。这一措施的实施有效抑制了国外汽车进入日本市场,日本进口汽车比例从 1951 年 44.6%下降到 1954 年 23.1%、1955 年下降至 8.9%。1964 年以后,日本政府从限制外汇配额转为限制进口汽车数量,1969 年进口汽车比例下降至 1%,这一比例一直持续了 20 多年。此外,二战后日本政府严格进行外汇限制,禁止外国汽车公司在日本投资,这一禁令直到 1971 年才解除,这也在客观上保护了日本的汽车产业。第二,分级征收物品税等税赋。日本用较高的进口物品税加以限制,20 世纪 80 年代之前日本对汽车征收物品税,高级乘用车物品税为 50%,普通乘用车为 30%,小型乘用车为 15%。日本按照乘用车排量对保有阶段的汽车税进行征税,排量越大征税越多,商用车按最大装载量征税,因此装载量越大被征税越多,而且不设税额上限,对汽车保有阶段依据汽车重量征收重量税,显然这种措施对轻量化的日本车销售是非常有利的,对大中排量为主的美国汽车和欧洲汽车销售则明显起到了抑制作用,而且日本对汽车使用阶段的燃油税实施税率等级设置也进一步有利于日本小排量车的销售。第三,行政手段。日本政府制定《机械工业振兴临时措施法》《企业合理化促进法》,实行审慎的外资利用政策,日本对外资进入采取限制政策，主要通过行政审批、许可等有选择地确定外资项目。1936年日本颁布《日本汽车制造事业法》，规定凡是在本国一年内可生产汽车3000辆以上者，都必须先经政府许可，并且公司半数以上的持股人必须是日本国民，这一规定最终迫使外资在日本国内的汽车生产绝大部分停产。日本实行汽车国产化政策，汽车产业实行许可证制度，对发动机等零部件实施高关税保护，有力促进了日本汽车产业的发展。日本进口汽车首先要办理汽车进口许可证，取得进口汽车许可证的手续比较复杂。其次，进口汽车在完成通关程序后要被送到汽车调试车间监控产品质量，检查和修补汽车在运输过程中可能造成的刮痕，进行必要的修理、调整、上光、更换零件、增加配置，主要目的是使进口汽车能符合日本检验标准，客观上延缓了外国汽车的进口。第四，实施汽车销售网络保护。日本采取有效措施限制进口汽车的销售网络建设。1990年以前，日本规定所有进口车销售网络必须利用当地汽车厂家的网络，如丰田公司分销商可以同时代理德国奥迪品牌进口车销售，这有利于日本汽车厂家对分销体系具有绝对控制力和对进口车的销售掌控。1990年以后在日美欧汽车贸易争端的影响下，日本汽车零售商才不断增加经营和销售外国车，但进口车仍难以建立较为完善的汽车销售网络，从而进口车在售后维修和服务上就不能实现便利化，这就使得日本消费者更愿意购买本国汽车。第五，技术性贸易壁垒。日本在对进口汽车产品认证方面制订了严格的技术标准和法规，特别是在汽车安全性、燃油经济效率性、污染物排放标准、回收再利用的规定等进行严格规定，从而对进口汽车形成了较高的技术壁垒。如在日本市场大量销售的乘用车程序上，日本主管部门首先要先审查样车和相关文书，然后再派人到国外汽车制造厂考察生产厂家，并对国外汽车进行汽车项目测试，以确保汽车质量的一致性，这无疑增加了进口难度。在汽车节能方面，日本政府针对不同等级的汽车制定了一系列燃油经济性标准，如柴油载客车辆、轻型汽油车辆、货运汽车等，以每个等级中最优燃油经济性水平作为本重量级的燃油经济性标准，并规定在一定年限内所有同级车均要达到该标准，从而迫使所有日本汽车生产厂家不断进行技术创新和工艺革新，提高汽车燃油经济性和节能技术水平，有利于优胜劣汰。在汽车排放方面，日本从2009年10月起实行全球最为严格的汽车尾气排放法规《后新长期规定》，对所有汽车实行相同的排放限值，从而有效降低卡车、乘用车、公共汽车等氮氧化物和颗粒物的排放量，为了刺激汽车消费，日本政府对新车置换实行补贴政策，消费者报废年限在13年以上的乘用车并购买达到特定的燃油消耗量和排放标准的节能环保车的，可以得到政府补贴，日本政府为此补贴总额高达5800多亿日元，严格的补贴条件和认证要求，使得进口车很难享受到补贴，有力地促进了日本消费者购买国产车。由此可见，日本政府在不同时期运用不同的技术性贸易措施，有效压制了外国同业竞争对手，为本国汽车产业的发展创造了条件，赢得了机遇，促进了发展。

（2）汽车产业扶持政策

日本的汽车产业扶持政策内容翔实并且具有可操作性。日本对汽车产业的扶持措施主要包括政府提供低息贷款、补贴、特别折旧、免除所需设备的进口关税、允许引进所需技术、鼓励技术更新、汇率政策、政府的国内产业间协调和国际协调、加强公路网建设、扶持汽车零部件生产等方面。

① 利用资金援助、信贷支持、补贴及财税优惠政策扶持汽车产业发展

第一，资金援助、信贷支持等。20 世纪 50 年代前期，日本金融机构对本国汽车产业贷款规模仅占同期设备总投资额的 4%。1951 至 1959 年期间日本政府向日本小型汽车工业会、汽车技术会以委托事业费形式提供了共计 36900 万日元补助金。由日本政府银行如日本开发银行、中小企业金融公库等对汽车厂商提供政府长期优惠低息贷款，或通过外汇银行以低利率为出口票据再贴现或提供贷款担保，实行资金倾斜，解决企业的投资和扩张需求。1956 年 6 月日本制定了《机械工业振兴临时法》，着力扶植汽车零部件生产，1956～1970 年间汽车零部件企业接受了金额达 347.89 亿日元的优惠低息贷款。

第二，日本政府对汽车产业提供生产和出口补贴，主要是价格补贴和物资补贴。如果日本新研发汽车产品的市场价格低于生产成本，政府将提供财政补贴。对于汽车产业生产所需的物资实行物资保障措施，以保证产业的顺利发展。1951～1959 年日本政府对汽车产业补贴高达 3.69 亿日元。

第三，日本政府对汽车产业实行特别折旧。根据日本租税特别措施规定的特别折旧制度，从 1951 年起日本政府允许汽车产业第一年合理化机械折旧 50%，并实行三年提高 50%的特别折旧，这一措施从 1956 年起也适用于汽车零部件行业。

第四，根据日本关税法的特别条款和关税暂定措施法，日本政府允许引进国内难以制造的、但国内汽车行业所必需的设备、零部件和原材料，并免除进口关税。

第五，实施鼓励出口的汇率政策。日本政府为扶持汽车产业实行日元低汇率政策，1949 年日元汇率为 1 美元＝360 日元，这一汇率一直持续到 1970 年。

第六，以引进技术为基础的外汇支持政策。20 世纪 50 年代日本严格限制外汇使用，如果进口物资都要先向政府申请外汇配额。但日本政府为了迅速缩小本国汽车产业与欧美各国的价格和质量差距，仍然对汽车产业引进技术需要的外汇给予大力支持，如一些日本汽车公司与国外合作开展进口汽车散件组装，其中 6 项申请就有 4 项获得批准。

② 强化公路网建设

汽车产业发展要求要优先发展公路基础设施建设。日本至 1955 年公路总长度虽然有 94 万公里，但道路铺装率仅为 1.1%，道路条件极差，还没有高速公路。1953 年日本《关于道路建设费用来源的临时措施法》规定，日本从 1954 年起实施"道路建设五年计划"，将汽油税作为道路修缮费用。1958 年又出台"道路建设紧急措施法"，主要目的是为道路建设筹措资金。1960～1982 年间日本道路建设投资

合计48万亿日元,年均增长率16%。20世纪60～70年代,日本道路建设费在公共事业支出中比重超过40%。经过三十年的建设,1983年日本道路总里程达112.3万公里,道路铺装率达53.3%,其中高速公路3200公里,基本上满足了汽车普及的道路要求。此外,日本政府还大量兴建公共停车场,解决汽车存放问题,重视发展教育事业,为汽车产业培养人才,有力促进日本汽车产业的发展。

③ 扶持汽车零部件生产

日本政府认识到日本汽车产业落后的关键在于汽车零部件生产等基础领域,为了扶持日本汽车产业零部件生产,日本制定了1947年《优良汽车部件认定规则》、1952年《关于汽车零部件生产设备贷款规定》、1954年《中小企业机械工业设备近代化资金》等措施,利用日本金融机构对汽车零部件生产提供融资支持,主要方式是提供优惠贷款和生产补助金等。1955年前后,日本汽车产业大企业少、中小企业多,并且生产设备陈旧,劳动生产率低和进行小批量生产。为此,1956年日本政府颁布《机械工业振兴临时措施法》,将日本汽车零部件生产列为重点扶持对象,在严格程序和规范监督下,日本政府组织日本开发银行、中小企业金融公库向日本零部件企业提供融资,这是战后对汽车产业扶植力度最大的产业政策,《机械工业振兴临时措施法》的实施取得的成果显著,日本汽车生产效率提高11%～39%,生产成本降低9%～64%,零部件设备改善率达78%,汽车零部件制造水平的提高大大改善了日本汽车质量性能,增强了日本汽车产业的市场竞争力。1960～1965年日本政府对汽车产业实行了"第二次机振法",鼓励日本汽车零部件企业进行设备投资,实现设备高效化的目的。1965～1970年日本政府对汽车产业实行了"第三次机振法",汽车零部件企业进行技术引进、消化、吸收和创新。丰田、日产等日本大汽车公司对国内汽车零部件企业进行了重组,从而形成了各自的生产和销售体系。1971～1977年日本政府制定《振兴特定电子工业及特定机械工业措施法》、1978～1980年日本政府制定《特定机械情报工业振兴临时措施法》,推进汽车、电子、机械工业、信息等产业的发展。在日本政府的大力保护和扶持下,日本汽车零部件工业通过技术引进、合资经营、自主开发,经过几十年努力,在轿车和轻型车零部件制造工艺和技术上已达到或超过欧美国家水平,日本生产的汽车零部件不仅满足国内需要,而且大量出口海外,日本汽车零部件工业的发展有力地促进了日本汽车产业的发展,为日本汽车称霸世界奠定了基础。

④ 出口导向战略

日本政府在日本汽车产业成长初期就选择出口导向发展战略来发展汽车产业,通过大量出口汽车,推动产业国际竞争力不断提升,把形成国际竞争力作为长期发展战略。为了实现汽车产业的战略目标,日本制定了切实可行的实现路径,即通过发展经济型轿车,刺激国内经济型轿车消费为基础,促进国内汽车产业竞争,实现扩大出口的目标。

3. 产业组织政策

为了实现汽车产业的规模化和集约化生产,促进汽车产业竞争能力的形成和规模经济效益的实现，日本政府先后提出了“经济型轿车发展计划”和“汽车生产企业集团化发展计划”，即“国民车”构想和“集团化”设想。1955 年 5 月日本出台《国民车扶植大纲法案》，提出发展国民车的构想，并在税收、资金、外汇等方面支持日本汽车产业的发展。《国民车构想》的初衷在于“通过扶持新超小型轿车产业，促进汽车相关产业的发展，提高技术水平、扩大就业，建立出口型超小型轿车工业基础，同时集中于一家公司生产这种超小型面向大众的、普及型的、廉价的、能出口的轿车，提高国民生活水平”。1961 年 6 月日本提出汽车厂商“集团化”构想，主要目标是建立三个大批量生产轿车的集团，分车型来建立生产体制。构想的三大集团是轿车大量生产集团、特种轿车集团、微型车生产集团组成的。其中，轿车大量生产集团是由两三家汽车厂商，且每一公司专业生产一种车型组成的。特种轿车集团是由两三家专业化生产高级轿车、赛车等的汽车公司组成的。微型车生产集团也是由两三家汽车厂商组成。集团化构想的主要目的是通过限制新厂家进入轿车市场，建立汽车大批量生产体制。当时，东洋工业公司、三菱汽车公司、大发公司等相继进入汽车市场，与丰田、日产实行产品差别化竞争，竞争的结果，加强了日本汽车工业的国际竞争力，为日本汽车产业后来的出口飞速增长奠定基础。

4. 产业技术政策

日本产业技术政策主要包括高额补贴、特别折旧、引进技术、技术创新升级等措施，并制定严格的汽车排污和安全标准等技术进步政策。

第一，国产化政策。在国产化政策指导下日本汽车产业从 1955 年起开始了从合作引进、来件组装向大批量国产化生产的转变，至 1960 年基本完成。为避免生产分散化，日本政府 1961 年实行轿车产业改组，分为批量轿车、特殊轿车、微型轿车三组各组建一个汽车产业集团。政府积极促成汽车生产企业间联合或兼并，并对改善汽车产业结构、提高生产集中度的汽车融资项目给予政策优惠。日本国产化政策有力促进了日本汽车产业体系的形成，对培育汽车产业、促进汽车产业发展起到了积极的历史作用。

第二，技术合作、引进和创新策略。汽车产业成长初期日本选择了重视技术引进、限制资金合作的政策。20 世纪五六十年代，为提高日本国产轿车的生产技术水平，日本政府在资金援助、财政补贴及优惠财税等方面，积极支持日本企业与欧美汽车企业广泛开展国际技术合作，引进汽车生产技术。1952～1953 年日产、五十铃等日本汽车生产企业分别与欧美企业签订了日本轿车国产化的技术合作协议和合作生产装配协议，到 1957 年日本汽车零部件生产全部实现了国产化。1962 年日产追滨工厂投产，标志日本小轿车大批量生产体制的形成。1978 年日本出台了当时世界上最严格的汽车排放标准和噪声法规，开始以政策法规引导汽车产业向环保节能型方向发展，这就迫使日本汽车产业进行技术革新，减少排污、降低噪音、提高安全性能，从此日本汽车以质量好、油耗低、设施好、价格廉等优势占领国际市场。

总之，日本汽车产业政策的主要内容就是对外保护和对内竞争，日本政府通过对日本汽车产业从孕育、发展到国际竞争力培育的全过程扶植与保护，有力促进了日本汽车产业的发展和壮大，日本政府在日本汽车产业振兴中发挥了不可替代的重要作用。

4.3 本章小结

本章主要介绍了国外幼稚产业保护的实践。首先，通过对美国经济发展历史轨迹的回顾，着重阐述了从美国建国至今，美国推行贸易自由化的时间很短，美国基本上一直都是在使用各种手段对本国产业进行保护，特别是美国通过制度性的立法保护幼稚产业对其产业的成长和发展都起到了至关重要的作用，美国如今经济综合实力全球第一地位的取得与美国对国内产业的全方位、全过程的保护和扶持是分不开的。美国的经济发展史就是一部以传统贸易保护主义、新贸易保护主义、战略性贸易保护主义交替保护的历史，就是一部以贸易政策、产业政策、科技政策为依托扶持美国幼稚产业发展的历史。

其次，以美国汽车产业为例，介绍了美国汽车产业从诞生、成长到发展壮大的过程，可以看出，美国政府在美国汽车产业的发展中起到了至关重要的作用。为了保护汽车产业的发展，美国从国家战略出发大力扶持国内汽车厂商、大学和研究机构进行联合研发，并制定汽车技术创新、扩散、成果转化的技术政策和产业发展战略，加强国际贸易多边或双边协调，帮助美国汽车向外扩张，并利用技术性贸易壁垒等非关税贸易壁垒阻止外国汽车进入美国市场，从各方面对美国汽车产业进行扶持，美国政府对美国汽车产业的发展起到巨大的推动作用。

再次，介绍了日本对幼稚产业保护的实践。日本对幼稚产业扶持、发展和保护也是非常成功的，但日本的产业扶持政策与美国有很大的不同，并且日本在不同时期对不同产业采用不同扶持政策。日本对幼稚产业的扶持政策是系列化一揽子的综合支持措施，从产业政策到贸易政策紧密配合，而且每一种政策都具有综合性的内容，这是日本幼稚产业保护成功的关键。另外，日本幼稚产业的保护是动态的保护，政府通过各种政策对幼稚产业实施保护，一旦该产业在国际市场具有竞争优势，便会逐步取消保护措施，利于幼稚产业的继续成长和发展。因此日本的幼稚产业保护经验可以总结为积极运用贸易政策和产业政策，在合法的程序下，积极引进竞争，实行动态保护。

最后，以汽车产业为例介绍了日本汽车产业保护的实践。日本对民族汽车产业的发展采取既保护又扶持的产业政策和贸易政策。在产业政策目标方面，日本不断推进产业结构的调整、优化升级；在产业结构政策方面，日本汽车产业结构政策主要采取保护政策和扶持政策，保护政策的主要手段是关税措施和外汇管制、外汇配额、行政审批、税赋调节、销售网络保护、技术性贸易壁垒等非关税措施；在汽车产业扶持政策方面，日本扶持措施主要包括政府提供低息贷款、补贴、特别折旧、免除所需设备的进口关税、允许引进所需技术、鼓励技术更新、汇率政策、政府的国内产业间协调和国际协调、加强公路网建设、扶持汽车零部件生产等方面；在产业组织政策方面，日本政府推行了“国民车”构想和“集团化”设想；在产业技术政策方面，日本实施包括高额补贴、特别折旧、引进技术、技术创新升级等措施，并制定严格的汽车排污和安全标准等技术政策。总之，日本汽车产业政策的主要内容就是对外保护和对内竞争，日本政府通过对日本汽车产业从孕育、发展到国际竞争力培育的全过程扶植与保护，有力促进了日本汽车产业的发展和壮大，日本政府在日本汽车产业振兴中发挥了不可替代的重要作用。

第5章 我国幼稚产业保护的实践——基于我国汽车产业竞争力现状的实证分析

5.1 我国幼稚产业保护的历史回顾

我国对幼稚产业的保护可以分为两个阶段:新中国成立后至改革开放前为第一阶段,改革开放至今为第二阶段。

第一阶段为新中国成立后至改革开放前。

新中国成立以后,以美国为首的资本主义国家对中国经济实行了全面封锁,中国的国际贸易活动主要是和前苏联等社会主义国家以及极少数资本主义国家之间开展的,在这样的国际政治和经济形势下,中国走上了独立自主、自力更生的经济发展之路,由于战后中国各产业百废待兴,几乎所有产业都需要国家的扶持,因此中国对当时几乎所有的产业都实行了保护措施,由国家利用一切社会资源对经济实行集中管理,国内生产和产品的进出口都由国家统一安排实施,以此来迅速恢复和发展国民经济。这一时期,国家对国内幼稚产业保护的手段主要是高关税措施,还有很少的数量限制和配额等非关税措施。1951年中国颁布第一部《海关进出口税则》,从必需品、需用品、非必需品到奢侈品,进口税率逐步提高,整体进口关税的平均税率为52.9%,1978年之前虽然对进口商品税率经过多次调整,但调整幅度不大,整体关税水平下降很小。这一时期通过国家对产业发展的整体统筹安排,有效建立起国家的产业体系,保护和扶持了国内民族工业的发展。

第二阶段为改革开放至今。

改革开放以后,国际政治和经济环境有了很大的变化,和平和发展成为了世界的主流,中国确立了"一个中心、两个基本点"的国家发展战略,在以经济建设为中心的思想指导下,中国贸易政策和产业政策都进行了相应的调整。1985年中国对进口商品关税进行了调整,关税的整体水平下降至38%。从1986年至1991年中国根据国内产业发展的需要对进口商品的关税税率进行了进一步的调整,至1991年底中国进口商品关税的平均税率为47.2%。1992年中国实施《商品名称及编码协调制度目录》，进口关税平均税率调整为42.5%。从那以后中国进口关税不断下降，2000年降至17%，2005年后中国工业产品进口平均关税降至10%左右。总的来看，改革开放以后一段时期的高关税政策对于国内幼稚产业的保护效果还是显著的，但随着中国入关，关税保护作用逐步下降，对于国内幼稚产业的保护实施非关税保护势在必行，主要采取了进口配额管理、进口许可证等数量限制措施。1995年实行进口配额和许可证管理的商品品种有36种，科目为354个，进口金额为211亿美元，占当年进口总额的24%。2001年实行进口配额和许可证管理的商品品种有33种，进口金额为198亿美元。2002年中国对化肥、原油、粮食、植物油、棉花、烟草、食糖和成品油八种商品实行国营贸易管理，允许民营企业开展少量的进口业务，对于脂纶、天然橡胶、羊毛、钢材和胶合板五种商品实行指定进口公司经营管理。由于中国是发展中国家，人口众多，就业压力大，发展任务艰巨，因此中国难以用技术法规与标准、检验检疫、质量认证等技术性贸易体系、环境保护等其他非关税壁垒措施来保护国内产业的发展，另外中国许多产业的国家标准、行业标准和企业标准就数量与质量来说与国际标准和国外先进标准相比还有一定的差距，这是由我国的国情所决定的，有些行业甚至没有国内技术标准，再加上我国的环保技术与国际发达国家相比处于劣势地位，也难以用环境壁垒来保护国内幼稚产业。

为了促进国内幼稚产业的发展，1994年中国颁布《90年代国家产业政策纲要》，确立汽车、建筑、化工、机械电子为国家的支柱产业，并制定优惠政策对这些产业进行扶持和保护性发展。1994年国家计委颁布实施《汽车工业产业政策》，明确国家对汽车产业要扶持发展，并根据汽车国产化率制定相应的进口关税优惠政策。1997年中国颁布《当前国家重点鼓励发展的产业、产品和技术目录》，凸显了国家对幼稚产业的保护和扶持，有力促进了民族产业的发展。2009年温家宝总理在《让科技引领中国可持续发展》的报告中，将空间海洋开发、信息网络、生物医药、生命科学、新材料、新能源、地质勘测等七大产业定位为国家要大力扶持发展的战略性新兴产业，为民族产业的发展指明了新的前进方向。

新中国成立至今60多年过去了，中国对幼稚产业的扶持和保护的成果显著，为国家建立起较为完整的民族工业体系，为中国经济的腾飞打下了坚实的基础，但同时也存在一些不足。首先，国家对幼稚产业的选择标准不够清晰，确立的幼稚产业保护的范围过广，包括汽车业、建筑业、化工、机械、石油、电子、制造业等，几乎涵盖了国民经济发展的各个方面，结果导致保护分散，效果没有达到预期效果。盛斌在《中国对外贸易政策的政治经济学分析》中，对中国1996年产业平均保护率进行了计算，在23个部门中中国产业平均保护率为0.45，对电子通讯和医药行业实际保护率仅为0.38和0.18，普遍低于外国0.5左右的平均水平。对比美国、日本、韩国、印度等国家对幼稚产业的保护就会发现，外国对于重点保护的幼稚产业，一是关税税率高于中国，二是更多采取了非关税保护措施，三是实行动态保护，结果使得保护成果显著，如美国的农业、日本的汽车、韩国的电子、印度的软件业等通过国家的大力扶持和保护在世界市场上竞争力很强。其次，国家对于幼稚产业没能实行动态保护，使得一些产业存在过度保护，而另一些产业没有得到保护的现象。被国家过度保护的产业，出现生产技术落后，效率低下，产品质量低劣，资源浪费严重等问题。如中国的汽车产业，重复引进和重复建设严重，生产规模较小，生产技术和工艺落后，设计能力严重不足，产品更新速度较慢，缺乏核心竞争力，保护了几十年却难以与欧、美、日、韩汽车相抗衡。最后，政府在对幼稚产业进行保护和扶持的时候没能充分发挥企业和行业协会的作用，企业成为了国家制定的技术标准、技术法规等的被动执行者，没能发挥企业市场主体的作用，行业协会的组织、协调、服务等功能也没有得到充分的体现。

5.2 我国汽车产业的发展与现状

汽车从诞生的那天起，就极大地拓展了人们的生活空间，加快了生活节奏，提高了生活质量，改变了人民的生活方式，成为了社会生活中人们所追求的实用型的商品。由于汽车产业是综合性产业，产业发展带动范围广，产业关联效应大，汽车产业发展水平体现了一国工业现代化水平，体现了一国经济实力、科技创新能力，是一国高新技术发展的强大载体，对经济发展的影响很大，在国民经济发展中的地位和作用越来越突出，成为了拉动经济增长的“火车头”，是许多发达国家经济的主要支柱性产业。据统计，汽车产业与以钢铁、橡胶、有色金属、塑料等代表的原材料工业与以石油开采、加工、供给为主的能源工业，以铸造、冲压、锻压、焊接、热处理、电镀、油漆、试验等工艺的设备制造业，与以公路的建设、维护和改造为主的公路建设业，与以客货运输、汽车租赁业和城乡公共交通运输为核心的交通运输业，与以金融、保险、汽车销售业、汽车维修、加油站、培训、停车场业有关的服务业，与以汽车的整车销售和零部件销售为主的汽车销售业，与以机械、化工、轻工、纺织、电子、电器、建材等为基础的配套产品都有着产业上的关联，形成了一条纵横繁杂、严密有序的产业链条。汽车产业的投入产出，对整个工业发展会产生乘数效应。汽车产业自增值较慢，对上游钢铁、石化、玻璃、电子工业、有色金属、橡胶、机械制造、纺织等产业带来 0.65 元的增值，对下游保险、销售、培训、餐饮、金融、租赁、维修、加油站、旅馆等服务业带来 2.63 元的增值。评价汽车产业的绩效要从汽车产业的地位来看，汽车产业由于其产业关联和产业带动效应大，能吸纳较多的就业人口，创造较高的就业率，需求弹性高，附加价值较高，经济效益好，在国民经济和社会发展中的地位和重要性日益突出。

许多国家正是认识到了汽车产业对国民经济和社会发展的带动作用，都将汽车产业作为经济支柱产业进行重点扶持与发展，美国、德国、日本等发达国家都是典型事例。20世纪初期，美国人首创了汽车大批量生产体系，汽车产业重心从欧洲转移到美国；20世纪50年代，欧洲人把产品差别化与大批量生产技术结合起来，开创了新的生产模式，汽车产业从美国转移到了欧洲；20世纪60年代，日本人突破传统组织生产模式，生产出质量好价格低的产品，汽车产业从欧洲转移到了日本；如今，发展中国家利用成本优势，又承接了汽车产业新一轮转移生产。在汽车产业转移和发展过程中，逐步形成了世界上一些主要的汽车生产和消费市场，如以美国、加拿大为主的北美市场，以英国、德国、法国为主的西欧市场，以中国、韩国、日本、泰国为主的东南亚市场，以巴西等为主的南美市场等；世界汽车产量不断增加，1900年世界汽车产量仅一万辆，1950年全球产量1000万辆，2000年世界汽车产量5700万辆，2010年全球汽车产量突破7000万辆，汽车产业发展一百多年来一直保持着旺盛的生命力。

汽车产品、技术和文化虽然起源于欧洲，盛行于美国，但现在汽车市场的全球化特征越来越明显，全球汽车的生产主要集中于十几个国家，如美国、德国、日本、法国、西班牙、加拿大、韩国、巴西、英国、墨西哥和中国等，在这些主要汽车生产国中，汽车生产又主要集中于几大汽车生产厂商，如通用、福特、丰田、大众、菲亚特、雪铁龙、雷诺、现代等。国际汽车产业经过几轮兼并和重组，市场从分散走向集中，产业组织高度集中，市场结构呈现少数几个寡头生产者共享市场的寡头垄断特征，跨国生产和跨国经营逐步加快，国际投资、国际合作生产、国际化销售的比重逐步提升，更加符合生产规模经济、国际市场多样化和差异化的需求，世界市场竞争强度加剧，形成发达国家之间互相渗透各自汽车市场，并逐步向发展中国家市场拓展的趋势。从中国汽车工业协会历年统计数据可以看出，美国、德国、日本、西班牙、加拿大、法国、英国等发达国家和巴西、印度、韩国、墨西哥、俄罗斯等新型工业化经济国家都是当今世界汽车工业发达的国家，他们同时也是世界经济与科技强国。随着世界汽车市场范围的扩展，用户的巨大需求，汽车产业对国民经济发展和振兴的战略意义更加凸显。

1949年至1978年为我国汽车产业的创建、成长阶段，1979年至今为我国汽车产业的发展阶段。我国汽车产业是通过国家投资建设、全方位引进汽车生产技术的方式从零开始的。1953年7月15日第一汽车制造厂正式破土动工，标志着我国汽车产业迈出了第一步。1956年7月13日第一辆国产解放牌CA10型四吨中型载货汽车在第一汽车制造厂诞生，标志着我国历史上第一个汽车生产基地正式建成，这是我国汽车生产迈出了历史性的第一步。

从我国汽车产业诞生的第一天起，为了保护我国幼稚的汽车产业，国家就对进口汽车设置高关税税率，限制国外汽车的进口。建国以后规定我国进口汽车关税税率为120%～150%，并加征80%进口调节税，该进口税率一直沿用到1985年底。在中央政府和各级地方政府的大力支持下，我国汽车产业在强保护下逐步建立起来，全国各地逐步形成一批汽车制造厂、汽车装配厂和汽车改装厂。从1953

年至1978年，我国汽车产业是在计划经济体制下以战略战备为发展方向，多数汽车制造厂选址在交通不便的山区，专业厂布置分散，处于封闭发展状态，与世界汽车产业基本绝缘，存在技术水平低、市场规模小、低水平重复建设、销售产品单一的缺陷，主要为中型载货汽车，销售对象基本上由单位公款消费。从1950年至1978年，市场累计汽车销售量17万多辆，年均销售六千多辆。

改革开放以后，20世纪70年代末至80年代初，我国汽车产品以中型载货汽车为主，执行国家统购统销的指令性计划。1982年至1986年，我国农业生产快速发展，经济向好向上发展，汽车需求迅速膨胀，但仍然以中型载货汽车为主生产的国产汽车不能满足国内市场多样化的需求，以轿车、轻型车、面包车为主的进口汽车大幅增加。1986年，我国汽车工业第一次正式被《中华人民共和国经济与社会发展第七个五年计划(1986～1990年)》确定为国家支柱产业。1986年我国对进口汽车关税进行调整，进口汽车关税税率从180%到220%，继续实施高关税税率保护国内汽车产业的政策，该汽车进口税率一直延续到1994年。1987年以后，国家为了解决我国汽车在数量、质量、价格、功能、品种上不能满足市场需求的问题，加大对汽车产业的投资规模，及时调整汽车生产结构和生产品种，开始重视重型车、微型车和轻型车的产品研究与开发，积极引进国外先进技术，从生产轿车、越野车、重型车、轻型车、微型车技术到摩托车技术，从生产制造技术、技术工艺到产品技术开发，从引进整车产品技术到生产系统化零部件技术等数百项各种各样的制造技术，为发展民族汽车产业，缩小与发达国家的差距，为我国汽车产业成长与发展打下了扎实的基础。生产微型车的天津汽车厂、柳州拖拉机厂和国营伟建机械厂等国家规划定点生产厂，北京、南京、西南和东北等生产轻型车基地，上海大众、一汽大众、天津夏利、东风神龙等一些轿车制造厂，形成了我国汽车产业比较完整的布局，并且这些汽车厂生产的产量和品种基本上满足了国内市场的需求。1994年国务院发布的《汽车工业产业政策》明确提出，国家鼓励个人购买汽车，政府将根据汽车市场消费结构的变化和汽车产业的发展状况制定具体的政策措施。当年我国进口汽车关税税率降至110%～150%，跨国汽车公司开始来中国建厂。1996年8月10日国务院办公厅转发国家计委《关于取消地方限制经济型轿车使用意见》的通知，使轿车可以从商务用车向私人用车转移。1997年进一步下调进口汽车关税税率至80%～100%。为了争取入世，2001年进口汽车关税税率继续降到70%～80%。2002年我国为履行入世承诺，将进口汽车关税下调至43.8%～50.7%。同年，跨国公司开始在中国增资扩产，全面布局，把中国汽车市场作为全球战略市场的重要组成部分，汽车市场竞争明显加剧。2003年我国进口汽车关税降至38.2%～43%，2004年继续下降至34.2%～37.6%。2005年我国进口汽车关税水平降到30%，并取消进口汽车配额许可证制度，对汽车产品实行自动进口许可管理。2006年1月1日，我国进口汽车关税税率降至28%。同年7月1日，我国进口汽车关税税率降至25%，进口汽车零部件关税税率降至10%。伴随着我国进口汽车关税税率的不断下降,我国国产汽车的市场竞争力日益增强。2009年我国汽车总产量1300多万辆,2010年全国汽车总产量1826.47万辆,连续两年全球产销量第一。

如今我国汽车产业体系已经形成,并形成了几十家大型汽车企业集团公司,产业组织结构基本合理,载货车、客车和轿车的产品结构更加贴近市场需求,生产集中度明显提高。我国汽车产业发展出现了一些新特征、新现象。从汽车消费观念来看,消费者对价格、质量、品牌、服务的要求更全面,更青睐不仅售价低、故障率低、油耗低、适应性强,而且产品性能好、功能齐全、美观大方的汽车,消费呈现出多样化、层次化、时尚化、个性化的新趋势。从消费市场结构来看,我国汽车消费已从社会集团消费为主向私人消费为主进行转变,由大城市向中小城市再向农村乡镇扩展。从我国市场消费环境来看,国家积极出台政策措施,鼓励消费信贷,刺激汽车消费,加大汽车配套产业的投资力度等,有力促进了国内汽车市场的扩张。从我国汽车市场竞争格局来看,我国汽车市场由于跨国公司的大举进入,企业产品供过于求,企业之间展开激烈的产品战、价格战和服务战,市场竞争向新技术竞争、新产品竞争和品牌竞争的方向发展,企业积极进行技术创新,应用新技术、新材料、新能源,向国内外市场提供节能、环保的具有高科技含量的新产品,企业积极实施品牌竞争,以信誉、形象、品牌来扩大知名度,赢得客户,赢得市场。我国汽车市场国际化程度进一步提高,如何站稳国内市场,开拓国际市场,提高产品的市场竞争力是我国汽车厂商需要思考的一个重大课题。

在肯定我国汽车发展成就的同时,我们应该从国际汽车产业发展的高度认识我国汽车产业的差距和不足。我国汽车产业当前存在的主要问题是"集中度不高、市场培育滞后、竞争力差"的问题。首先,集中度不高,有点散。我国汽车产业市场长期在高关税保护和严格的市场准入下,汽车价格居高不下,一些地方政府和部门不顾客观条件,只顾眼前利益,盲目上马汽车项目,重复建设带来了汽车产业的集中度低,产业组织结构分散,市场资源不能得到有效利用,存在严重的规模不经济问题。其次,汽车市场培育滞后,有点乱。繁杂的购车手续和乱收费现象阻碍了汽车市场需求的扩张,汽车生产企业的品种、价格、营销、服务以及其他产业配套设施不能满足汽车产业发展的需要。然后,产业竞争力差。我国汽车企业集团主要是在国家高关税保护下才得以发展起来的,没有经过充分竞争的市场淘汰阶段,即使再落后的汽车企业在国内高启的汽车价格下仍然能够生存下去,企业劳动生产率低下,资源没有通过市场优化配置,汽车产业典型的规模经济特征没能实现,成本价格高,竞争力差。还有,我国汽车产品制造技术落后,科研开发与设计能力很差,缺乏拥有自主知识产权的核心技术,特别是代表国家汽车产业水平的轿车工业,我国的整体技术水平和研发设计能力更是被远远甩在后面。汽车产业是一个资本密集型产业,生产设备、技术、零部件、研究与开发都需要大量资金,而我国汽车业整体投入有限,资金相对缺乏,研发经费更是杯水车薪。

因此,从核心技术研发、汽车设计制造、国际市场开发、营销网络建设和品牌影响力等方面来说，我国汽车产业发展的初级阶段，还处于幼稚产业阶段。

5.3 我国汽车产业竞争力影响因素及实证分析

5.3.1 问题的提出及相关文献综述

产业竞争力的内涵非常丰富，这里强调的竞争力是指竞争者在竞争中所表现出来的相对优势，是竞争主体获取资源、要素、在市场取得收益的素质和能力。竞争力是一个多层次的、内涵非常丰富的概念，不同层次的竞争力之间既相互联系又有区别。根据竞争对象的不同，竞争力可分为产品竞争力、价格竞争力、技术竞争力、市场竞争力、质量竞争力等。根据竞争主体的不同，竞争力可分为国家竞争力、产业竞争力和企业竞争力。国家竞争力属于宏观层次的研究，产业竞争力属于中观层次的研究，企业竞争力属于微观层次的研究。因此，产业竞争力必然与国家竞争力和企业竞争力存在密不可分的联系。对产业竞争力研究中我们可以把产业理解为生产经营同类商品及其可替代品的企业的集合。产业竞争力可以是一国国内不同区域之间同一类型产业之间的比较，也可以是不同国家之间同类产业之间的比较。这里是对不同国家之间同类产业之间的比较。因此，在这里表述的产业竞争力的竞争主体是不同国家，竞争对象是生产同类商品的资源、要素与市场，竞争的目的是为了获得更强的生产能力，获得更多的市场份额和更多的市场利润。

目前研究产业国际竞争力主要有以下几种分析框架。

1. 中国人民大学竞争力与评价中心的中国产业竞争力“三位一体”模型

中国人民大学竞争力与评价中心赵彦云教授等认为，国家竞争力可以用核心竞争力、基础竞争力和环境竞争力“三位一体”竞争力结构对国家经济实力、科学技术、企业管理、金融体系、国民素质、基础实施、政府管理、国家化来进行分析研究，这更适合我国国情，更有利于分析竞争的优势和劣势。如图 5.1 所示。

2. IMD 国际竞争力分析模型

国外最早进行国际竞争力研究的是世界经济论坛（WEF）和瑞士国际管理发展学院（IMD）。WEF 和 IMD 在 1980 年开始创立国际竞争力评价体系，1985 年开始出版每年一次的《世界竞争力报告》。WEF 和 IMD 认为，国际竞争力就是固有的或新生的竞争力资源在国际市场上转化成经济结果的过程中所产生的竞争力，在数量上国际竞争力等于竞争力资源与竞争力过程的乘积。这种竞争力的形成主要取决于环境、企业自信心、工业序位结构、变革因素和变革过程。如图 5.2 所示。

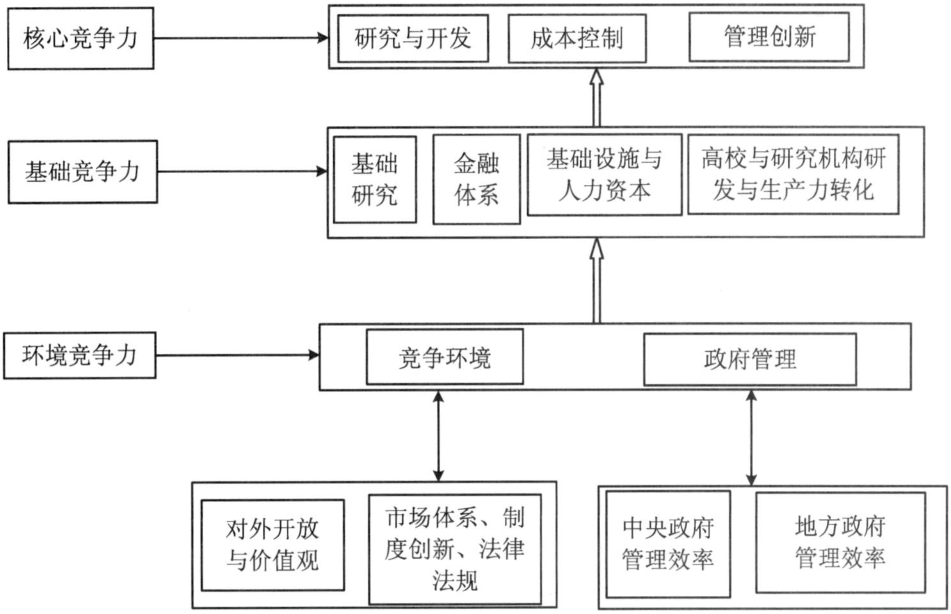

图 5.1　中国产业竞争力“三位一体”模型

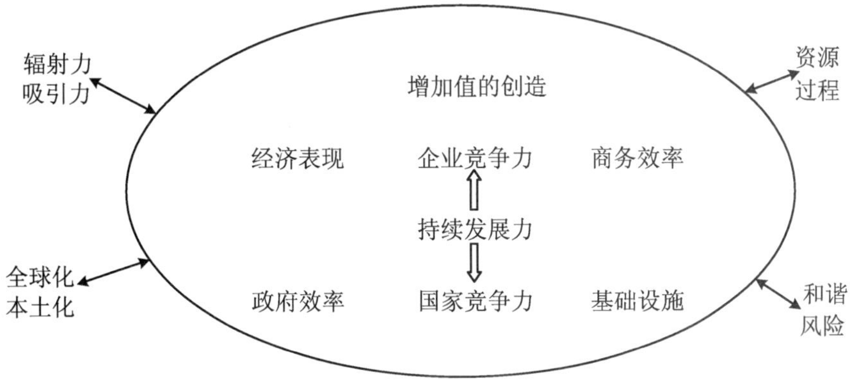

图 5.2　IMD 国际竞争力分析模型

3. 迈克尔·波特的钻石体系模型

美国管理学家迈克尔·波特(Michael E. Porter)在著作《品牌间选择、战略及双边市场力量》(1976)、《竞争战略》(1980)、《竞争优势》(1985)、《国家竞争优势》(1990)中系统研究了竞争力理论，提出了影响产业竞争力的因素的钻石模型。钻石模型主要包括四个主要因素：企业战略、结构和竞争对手、生产要素、国内市场需求状况、相关产业与支持性产业和两个辅助因素——政府和机遇。如图 5.3 所示。

4. 中国社会科学院工业经济研究所的竞争力因果分析框架

中国社会科学院工业经济研究所金碚等提出的竞争力因果分析框架。该研究

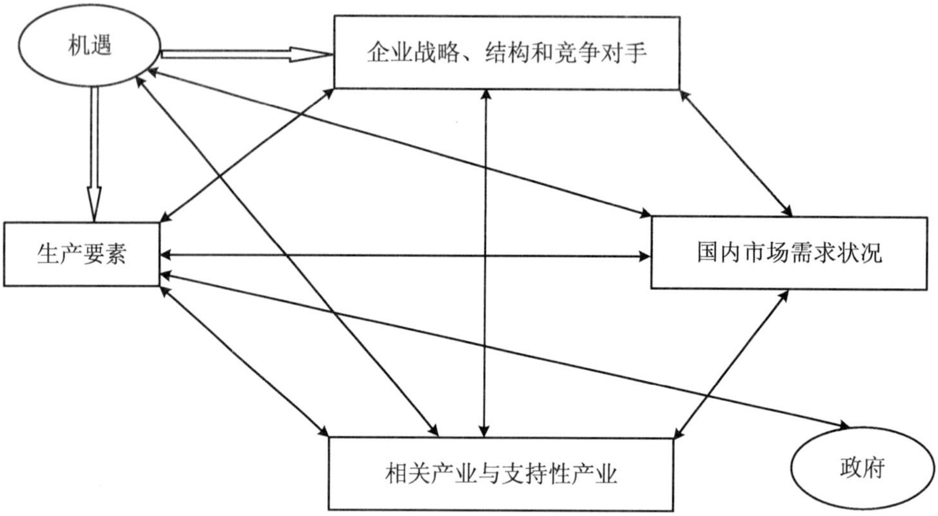

图 5.3　波特的钻石模型

认为,产业国际竞争力从原因上看,一切有利于市场开拓的获利因素都是竞争力的来源,从结果上看,一国工业品国际市场占有率越大,产业竞争力越强。如图 5.4 所示。

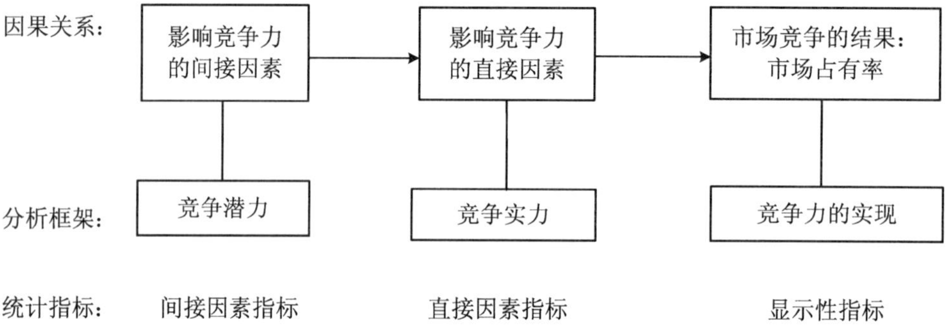

图 5.4　竞争力因果分析框架

5. 上海社会科学院的中国产业国际竞争力的一般分析框架

上海社会科学院厉无畏教授认为,产业竞争力具有三个特性:综合性、动态性和层次性。产业竞争力的综合性主要体现在产业竞争力是竞争途径、竞争手段、竞争结果的综合反映。产业竞争力的动态性主要体现在产业发展的不同阶段竞争力具有不同特征。产业竞争力的层次性主要体现在宏观、中观、微观对竞争力都有影响。产业竞争力取决于产业竞争优势的大小,竞争优势大小取决于产业结构、组织、管理竞争力和外部环境的影响。如图 5.5 所示。

6. 罗元青的中国产业国际竞争力分析框架

罗元青基于产业组织环境,将影响产业组织层面的因素作为产业竞争力的直接影响因素和间接影响因素，提出中国产业国际竞争力分析框架。如图 5.6 所示。

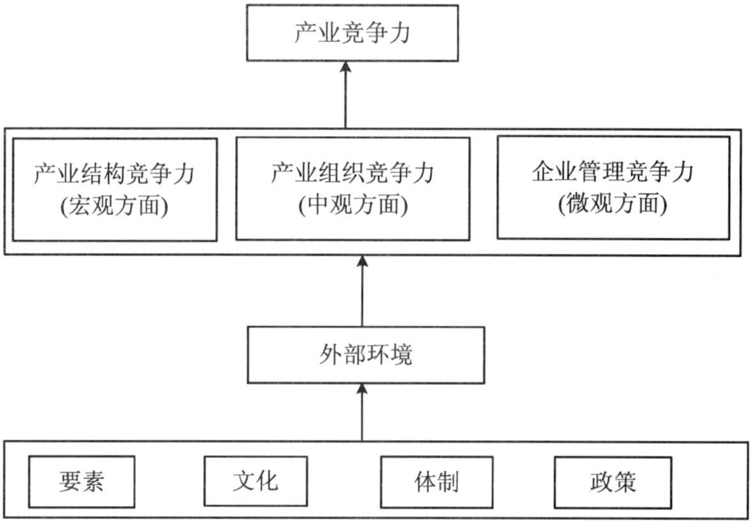

图 5.5 上海社科院的中国产业国际竞争力的一般分析框架

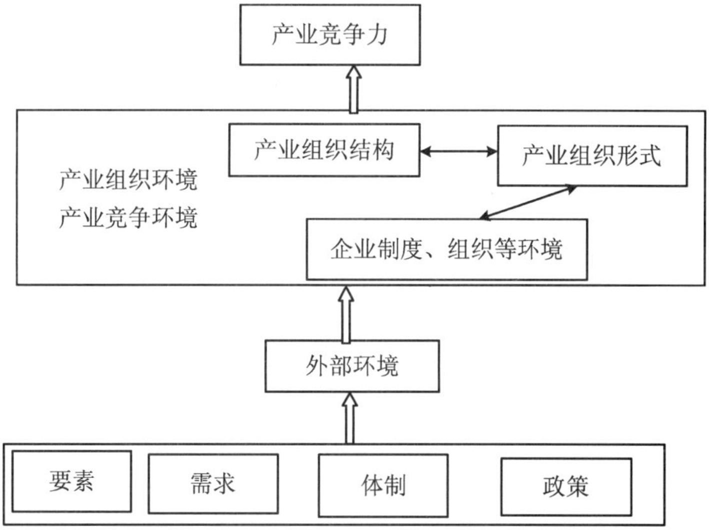

图 5.6 罗元青的中国产业国际竞争力分析框架

综上可见，产业国际竞争力评价体系比较多，有 WEF 和 IMD 评价体系、波特评价体系、“三位一体”评价体系、因果分析评价体系、一般分析评价体系、比较优势评价体系、罗元青的中国产业国际竞争力分析评价体系等。比较优势评价体系主要以商品进出口数据为基础进行分析研究，比如出口额、进口额、市场占有率、贸易竞争力指数、显示性竞争力指数等指标。中国人民大学竞争力与评价中心的综合指标体系包括实力竞争力、成长竞争力、市场竞争力、成本竞争力、创新竞争力、投资竞争力、管理竞争力等指标。赵玲玲、马行裕在《广东工业产业竞争力综合评价指标体系设计研究》中建立的指标有总量竞争力、市场竞争力、技术创新、集中度、产业结构等；辛立国、李旭光在《中国制造业产业竞争力评价和分析》一文中建立的指标有产业实力、产业效益、技术水平和市场绩效等；陈红儿、陈刚在《区域产业竞争力评价模型与案例分析》中建立的指标包括产业投入、产业产出、产业技术、市场绩效和产业可持续发展等；吴玉鸣在《中国区域工业竞争力的因子分析及非均衡差异研究》中建立的指标有工业经济实力、科技进步、技术创新、人力资源、产品竞争力、市场化、管理能力、环境状况、政府竞争力、资源供给能力等；张亚斌、周斐斐在《对中国汽车工业的竞争力及其国际比较——一个基于标准离差的分析方法》中建立的指标有产业资源条件、产业国际化、产业现状等。在这些指标体系中都基本体现为一级指标、二级指标、三级指标三个分析层面。使用频率较高的指标有出口额、进口额、贸易竞争力指数、国际市场占有率等与外贸有关数据、利润率、技术、研发等与生产率有关指标、集中度、规模经济效应等与市场结构有关指标，可见这些指标应是产业竞争力分析的关键指标。

我国汽车产业的发展是在国家全盘投资、关税保护和财税金融扶持下从零基础发展起来的，从1956年发展到现在，经历了56年，时间是漫长的，关税保护税率也从230%下降到25%，下降的程度很大。要正确评价我国汽车产业的市场竞争力，首先就应该分析一下影响我国汽车产业竞争力的主要因素，然后有针对性地提出政策建议，以期为我国汽车产业未来竞争力的增强明确努力的方向。

5.3.2 我国汽车产业竞争力的影响因素

本书在借鉴已有研究成果的基础上，以市场竞争力、总量竞争力、产品竞争力、技术竞争力四个一级评价指标为基础，依据数据的可得性选取相对应的二级指标数据实证研究影响我国汽车产业竞争力的主要因素。

1. 市场竞争力

鉴于汽车产业的关联度很高，对国民经济发展非常重要，世界各国都在积极扶持本国汽车产业的发展，汽车产业的国际市场竞争日趋激烈。衡量一国汽车产业市场竞争力可以用市场占有率、贸易竞争指数等二级指标来进行衡量，市场占有率可以分为国内市场占有率和国际市场占有率。鉴于数据的可得性，国内市场占有率可定义为，国内市场占有率＝(本国生产总量－出口数量)/(本国生产总量－出口数量＋进口数量)，如果在没有贸易壁垒的情况下，较高的国内市场占有率一般能反映本国汽车的国际竞争力。国际市场占有率＝本国汽车生产总量/世界生产总量，较高的国际市场占有率也能反映出本国产业的国际竞争力。贸易竞争力指数＝产品净出口/产品进出口总额，其中，产品净出口＝产品出口－产品进口，产品进出口总额＝产品出口额＋产品进口额。如果贸易指数数值越接近1，说明该产业的国际竞争力越强。

从表5.1中可以看出，1995～2004年我国汽车贸易一直处在数量和金额双逆差的状态，2005年我国出口汽车数量首次超过进口汽车数量，但在外贸金额上还是逆差，这说明我国出口汽车的档次、技术含量、科技附加值、品牌等没有进口汽车高，国际市场销售价格比较低。2006年、2007年我国汽车出口继续维持出口数量递增的态势，但外贸差额依然是逆差，说明我国汽车科技附加值、销售价格还是弱于进口汽车。2008年我国汽车出口数量继续冲高，外贸金额首次为正，这说明我国出口汽车的数量差额剧增对外贸差额影响的程度首次超过汽车价格差额对外贸差额影响的程度，我国出口汽车凭借数量的扩张弥补了出口汽车的价格弱势实现了外贸上的顺差。2008年从我国汽车出口企业情况来看，独资企业、中外合作企业、中外合资企业占据出口份额的一半以上。三资企业出口额212.52亿美元，占我国出口总额50.3%，民营企业出口额114.38%，占比27.1%，国有企业出口额95.47亿美元，占比22.6%。

表5.1 1995～2008年我国汽车产品进出口情况

年份	出口		进口		外贸差额(出口－进口)	
	出口数量(辆)	出口金额(万美元)	进口数量(辆)	进口金额(万美元)	数量(辆)	金额(万美元)
1995	17747	34529	159115	172080	－141368	－137551
1996	15112	43443	75863	142261	－60751	－98818
1997	14868	54066	49039	115021	－34171	－60955
1998	13627	9383	40216	125297	－26589	－115914
1999	10095	48038	35192	157593	－25097	－109555
2000	27136	135314	42703	193469	－15567	－58155
2001	26073	108012	71398	208559	－45325	－100547
2002	28645	169756	127513	428749	－98868	－258993
2003	45777	260607	171710	745534	－125933	－484927
2004	136258	447309	175480	818041	－39222	－370732
2005	164258	688079	161324	774898	2934	－86819
2006	343379	966124	227773	1074891	115606	－108767
2007	614412	1257213	314130	1475837	300282	－218624
2008	681008	2043016	409769	1954868	271239	88152

资料来源：中国汽车工业协会.中国汽车工业年鉴(2009).具体数据经整理和计算得出。

从表5.2和表5.3可以看出，2000年至2009年我国汽车生产产量占国际市场份额来看，是在逐年增加的，这说明我国汽车生产能力是逐年递增的。我国汽车在国内的市场份额是很高的，我国汽车在国家关税保护下始终占据着国内汽车市场的绝大部分份额，说明我国生产的汽车主要还是国内市场销售，我国汽车出口量占生产总量2007年为6.92%，2008年为7.28%，2009年为2.68%，我国汽车出口能力还有待于进一步提高。

表5.2　2000～2009年我国汽车国际市场占有率

年份	我国生产量(辆)	世界总产量(辆)	国际市场占有率
2000	2068186	58374162	3.54%
2001	2341528	56304925	4.16%
2002	3253655	58994318	5.52%
2003	4443491	60663225	7.32%
2004	5070452	64496220	7.86%
2005	5707688	66482439	8.59%
2006	7279726	69222975	10.52%
2007	8882456	73266061	12.12%
2008	9345101	70520493	13.25%
2009	13790994	60986985	22.61%

资料来源：中国汽车工业协会.中国汽车工业年鉴(2009).具体数据经整理和计算得出。

表5.3　2000～2009年我国汽车国内市场占有率

年份	我国总产量 A (辆)	我国出口数量 B (辆)	进口数量 C (辆)	国内市场占有率 $(A-B)/(A-B+C)$
2000	2068186	27136	42703	97.95%
2001	2341528	26073	71398	97.00%
2002	3253655	28645	127513	96.20%
2003	4443491	45777	171710	96.24%
2004	5070452	136258	175480	96.56%
2005	5707688	164258	161324	97.17%
2006	7279726	343379	227773	96.82%
2007	8882456	614412	314130	96.33%
2008	9345101	681008	409769	95.48%
2009	13790994	370000	420700	96.96%

资料来源：中国汽车工业协会.中国汽车工业年鉴(2009).具体数据经整理和计算得出。

从贸易竞争力指数的数值来看，如果贸易竞争力指数是负值，说明产品出口额小于进口额，是净进口，贸易是逆差；如果贸易竞争力指数是正值，说明产品出口额大于进口额，是净出口，贸易是顺差。

从表5.4中可以看出，从1995年至2007年我国连续13年贸易竞争力指数是负值，说明我国汽车产业连续13年贸易逆差，我国汽车生产效率低于国际水平，出口竞争力很差。贸易逆差还有一个可能的原因是，即使有些中外合资或合作的车型具有一定的出口竞争力，也可能受到跨国公司的全球竞争战略的限制而不让这些车型出口，只想占领我国国内市场，由于核心技术、管理、股份比例等受制于外资，我国汽车产业难以自主发展。2008年我国贸易竞争力指数是正值，可能原因是我国汽车生产量的过度扩张，国内市场购买力不足，有些车型大量低价出口，带来出口数量的大扩张超过进口金额所致，显然不是我国汽车市场竞争力忽然变强所产生的变化。从另一个角度来看，我国汽车产业贸易竞争力指数也是在缓慢趋于零值，这说明我国汽车产业的竞争力在缓慢增加，由前面的分析可以判断出这种竞争力的增加是来源于我国生产汽车的数量和规模的扩大，应该不是来源于技术、品牌、产品附加值等内在竞争力的提升。

表5.4 1995～2008年我国汽车贸易竞争力指数

年份	出口额（万美元）	进口额（万美元）	净出口A（万美元）	进出口总额B（万美元）	贸易竞争力指数（A/B）
1995	34529	172080	−137551	206609	−0.665
1996	43443	142261	−98818	185704	−0.532
1997	54066	115021	−60955	169087	−0.360
1998	9383	125297	−115914	134680	−0.860
1999	48038	157593	−109555	205631	−0.533
2000	135314	193469	−58155	328783	−0.176
2001	108012	208559	−100547	316571	−0.318
2002	169756	428749	−258993	598505	−0.432
2003	260607	745534	−484927	1006141	−0.481
2004	447309	818041	−370732	1265350	−0.293
2005	688079	774898	−86819	1462977	−0.059
2006	966124	1074891	−108767	2041015	−0.053
2007	1257213	1475837	−218624	2733050	−0.080
2008	2043016	1954868	88152	3997884	0.022

资料来源：中国汽车工业协会.中国汽车工业年鉴(2009).具体数据经整理和计算得出。

2. 总量竞争力

总量竞争力可以从总体上对被评价的产业的过去发展的成果、现在产业的发展水平和未来发展潜力进行综合衡量,且原始数据可以得到。本书以汽车总产量、产业地位和产业利税率三个二级指标进行评价,其中汽车的产业地位用汽车工业增加值占国内生产总值的比重来进行衡量。

根据《2009 年中国汽车工业年鉴》的数据,我国从 1956 年 7 月 13 日第一辆国产解放牌载货汽车在第一汽车制造厂诞生起,汽车产量持续稳定增加。1956 年全国年产汽车 1654 辆,1978 年年产汽车 149062 辆,年均增长率为 387.49%。改革开放以后,1979 年全国年产汽车 185700 辆,2010 年年产汽车 18264700 辆,年均增长率 304.23%。2008 年中国汽车产量已跃居世界第二位,2009 年和 2010 年连续两年汽车年产量超过日本成为世界第一。见表 5.5 和表 5.6。

表 5.5 1980～2010 年我国历年汽车总产量

单位:辆

年份	产量	年份	产量	年份	产量	年份	产量
1980	222288	1988	646951	1996	1474905	2004	5070452
1981	175645	1989	586936	1997	1582628	2005	5707688
1982	196304	1990	509242	1998	1627829	2006	7279726
1983	239886	1991	708820	1999	1831596	2007	8882456
1984	316367	1992	1061721	2000	2068186	2008	9345101
1985	443377	1993	1296778	2001	2341528	2009	13790994
1986	363786	1994	1353368	2002	3253655	2010	18264700
1987	472538	1995	1452737	2003	4443491		

资料来源:中国汽车工业协会. 中国汽车工业年鉴(2009).

表 5.6 2008 年和 2009 年世界各国汽车产量前十名排序

2008 年		2009 年	
国家	年产量(辆)	国家	年产量(辆)
日本	11575644	中国	13790994
中国	9299180	日本	7934516
美国	8693541	美国	5711823
德国	6045730	德国	5209857
韩国	3826682	韩国	3512926
巴西	3215976	巴西	3182617

续表

2008 年		2009 年	
国家	年产量(辆)	国家	年产量(辆)
法国	2568978	印度	2632694
西班牙	2541644	法国	2049762
印度	2332328	西班牙	2170078
墨西哥	2167944	墨西哥	1557290

资料来源:中国汽车工业协会.中国汽车工业年鉴(2009).

1955 年进口汽车在我国国内市场占有率 100%,我国汽车产业在国民经济中的地位逐年提升,我国汽车产业增加值占 GDP 比重从 1991 年的 0.78%上升到 2007 年的 1.55%和 2008 年 1.29%。具体数值见表 5.7。

表 5.7　1991～2008 年我国汽车工业增加值占 GDP 比重

年份	国内生产总值 GDP(亿元)	人均 GDP (元)	汽车工业总产值(亿元)	汽车工业增加值(亿元)	汽车工业增加值占国内生产总值的比重
1991	21826.199	1892	704.5	170.1	0.78%
1992	26937.276	2311	1191.1	296.7	1.10%
1993	35260.024	2998	1792.0	402.9	1.14%
1994	48108.456	4044	2183.1	515.5	1.07%
1995	59810.529	5045	2216.5	540.7	0.90%
1996	70142.491	5845	2399.1	576.2	0.82%
1997	78060.834	6420	2668.7	594.1	0.76%
1998	83024.279	6796	2787.3	661.3	0.80%
1999	88479.154	7158	3122.7	748.9	0.85%
2000	98000.454	7857	3612.6	864.0	0.88%
2001	108068.220	8621	4433.2	1055.6	0.97%
2002	119095.689	9398	6224.6	1518.8	1.27%
2003	135173.976	10541	8357.2	2153.4	1.59%
2004	159586.747	12335	9463.2	2187.8	1.37%
2005	185808.558	14185	10223.3	2209.9	1.19%
2006	217522.669	16499	13937.5	3362.7	1.54%
2007	267763.658	20169	17242.0	4141.4	1.55%
2008	316228.824	23707	18780.5	4104.1	1.29%

资料来源:中国汽车工业协会.中国汽车工业年鉴(2009).具体数据经整理和计算得出。

1991 年我国汽车产业年销售收入 726.8 亿元，利税总额 74.0 亿元，到 2008 年汽车产业年销售收入 18767.0 亿元，实现利税总额 1821.6 亿元，销售收入年均增长率 138%，利税总额年均增长率 131%。这些数据显示我国已经发展成为世界汽车生产大国，汽车产业已具有相当规模，并显示出极具潜力的增长趋势。详细数值见表 5.8。

表 5.8 1991～2008 我国汽车产业销售收入、利税总额、利税率

年份	销售收入（亿元）	利税总额（亿元）	利税率	年份	销售收入（亿元）	利税总额（亿元）	利税率
1991	726.8	74.0	10.18%	2000	3560.4	402.4	11.30%
1992	1187.4	133.2	11.22%	2001	4253.7	502.1	11.80%
1993	1834.3	178.8	9.75%	2002	5947.7	752.0	12.64%
1994	1853.5	135.7	7.32%	2003	8144.1	1032.8	12.68%
1995	2175.1	226.8	10.43%	2004	9134.3	1063.6	11.64%
1996	2330.4	211.0	9.05%	2005	10108.4	981.9	9.71%
1997	2635.0	232.7	8.83%	2006	13818.9	1482.3	10.73%
1998	2742.5	226.0	8.24%	2007	17201.4	1916.9	11.14%
1999	3114.7	318.5	10.23%	2008	18767.0	1821.6	9.71%

资料来源：中国汽车工业协会. 中国汽车工业年鉴(2009). 具体数据经整理和计算得出。

3. 产品竞争力

产业的竞争可以用产品的竞争体现出来，考察产品的价格、产品的结构、产品的质量、产品的服务等都是评价产品竞争力的有效途径。产品价格基本上是以产品价值为基础，产品价值能体现出产品质量，所以产品价格变化和比较可以在一定程度上反映出产品质量水平。本书以进出口商品价格比、产品结构变化、出口产品价格指数三个二级指标进行评价。其中，进出口商品价格比＝出口商品价格/进口商品价格；出口产品价格指数＝报告期(产品出口总额/出口数量)/基期(产品出口总额/出口数量)。

汽车产品竞争力主要是通过汽车产品的差异化、汽车的价格、汽车质量、售后服务等体现出来的。考察汽车产品的差异化，我们可以考察汽车产品的结构。汽车产品基本上是从载货车、客车和乘用车三个方面来进行分类的。载货车可以分为重型、中型、轻型、微型载货车。客车可以分为大型、中型、轻型、微型客车。从表 5.5 中可以看出，我国载货车的生产数量占全国汽车总生产量的比重呈现逐年下降的趋势，1991 年占比 63.77%，2008 年占比 24.29%，年均下降率 9%；客车生产数量占比基本保持稳定，因为我国汽车总产量是快速增加的，所以客车的生产绝对量是增加的；轿车的占比增加的速度很快，1991 年占比 11.43%，到 2008 年占比

53.91%，占了全国汽车生产总量的“半壁江山”。我国中重型载货车2007年生产726024辆，2008年生产1066110辆，连续两年居于世界第一；我国大中型客车2007年生产344005辆、2008年生产447149辆连续两年居于世界第一；我国轻型商用车2007年生产1431311辆、2008年生产1094097辆，连续两年居于世界第二位，仅次于美国；我国乘用车2007年生产6381116辆、2008年生产6737745辆连续两年居于世界第二位，仅次于日本；我国的汽车生产总量2009年、2010年连续两年居于世界第一。这些数据都说明了我国汽车商品有较强的竞争力。如表5.9所示。

表5.9　1991～2008年我国汽车生产量产品结构变化情况

年份	载货车	客车	轿车	合计
1991	63.77%	24.79%	11.43%	100%
1992	60.00%	25.67%	15.32%	100%
1993	59.75%	22.53%	17.71%	100%
1994	58.07%	23.43%	18.50%	100%
1995	49.69%	27.91%	22.40%	100%
1996	46.69%	26.79%	26.52%	100%
1997	41.66%	27.52%	30.82%	100%
1998	40.65%	28.20%	31.15%	100%
1999	41.29%	27.80%	30.91%	100%
2000	36.35%	34.28%	29.37%	100%
2001	34.30%	35.65%	30.05%	100%
2002	33.57%	32.84%	33.59%	100%
2003	27.64%	26.50%	45.86%	100%
2004	29.88%	24.51%	45.61%	100%
2005	26.45%	25.06%	48.49%	100%
2006	24.08%	22.77%	53.15%	100%
2007	24.29%	21.70%	54.01%	100%
2008	24.29%	21.80%	53.91%	100%

资料来源：中国汽车工业协会.中国汽车工业年鉴(2009).具体数据经整理和计算得出。

但是从另一方面来看，我国汽车产品中在国际市场中具有较高信誉的品牌却很少，特别是轿车，大多还在使用国外合作方的品牌。而世界知名的通用、福特、丰田、大众、雷诺等汽车厂商，每个厂商都有几个甚至更多的国际品牌，并且每一种品牌汽车都有几种不同档次、不同品种、不同规格的车型。2008年中国汽车产销量前三名的汽车厂商为上海汽车工业集团总公司、中国第一汽车集团公司、东风汽车公司，只有一汽的红旗是唯一真正拥有自主知识产权的具有一定知名度的国内品牌，其他的基本上都是外国厂商的品牌。对于未来更多地依靠品牌竞争的我国汽车厂商来说与国外相比还有相当大的差距。

从我国汽车出口数量和商品价格、进口数量和价格和进出口价格比等指标数据可以看出，我国出口汽车的数量在不断增加、出口金额在不断扩大、出口价格竞争力在逐步提高。

从我国汽车出口价格指数可以看出，我国出口汽车的竞争力是在逐步增强的，尽管出口的多是国外跨国公司的汽车品牌，但是国际市场竞争力确实在提高。当然这些都是在国家的关税保护下实现的，这从另一个侧面说明我国汽车在世界市场还没有进入到品牌营销的高级阶段，还是以量大价廉为国际市场营销策略。见表5.10和表5.11。

表5.10 1995～2008年我国汽车产品进出口价格比

年份	出口数量（辆）	出口金额（万美元）	出口商品价格A（万美元）	进口数量（辆）	进口金额（万美元）	进口商品价格B（万美元）	进出口商品价格比（A/B）
1995	17747	34529	1.946	159115	172080	1.081	1.800
1996	15112	43443	2.875	75863	142261	1.875	1.533
1997	14868	54066	3.636	49039	115021	2.345	1.551
1998	13627	9383	0.688	40216	125297	3.116	0.221
1999	10095	48038	4.758	35192	157593	4.478	1.062
2000	27136	135314	4.986	42703	193469	4.530	1.101
2001	26073	108012	4.143	71398	208559	2.921	1.418
2002	28645	169756	5.926	127513	428749	3.362	1.763
2003	45777	260607	5.693	171710	745534	4.341	1.311
2004	136258	447309	3.283	175480	818041	4.662	0.704
2005	164258	688079	4.189	161324	774898	4.803	0.872
2006	343379	966124	2.183	227773	1074891	4.719	0.462
2007	614412	1257213	2.046	314130	1475837	4.698	0.436
2008	681008	2043016	3.000	409769	1954868	4.771	0.629

资料来源：中国汽车工业协会.中国汽车工业年鉴（2009）.具体数据经整理和计算得出。

表5.11　1995～2008年我国汽车出口产品价格指数(以1995年为基期)

年份	1995	1996	1997	1998	1999	2000	2001
出口商品价格	1.946	2.875	3.636	0.688	4.758	4.986	4.143
产品质量指数	1.0	1.477	1.868	0.353	2.445	2.562	2.129
年份	2002	2003	2004	2005	2006	2007	2008
出口商品价格	5.926	5.693	3.283	4.189	2.183	2.046	3.000
产品质量指数	3.045	2.925	1.687	2.153	1.122	1.051	1.541

资料来源:中国汽车工业协会.中国汽车工业年鉴(2009).具体数据经整理和计算得出。

4. 技术竞争力

产业竞争的核心在于技术优势的竞争。产业技术水平高,产业的劳动生产率就高,产业的生产成本就低,产业的生存竞争力就越强。本书以汽车产业研究与发展经费支出占比、劳动生产率的变化两个二级指标来进行评价。其中,汽车产业研究与开发经费支出占比用以下三个数值来考察:汽车产业研究与发展经费支出占比=汽车产业研究与发展经费支出数额/汽车产业总产值、汽车产业研究与开发经费支出占比=汽车产业研究与发展经费支出数额/汽车产业总销售收入、汽车产业研究与发展经费支出占比=汽车产业研究与发展经费支出数额/汽车产业工业增加值;劳动生产率的变化以每人每年生产的汽车产量来表示,每人每年生产的汽车产量等于汽车总产量除以职工总人数,另外用汽车产业全员劳动生产率(增加值)来体现劳动生产率的变化。

从表5.12中可以看出,从1998年至2008年我国汽车产业研究与发展经费支出占汽车产业总产值和占汽车产业销售收入的比重基本上在2%以下,占汽车产业工业增加值都在10%以下。这与美国、德国、日本、韩国、法国等国的汽车产业占销售收入、总产值投入比例高达5%以上是无法比拟的,占工业增加值更是高达15%以上,每年研发经费的绝对额高达几百亿,高投入的研发经费造就了外国汽车产业高的技术水平,国外的汽车技术专利开发层出不穷,我国企业的研发投入相形见绌,技术差距难以避免。由于我国汽车企业研发经费少,科研能力低下,使得我国汽车科技与世界汽车发达国家科技差距越拉越大,除了中型载货车具备自主开发新车型的能力之外,其他车型,特别是轿车,大都不具备整车开发能力,缺乏自主开发车型的能力,我国汽车制造技术与国外的差距还很大,产品的更新换代只能通过购买国外汽车厂商的设计图纸、制造工艺和特许使用权等方式来实现,在关键的零部件上,如发动机、齿轮箱、汽车电子设备及高技术产品等有的还需要从国外进口。研究与开发、设计现在已经成为我国汽车产业最薄弱最落后的环节。

表 5.12　1998～2008 年我国汽车产业研发经费支出占比

年份	研究与发展经费支出(亿元)	占总产值比重	占销售收入比重	占增加值比重
1998	38.2	1.37%	1.39%	5.77%
1999	57.4	1.83%	1.84%	7.66%
2000	67.7	1.87%	1.90%	7.83%
2001	58.6	1.32%	1.38%	5.55%
2002	86.2	1.38%	1.44%	5.67%
2003	107.3	1.28%	1.32%	4.98%
2004	129.5	1.37%	1.42%	5.92%
2005	167.8	1.64%	1.66%	7.59%
2006	244.8	1.75%	1.77%	7.27%
2007	308.8	1.79%	1.79%	7.46%
2008	388.7	2.07%	2.07%	9.47%

资料来源：中国汽车工业协会. 中国汽车工业年鉴(2009). 具体数据经整理和计算得出。

从表 5.13 可以看出，从 1991 年至 2008 年我国汽车产业全员劳动生产率(增加值)是逐年递增的。从 1991 年 10214 元/人年上升到 2008 年 209256 元/人年，年均增长率 108%。从劳动生产率来看，1991 年我国汽车产业的劳动生产率为 0.426 辆/人年，上升到 2008 年 4.765 辆/人年，都说明我国汽车产业工人劳动生产率有显著提高。德国 2000 年汽车产业工人的劳动生产率为 10.11 辆/人年，美国 2000 年为 21.38 辆/人年。显而易见，我国汽车产业劳动生产率与发达国家相比还有很大的差距。

表 5.13　1991～2008 年我国汽车产业全员劳动生产率

年份	总产量(辆)	全年汽车产业职工平均人数(人)	劳动生产率(辆/人年)	汽车产业全员劳动生产率(元/人年)
1991	708820	1665366	0.426	10214
1992	1061721	1809513	0.587	16396
1993	1296778	1913225	0.678	21058
1994	1353368	1959124	0.691	26312
1995	1452737	1971947	0.737	27419
1996	1474905	1943029	0.759	29654
1997	1582628	1991581	0.795	29831

续表

年份	总产量(辆)	全年汽车产业职工平均人数(人)	劳动生产率(辆/人年)	汽车产业全员劳动生产率(元/人年)
1998	1627829	1967329	0.827	33614
1999	1831596	1641480	1.116	45623
2000	2068186	1610883	1.283	53635
2001	2341528	1523916	1.537	69269
2002	3253655	1576465	2.065	96342
2003	4443491	1603411	2.771	134301
2004	5070452	1677066	3.023	130451
2005	5707688	1654775	3.450	133549
2006	7279726	1815175	4.010	185255
2007	8882456	1977394	4.492	210166
2008	9345101	1961281	4.765	209256

资料来源:中国汽车工业协会:中国汽车工业年鉴(2009),具体数据经整理和计算得出。

我国商务部 2005 年发布的《中国汽车产业国际竞争力评价研究》中指出,我国汽车产业的综合竞争力分别是德国的 47.3%,日本的 42.4%,美国的 41.7%,我国汽车产业与世界汽车产业强国美国、德国、日本等相比国际竞争力极弱。

通过以上统计数据分析可以看出,从总体趋势上来看,我国汽车产业的总量竞争力、产品竞争力、市场竞争力、技术竞争力四个指标都有一定程度的提高,但同时可以发现我国汽车产业与国外汽车产业相比,我国汽车产业具有集中程度低、研发经费少、技术进步慢、创新能力弱、劳动生产率低、企业规模不经济、民族汽车品牌成长缓慢等问题。由此得出的结论是,我国对汽车产业的贸易保护没有达到预期的目标,我国汽车产业的国际市场竞争力与发达国家相比还有一定的差距。

5.3.3　我国汽车产业竞争力影响因素的实证分析——基于 1980～2009 年数据

1. 变量构造

本书认为,一国汽车产业竞争力主要是通过一国汽车产品进出口情况体现出来的,如果一国汽车产品出口数量大于进口数量或出口金额大于进口金额,则表明该国汽车产业具有较强的国际市场竞争力。因此这里选用贸易竞争指数来反映一国汽车产业的市场竞争力,并把贸易竞争指数定义为$(E-I)/(E+I)$,其中 E 代表汽车出口，I 代表汽车进口，即贸易竞争指数＝产品净出口/产品进出口总额，其中，产品净出口＝产品出口－产品进口，产品进出口总额＝产品出口额＋产品进口额。一国汽车产业市场竞争力随该国汽车产业贸易竞争指数的变化而变化，即一国的汽车产业贸易竞争指数越大，该国在汽车产业上竞争力越强，一国的汽车产业贸易竞争指数越小或为负值，则该国在汽车产业上竞争力越弱。如果贸易指数数值越接近 1，说明该产业的国际竞争力越强。因此，本书选取一国汽车产业贸易竞争指数来代表一国汽车产业的市场竞争力，并将其作为计量模型中的被解释变量。

关于模型中的解释变量的选择，本书主要从市场供给的角度出发，假设世界汽车市场对一国汽车产品的需求无限大，从实践上来看这一假设对一国汽车产业来说在一定程度上也是可以成立的。本书对我国汽车产业竞争力的评价一级指标体系包括市场竞争力、总量竞争力、产品竞争力和技术竞争力，显然市场竞争力与总量竞争力、产品竞争力和技术竞争力是密切相关的，市场竞争力可以看成是基于总量竞争力、产品竞争力和技术竞争力所实现的一个综合结果，所以这里以研发经费投入占销售收入比例、工程技术人员占总员工的比例、汽车产业工作效率来代表技术竞争力和产品竞争力、以汽车产业年总产量代表总量竞争力来进行汽车产业竞争力的计量分析。这是因为，用研发经费投入占销售收入比例作为产业技术竞争力指标，可在一定程度上反映该国在该产业的创新能力，从理论上说如果一国在汽车产业投入研发资金越多，该国在汽车产业的创新能力也就越强，在国际市场上的竞争力也就越强。用工程技术人员占总员工的比例作为衡量一国在汽车产业上投入的人力资本变量，可在一定程度上反映该国产业的技术创新能力，该国在汽车产业投入人力资本越多，汽车产品的生产工艺、流程、质量和服务就会提高，市场竞争实力就会增强。用每人每年生产的汽车数量作为汽车产业工作效率，可在一定程度上反映该国在该产业的产品效率、用工效率、反映出产业的产出能力和技术竞争能力，随着工作效率的提高，该国汽车产业就更容易实现节约用工规模，实现汽车产品从劳动密集型向知识密集型、资本密集型、技术密集型的转变，实现规模经济效应，提升本国汽车产业的国际市场竞争力。用汽车产业年总产量作为汽车产业的总量竞争力，可在一定程度上反映一国汽车产业是否存在规模经济，如果一国汽车产业存在规模经济，那么随着汽车生产总产量不断增加，该国汽车产业生产成本就会趋于下降，该国汽车销售价格下降，从而国际竞争力提高，更容易进入国际市场，占领更多的国际市场份额。

从计量分析的角度，这里用 IC 代表我国汽车产业竞争力，本书以出口竞争力为代表；用 RD 代表技术竞争力，本书以产业研发经费投入占销售收入的比例为代表；用 TQ 代表总量竞争力，本书以汽车产业年生产总量为代表；用 EP 代表人力资本，用工程技术人员占总员工的比例为代表；用 WE 代表汽车产业的工作效率，定义为每人每年所生产的汽车数量。

2. 数据来源及说明

本书中所用的我国汽车产业出口额、进口额、汽车产业研发经费投入、销售收入、工程技术人员数量、年末总员工人数、汽车产业年总产量等数据来自中国汽车工业协会编写的历年《中国汽车工业年鉴》,具体数据经整理和计算得出。本书数据的时间跨度为1980～2009年。计量工具软件为EVIEWS 6.0。

3. 回归分析

(1) 在回归分析之前,首先对变量之间的相关性进行分析,结果见表5.14。

表5.14 相关系数矩阵

	EP	*IC*	*RD*	*TQ*	*WE*
EP	1				
IC	0.92	1			
RD	0.87	0.90	1		
TQ	0.79	0.85	0.70	1	
WE	0.82	0.88	0.74	0.99	1

由表5.14可以看出,从解释变量之间相关系数的角度来看,*WE*与*TQ*之间的相关系数达到99%,存在高度正相关关系,这说明这两个变量同时作为解释变量时可能会存在共线性问题;*RD*与*EP*之间的相关系数也高达0.87,存在较高的正相关关系,这两个变量同时作为解释变量进行回归时也可能会产生共线性问题;从被解释变量与解释变量之间的相关性来看,解释*EP*、*RD*、*TQ*、*WE*与被解释变量*IC*之间的相关系数均在0.85以上,且均为正相关,这说明被选择的这些解释变量是可以用来解释汽车产业竞争力的。

(2) 回归分析。本书建立多元回归模型,并采用普通最小二乘法对各变量的系数进行估计。模型为

$$IC = a + bRD + cTQ + dEP + eWE + u \tag{1}$$

其中,a,b,c,d,e为变量系数;u为随机误差项。结果见表5.15。

表5.15 回归结果

	IC(模型1)	*IC*(模型2)	*IC*(模型3)
常数	−1.255830 (0.0000)	−1.341245 (0.0000)	−1.558741 (0.0000)
RD	0.249037 (0.0011)	0.246347 (0.0019)	0.263157 (0.0042)
TQ	−6.31E−08 (0.2363)	3.63E−08 (0.0024)	
EP	0.035705 (0.1092)	0.053761 (0.0144)	0.088396 (0.0003)

续表

	IC(模型 1)	IC(模型 2)	IC(模型 3)
WE	0.227721 (0.0627)		
R_2	0.934123	0.923662	0.888988
调整后的 R_2	0.923143	0.914501	0.880448
DW	1.172028	1.007725	0.689920

注:括号中的数值为 P 值。

按照方程(1)中建立的模型进行回归,可以得到模型 1。从模型 1 中的回归系数中可以看出反映总量竞争力前的回归系数为负数,这显然与我们想借重汽车生产产量的扩张来实现我国汽车产业竞争力的提高的预期是相反的,即我国汽车产业并没有反映出规模经济在提高我国汽车产业国际竞争力上的所发挥的作用,并且括号中的 p 值并没有通过显著性检验,这也在一定程度上说明依托产量的增加来提升产业竞争力的设想可能与现实是相反的。变量 EP 和 WE 前的回归系数均为正数,说明我国汽车产业竞争力随着该产业上的人力资本投入的增加和工作效率的提高而提升,这与正常认知的预期是一致的,但通过 p 值可以看出这两个系数都没有通过显著性检验,可能是这两个变量之间存在共线性所导致的;变量 RD 的回归系数为正并且通过了显著性检验,这说明研发经费的投入在提高我国汽车产业国际竞争力方面的确起到积极的推动作用;从 R_2 与调整后的 R_2 来看,该模型的模拟效果还是比较好的;从 DW 值来看,该模型存在一定的序列正相关。

由于在相关系数矩阵中解释变量 WE 与其他解释变量存在高度正相关,这样就导致了模型 1 中存在多重共线性问题,一些回归系数没有通过显著性检验,因此在模型方程(1)的基础上,将解释变量 WE 去掉重新进行回归分析可以得到模型 2。从模型 2 的回归系数中可以看出,去掉解释变量 WE 之后,除常数项之外,所有解释变量系数均为正值,这与正常的认知预期是相同的,并且根据括号中 p 值可以看出,这些系数均通过了显著性检验,R_2 与调整后的 R_2 都超过了 0.9,这也是比较合意的;从 DW 值来看,DW 值小于 2,这说明该模型存在一定的序列正相关。

为了改善模型的回归效果,将解释变量 TQ 去掉,并在模型 2 基础上进行进一步回归,可以得到模型 3。从模型 3 中的回归系数中可以看出,所有回归系数都通过了显著性检验,回归系数的符号与预期相同;从 R_2 与调整后的 R_2 看,拟合效果还都不错;由于 DW 值小于 2,因此模型 3 仍存在一定的序列正相关。

根据对以上三个回归模型的分析,可以判断模型方程 3 最为符合要求,为了验证各变量之间确实存在模型 3 所反映的线性关系,需要对以上变量进行协整检验,从而来证明三者之间确实存在上述协整关系。

(3) 协整检验。为了验证模型 3 中各变量之间存在协整关系,这里分别对三个变量序列进行平稳性检验。首先对三个变量序列进行水平的平稳性检验,检验结果如表 5.16 和表 5.17 所示。

表 5.16　ADF 单位根检验

变量	ADF	临界值
IC	−1.732677(0,0,1)	−2.653401
RD	−0.346324(0,0,0)	−2.650145
EP	−3.417715(0,0,0)	−2.650145

表 5.17　ADF 单位根检验

变量	ADF	临界值
d*IC*	−3.249308(0,0,0)	−2.653401
d*RD*	−5.357189(0,0,0)	−2.653401
d*EP*	−3.866347(c,0,0)	−2.653401

从以上检验结果可知，三个变量水平序列都是不平稳的，经过一阶差分之后，三个变量序列都变成了平稳序列，因此它们都是 I(1)序列。

为了检验三个变量之间是否存在协整关系，需要对回归模型 3 残差进行单位根检验，检验结果结果如表 5.18 所示。

表 5.18　残差单位根检验

Null Hypothesis：U has a unit root				
Exogenous: Constant				
Lag Length:0 (Automatic based on SIC, MAXLAG=6)				
			t-Statistic	Prob.*
Augmented Dickey-Fuller test statistic			−2.941828	0.0048
Test critical values:	1% level		−2.650145	
	5% level		−1.953381	
	10% level		−1.609798	

从以上检验结果可知，回归模型 3 残差是平稳的，因此模型 3 中的三个变量存在协整关系，即 $IC=-1.558741+0.263157RD+0.088396EP$。

4. 对回归结果的解释与分析

从回归结果 $IC=-2.654212+0.504313RD+0.142285EP$ 来看，提升我国汽车产业整体竞争力的有效途径是加强我国汽车产业研发经费投入和人力资本投入，大力开展汽车产业的基础研究和应用研究。

纵观世界汽车产业发展的历史，汽车产业只有实现不断创新式的发展才能持续生存和发展下去，墨守成规、思想保守、安于现状、不思进取迟早会被残酷的市场竞争所淘汰。汽车产业如何实现不断创新式发展，显然就体现在对汽车产业竞争力影响因素的认知上。当代世界汽车产业竞争力集中体现在创造力上，加大研发经费的投入就是要适应这种市场需求的变化，研究开发节能、环保、人性化、智能型的汽车都需要加大研发投入，通过不断创新，增强创造力才能实现。2009 年我国汽车产业研发经费投入 460.6361 亿元，占当年销售收入的比例为 1.934%，远远低于美德日等汽车产业发达国家的 3%～5%的水平，我国汽车产业研发经费投入太少，因此很难实现产业创新，这显然是我国汽车产业在国际市场上竞争力较弱的一个主要影响因素。

从模型中还可以发现，加大我国汽车产业的人力资本投入对于提高我国汽车产业竞争力也起到重要的作用。原因是我国汽车产业中工程技术人员占汽车产业就业总人数的比例的增加，也意味着汽车产业工程技术人员绝对数量的增加，技术人员数量的增加显然有利于消化吸收国外汽车产业先进的生产工艺、生产流程和制造技术，推动我国汽车产业技术和生产工艺的不断创新，有利于增强我国汽车产业的创造力，提高我国汽车产业的劳动生产率，提升我国汽车产业的竞争力。

另外，从计量过程中可以看出我国汽车产业年总产量的增加并不必然带来我国汽车产业市场竞争力的增强，国产汽车出口营销能力还有待于进一步提升，我国汽车总产量的增加可能只是意味着我国国内对汽车需求的增加，我国汽车市场的扩大，生产数量和销售数量的增加不是竞争力的增强，我国是汽车大国，但远非汽车强国，这也充分说明了汽车产业的竞争力还是主要体现在产品的设计和研发的不断创新上，单纯的数量增加不是市场竞争的取胜之道。

我国汽车产业未来的发展还面临一些问题，如产品设计、研究与开发的经费投入的绝对额太少、研发经费投入占销售收入的比例太小、自主品牌培育意识和能力不足，营销缺乏创新，整个汽车产业尚缺乏足够的创造力，另外我国国内汽车产业大多采取与国外合资合作的发展模式，这就使我国汽车产业自主发展受到制约，很难在产品设计、核心技术研发、品牌创新、营销网络上有所突破，这已为我国汽车产业发展的历史所印证。

5.4 汽车产业竞争力影响因素的国际比较——基于日本、韩国汽车产业 1994～2009 年面板数据的实证分析

为了比较世界上不同国家的汽车产业竞争力的影响因素是否相同，这里选取汽车产业比较发达的两个国家日本与韩国的面板数据进行实证分析，从而对不同

国家汽车产业竞争力的影响因素进行比较分析。

5.4.1　变量构造

为了便于比较，这里采用与 5.3 中国汽车产业竞争力影响因素的实证分析中相同的被解释变量和解释变量。鉴于数据的可得性，这里选取国际市场占有率来代表一国汽车产业的市场竞争力，并将其作为计量模型中的被解释变量。这里一国汽车产业的国际市场占有率定义为一国汽车产业的年汽车总产量与世界汽车总产量的比值。这里仍以研发经费投入占总销售收入比例、工程技术人员占总员工的比例、汽车产业工作效率、汽车产业年总产量为模型中的解释变量来进行计量分析。显然，日本和韩国汽车厂商在国外生产的汽车数量、研发经费投入、人力资本等都没有被包含进去，主要的原因是数据难以得到。这里用 *IC* 代表汽车产业竞争力，本书以国际市场占有率为代表；用 *RD* 代表技术竞争力，本书以产业研发经费投入占销售收入的比例为代表；用 *TQ* 代表总量竞争力，本书以汽车产业年生产总量为代表；用 *EP* 代表人力资本，用工程技术人员占总员工的比例为代表；用 *WE* 代表汽车产业的工作效率，定义为每人每年所生产的汽车数量。

5.4.2　数据来源及说明

这里日本汽车产业的数据来自日本汽车工业协会的统计数据，韩国汽车产业的数据来自韩国汽车工业协会的统计数据，中间有些年份数据是用专家估值法替代的数据，难免有点误差，但对分析日韩汽车产业竞争力影响因素的影响不是很大，可以利用这个计量结果对中日韩汽车产业竞争力的影响因素进行简单地比较分析。所有数据都是经整理和计算得出的。本部分数据的时间跨度为 1994～2009 年。计量工具软件为 EVIEWS 6.0。

5.4.3　回归及结果分析

1. 平稳性检验

为了避免伪回归现象的发生，首先需要对各变量序列进行平稳性检验。JPA、KOR 分别代表日本、韩国。检验结果如表 5.19 所示。

表 5.19　平稳性检验

	*IC*_JPA	*RD*_JPA	*TQ*_JPA	*EP*_JPA	*WE*_JPA
水平序列	非平稳	非平稳	非平稳	非平稳	非平稳
一阶差分	平稳	平稳	平稳	平稳	平稳
	*IC*_KOR	*RD*_KOR	*TQ*_KOR	*EP*_KOR	*WE*_KOR
水平序列	非平稳	非平稳	非平稳	非平稳	非平稳
一阶差分	平稳	平稳	平稳	平稳	平稳

由以上平稳性检验结果可知，所有这些变量的水平序列都是不平稳的，一阶差分之后都变成了平稳序列，因此这些变量序列均满足一阶单整过程，下面进行协整检验。

2. 协整检验

各变量协整检验的结果如表 5.20 所示。

表 5.20 协整检验

Pedroni Residual Cointegration Test					
Series: IC RD TQ EP WE					
Sample: 1994 2009					
Included observations: 16					
Cross-sections included: 2					
Null Hypothesis: No cointegration					
Trend assumption: Deterministic intercept and trend					
Lag selection: Automatic SIC with a max lag of 1					
Newey-West bandwidth selection with Bartlett kernel					
Alternative hypothesis: common AR coefs. (within-dimension)					
				Weighted	
		Statistic	Prob.	Statistic	Prob.
Panel v-Statistic		1.766231	0.0387	−1.304271	0.9039
Panel rho-Statistic		0.149536	0.5594	1.147707	0.8745
Panel PP-Statistic		−4.285940	0.0000	−6.180341	0.0000
Panel ADF-Statistic		−4.258707	0.0000	−3.938121	0.0000
Alternative hypothesis: individual AR coefs. (between-dimension)					
		Statistic	Prob.		
Group rho-Statistic		1.162657	0.8775		
Group PP-Statistic		−6.793627	0.0000		
Group ADF-Statistic		−4.286060	0.0000		

观察上表中的检验结果，可以判断出各变量之间存在协整关系，因此可以采用普通最小二乘法来进行估计。

3. 最小二乘估计

估计结果如表 5.21 所示。

表 5.21　最小二乘估计结果

Dependent Variable: IC				
Method: Pooled Least Squares				
Sample: 1994 2009				
Included observations: 16				
Cross-sections included: 2				
Total pool (balanced) observations: 32				
Variable	Coefficient	Std. Error	t-Statistic	Prob.
RD	−1.542287	0.425204	−3.627172	0.0011
TQ	1.01E-06	1.92E-07	5.276253	0.0000
EP	−0.601368	0.125652	−4.785970	0.0000
WE	0.878313	0.145637	6.030841	0.0000
R-squared	0.977360	Mean dependent var		11.37625
Adjusted R-squared	0.974934	S.D. dependent var		6.427962
S.E. of regression	1.017687	Akaike info criterion		2.989411
Sum squared resid	28.99925	Schwarz criterion		3.172628
Log likelihood	−43.83058	Hannan-Quinn criter.		3.050142
Durbin-Watson stat	0.837292			

根据以上的估计结果可以得到下面的回归方程：

$$IC=(-1.542287)RD+(1.01E-06)TQ+(-0.601368)EP+0.878313WE$$

4. 结果分析

从回归方程 $IC=(-1.542287)RD+(1.01\text{E}-06)TQ+(-0.601368)EP+0.878313WE$ 中可以看出，对于汽车产业比较发达的日本与韩国来说，研发经费投入占销售收入的比例和工程技术人员占总员工比例的提升会导致日本和韩国汽车产业的市场占有率下降；而汽车产业年总产量和汽车产业工作效率的提升会提高日本与韩国汽车产业的市场占有率。

这个实证结果显然与我国汽车产业影响因素的实证结果不同。代表创新能力的研发经费投入占比、代表人力资本因素的工程技术人员占比对于我国提高汽车市场竞争力会起到积极的促进作用，这也为我国提高汽车产业竞争力提高了路径参考。与中国实证结果不同的是，在影响汽车产业市场竞争力的要素中，研发经费投入和人力资本投入对日韩汽车产业的市场竞争力是起反作用的，即日韩汽车产业竞争力会随着本国汽车研发经费投入占比和人力资本投入占比的增加而降低，这与正常的认知是不同的。我认为产生这个结论却从另一个侧面揭示了经济全球化背景下国际分工的新模式。即随着本国劳动力成本的上升,借助于现代通信技术与先进交通工具的应用,日本和韩国等汽车产业比较发达的国家把汽车产业不断地向劳动力较低的中国和其他发展中国家转移,特别是转移生产劳动密集型的加工生产环节,实现就地销售战略,有利于进一步降低生产成本和市场交易成本,汽车产业的国际分工进一步细化,从表面上看,这些国家以本国汽车年产量所反映出国际市场占有率在下降,但日本和韩国汽车厂商在国外生产的汽车数量、研发经费投入、人力资本等都没有被包含进去,这显然是由于这种新型国际分工所导致的产业转移造成的,并不能真实反映出这些国家汽车产业的竞争力,而事实上,这些国家在研发经费投入占比和人力资本积累上继续保持明显优势地位,控制着汽车从研发、设计、品牌建设、营销网络、核心零部件生产等关键性环节,而真正的生产制造环节逐渐转移到发展中国家进行,所以从全球日本品牌汽车和韩国品牌汽车生产和销售总量的实际情况来看,他们的国际市场占有率没有下降,对汽车产业的全球控制力没有消弱,而在不断增强的。由此可见,影响汽车产业市场竞争力的诸因素在不同国家起的作用是有所不同的。

因此,我国汽车产业提高国际竞争力的必由之路就是不断增加研发经费投入的绝对量和相对占比,加强人力资本投入和积累,加强创建世界著名的汽车品牌,不断进行技术创新和营销创新,才能不断提高在国际市场的竞争力。

5.5 我国汽车产业要素投入与全要素生产率的实证分析——基于1980～2009年数据

1957年美国经济学家罗伯特·索洛(Solow)在希克斯中性和规模报酬不变的假定下,将生产函数与全要素生产率结合起来,用于测算全要素生产率增长率。1987年索洛因在研究“科技进步对经济增长的贡献率”方面做出的贡献荣获诺贝尔经济学奖。全要素生产率(Total Factor Productivity,简称TFP)是索洛1957年首次提出的,是用来测算产出中劳动和资本投入没能解释的增值部分,是以残差形式表示的,因此被称为索洛残值,索洛残值一般被认为是由技术进步、生产创新、组织创新、资源优化配置、产业结构调整、制度创新和专业化等产生出来的综合结果。全要素生产率的测算有参数法和非参数法两种。参数法就是利用计量经济模型,通过参数测算获得生产函数中要素生产率的相关信息。非参数法是以数据包络为主,利用线性规划法构建各决策中最大产出或最小投入边界,并根据每决策单元距离该边界距离来判断其相对效率程度。如果研究目的在于找到要素投入的产出弹性,就可以选择参数法。全要素生产率的估算可以分析出各种要素对产出增长的贡献，可以显示产出增长质量、技术进步和管理效率的实际情况，有利于区分产出增长是要素投入型增长还是要素效率型增长，从而为制定和评价现行政策提供理论基础。

索洛残值法不仅适用于国家宏观层面经济增长的测算，也适用于中观层面产业部门科技进步贡献率的测算，还可以测算微观企业的科技进步贡献率。Young(1995)考察"亚洲四小龙"的全要素生产率，结果发现这些国家全要素生产率增长率很低。Krugman(1994)在《东亚奇迹的神话》中认为东亚经济增长是资源投入的结果，不是效率提升所产生的，东亚经济高速增长是不可持续的。徐辉(2009)基于C—D 生产函数用模型分析了技术进步对我国经济增长的贡献。王大鹏等(2009)用 Malmquist 指数法分析了我国高技术产业全要素生产率变化的影响因素。彭国华研究认为全要素生产率可以解释 1982～2002 年我国各省收入差距的主要部分。

我国汽车产业的发展已经有五十多年，研究和分析我国汽车产业发展中劳动和资本要素投入的增长率与贡献率和全要素生产率的增长率，对于了解我国汽车产业发展中要素贡献率和科技进步贡献率，制定我国汽车产业扶持与发展对策是有一定理论意义和实际价值的。本书基于我国汽车产业 1980～2009 年投入产出数据进行实证分析，估算出我国汽车产业的全要素生产率的增长率以及各要素增长率和贡献率，并对结果进行分析。

5.5.1　理论方法与模型的建立

本书在估算我国汽车产业的全要素生产率(Total Factor Productivity)时采用索洛残差法。索洛经济增长模型的经济学意义是产出的增长是由资本和劳动投入量和技术进步带来的，其基本假定是在中性技术进步条件下，规模报酬不变，即在假定没有技术进步的情况下，劳动力和资本存量增长 1%，产出增长 1%。经济增长率减去劳动力增长率和资本存量增长率后的余值就是全要素生产率即索洛余值。索洛残差法开创了经济增长的要素分析模式，首次将技术进步纳入经济增长模型，采用计量分析方法，过程简单易行，对于时间序列数据可以适用，虽然假设技术中性和规模报酬不变的条件与现实经济有所出入，但索洛残差法仍是国内外学术界广泛认可并接受的测算全要素生产率的基本方法。索洛残差法的基本思想是先估算出总量生产函数，再用产出增长率减去各投入要素增长率后的余值来估算 TFP 增长率。这里的生产函数选用柯布－道格拉斯(Cobb-Douglas)生产函数形式。考虑时间因素的生产函数为

$$Y_t = A_t e^{vt} K_t^{\alpha} L_t^{\beta}$$

其中，Y_t 为产出，K_t 为资本投入量，L_t 为劳动投入量，A_t 为技术进步率，t 为时间，α 为资本产出弹性，β 为劳动产出弹性，并且 $0<\alpha,\beta<1$。

对生产函数 $Y_t = A_t K_t^{\alpha} L_t^{\beta}$ 两边取自然对数，得到

$$\mathrm{Ln}Y_t = \mathrm{Ln}A_t + \alpha \mathrm{Ln}K_t + \beta \mathrm{Ln}L_t + v_t$$

其中 v_t 为误差项。在规模报酬不变(即 $\alpha+\beta=1$)的情况下,则有

$$\mathrm{Ln}(Y_t/L_t) = \mathrm{Ln}A_t + \alpha \mathrm{Ln}(K_t/L_t) + v_t$$

这时利用 OLS 法可估算出 α 数值。将 $\mathrm{Ln}Y_t = \mathrm{Ln}A_t + \alpha \mathrm{Ln}K_t + \beta \mathrm{Ln}L_t + v_t$ 两边关于 t 求全微分,可以得到:

$$(\mathrm{d}Y_t/Y_t) = (\mathrm{d}A_t/A_t) + \alpha(\mathrm{d}K_t/K_t) + \beta(\mathrm{d}L_t/L_t)$$

变形后可以得到全要素生产率 *TFP* 的方程

$$(\mathrm{d}A_t/A_t) = (\mathrm{d}Y_t/Y_t) - \alpha(\mathrm{d}K_t/K_t) - \beta(\mathrm{d}L_t/L_t)$$

使用 Δ 增量符号,表示报告期减去基期的差额。TFP 增长率为:

$$\text{TFP 增长率} = (\Delta Y/Y) - [\alpha(\Delta K/K) + \beta(\Delta L/L)]$$

由上可见,索洛残差法估算 TFP,关键是估算出资本产出弹性 α 和劳动产出弹性 β 值。确定 α,β 值的方法有回归分析法、理论分析法和经验确定法。本书选用回归分析法,运用 Eviews 6.0 软件采用普通最小二乘法(OLS)对参数 α 进行估算,再根据 $\beta=1-\alpha$ 求出 β 值,再根据上面公式计算出 TFP 增长率和 TFP 贡献率。

5.5.2 数据来源与说明

本书所有数据均来源于中国汽车工业协会编写的历年《中国汽车工业年鉴》,具体数据经整理和计算得到。本书我国汽车产业产出值用我国汽车工业增加值来表示,我国汽车产业的劳动投入量用全年汽车工业职工平均人数来表示,资本投入量用固定资产原值来表示(由于存货数据只有 2009 年年鉴有,其他各年均没有存货数据)。本书数据的时间跨度为 1980～2009 年。计量工具软件为 Eviews 6.0。

5.5.3 回归分析

利用已知的样本数据经过处理就可以通过 OLS 方法得到 α 数值。以下用 Y 代表我国汽车工业增加值(万元),L 代表全年汽车工业职工平均人数(人),K 代表固定资产原值(万元)。

首先对样本数据利用 Eviews 6.0 软件通过普通最小二乘法进行回归分析,可以得到如下结果(如表 5.22 所示):

$$\mathrm{Ln}Y = -10.57 + 0.99\mathrm{Ln}K + 0.70\mathrm{Ln}L$$

表 5.22 回归分析结果

变量	系数 t	标准差 r	T 值	P 值
常数项	−10.57374	4.089478	−2.585596	0.0157
LnK	0.990028	0.048451	20.43363	0.0000
LnL	0.698442	0.325251	2.147396	0.0413
R^2	0.977809	F 值		572.8334
修正的 R^2	0.976102	DW 值		0.476013

从表 5.22 可知，各项系数的 P 值均小于 0.05，这说明这些系数均通过了显著性检验；从拟合优度与修正的拟合优度来看，两者均大于 0.97，这说明解释变量对被解释变量可以有很好的解释；通过 F 值可以看出，模型通过了显著性检验；但 DW 值明显小于 2，说明序列存在严重的自相关。

为了消除自相关性，本书在估算资本产出弹性和劳动产出弹性时对生产函数 $Y_t=A_t e^{vt} K_t^{\alpha} L_t^{\beta}$ 两边同时除以 L，变成人均形式的生产函数，再两边取对数，再对时间 t 求一阶导数，可得到含有 $AR(1)$ 过程的估算方程：

$$\mathrm{Ln}(Y/L)=-0.02+0.2\mathrm{Ln}(K/L)+0.8\mathrm{Ln}(Y/L)(-1)$$

从表 5.23 可知，除了常数项没有通过显著性检验之外，其他的回归系数基本上可以认为通过了显著性检验；拟合优度以及修正后的拟合优度均超过了 0.98，这说明模型拟合效果很好；这里 DW 值已接近 2，这说明模型已经消除序列自相关。根据蒋晶晶、冯邦彦（2010）在《广东省要素投入与全要素生产率的实证分析》一文中的估算方法，本书得到资本产出弹性 $\alpha=0.2$。根据假定 $\alpha+\beta=1$ 可以求出劳动产出弹性 $\beta=1-\alpha=0.8$。

表 5.23　最小二乘估计结果

Dependent Variable: Ln（Y/L）				
Method: Least Squares				
Sample (adjusted): 1982 2009				
Included observations: 28 after adjustments				
	Coefficient	Std. Error	t-Statistic	Prob.
C	−0.024219	0.126128	−0.192018	0.8493
Ln（K/L）	0.200545	0.124105	1.615924	0.1087
Ln（Y/L）(−1)	0.808940	0.115895	6.979936	0.0000
R-squared	0.988628	Mean dependent var		1.012363
Adjusted R-squared	0.987718	S.D. dependent var		1.420496
S.E. of regression	0.157426	Akaike info criterion		−0.75877
Sum squared resid	0.619571	Schwarz criterion		−0.61603
Log likelihood	13.62277	Hannan-Quinn criter.		−0.71513
F-statistic	1086.664	Durbin-Watson stat		1.794641
Prob(F-statistic)	0.0000			

根据计算全要素生产率的增长率公式，并根据“要素贡献率＝要素弹性＊要素增长率/产出增长率”公式来计算各要素对产出增长的贡献率。具体计算结果如表 5.24 所示。

表 5.24　1981～2009 年我国汽车行业各要素增长率和贡献率

年份	工业增加值增长率	全要素生产率增长率	技术贡献率	资本增长率	资本贡献率	劳动增长率	劳动贡献率
1981	−21.6528%	−22.3662%	103.2948%	5.61130%	−5.18300%	−0.5111%	1.88820%
1982	12.7062%	7.92980%	62.4084%	6.82030%	10.7353%	4.2655%	26.8563%
1983	42.7245%	31.6361%	74.0467%	11.3875%	5.33070%	11.0136%	20.6226%
1984	50.6736%	33.9612%	67.0195%	20.2123%	7.97750%	15.8374%	25.0030%
1985	70.6230%	52.3536%	74.1311%	27.0749%	7.66750%	16.0680%	18.2014%
1986	−32.5467%	−25.4763%	78.2760%	2.19490%	−1.3487%	−9.3868%	23.0727%
1987	20.7155%	14.7161%	71.0392%	17.2670%	16.6706%	3.1825%	12.2902%
1988	43.9899%	27.9139%	63.4553%	22.5823%	10.2670%	14.4494%	26.2777%
1989	12.5643%	5.80550%	46.2063%	16.5577%	26.3569%	4.3090%	27.4368%
1990	−1.0374%	−1.2576%	121.2285%	9.68950%	−186.8095%	−2.1471%	165.5810%
1991	41.3902%	29.3862%	70.9979%	26.6129%	12.8595%	8.3518%	16.1425%
1992	74.1424%	61.2804%	82.6523%	29.6878%	8.00830%	8.6556%	9.33940%
1993	35.7979%	25.0730%	70.0405%	30.6983%	17.1509%	5.7315%	12.8086%
1994	27.9519%	18.9720%	67.8736%	35.3036%	25.2602%	2.3990%	6.86620%
1995	4.88480%	−3.8936%	−79.7074%	41.2739%	168.9880%	0.6545%	10.7194%
1996	6.54860%	2.92100%	44.6059%	24.0035%	73.3091%	−1.4665%	−17.9150%
1997	3.12390%	−4.2456%	−135.9099%	26.8525%	171.9180%	2.4988%	63.9918%

续表

年份	工业增加值增长率	全要素生产率增长率	技术贡献率	资本增长率	资本贡献率	劳动增长率	劳动贡献率
1998	11.3101%	7.70040%	68.0843%	22.9194%	40.5291%	−1.2177%	−8.6134%
1999	13.2450%	26.3173%	198.6958%	0.89070%	1.34500%	−16.5630%	−100.0408%
2000	15.3707%	14.1665%	92.1656%	13.4770%	17.5359%	−1.8640%	−9.7015%
2001	22.1618%	24.9303%	112.4918%	7.75280%	6.99650%	−5.3987%	−19.4883%
2002	50.1347%	45.1946%	90.1464%	10.9071%	4.35110%	3.4483%	5.50240%
2003	35.8803%	33.1694%	92.4447%	6.71730%	3.74430%	1.7093%	3.81100%
2004	1.59700%	−5.2336%	−327.7074%	15.7783%	197.5969%	4.5936%	230.1105%
2005	1.01360%	−0.9861%	−97.2848%	15.3155%	302.1865%	−1.3292%	−104.9017%
2006	52.1631%	40.7489%	78.1184%	18.2981%	7.01570%	9.6932%	14.8659%
2007	23.1584%	13.0857%	56.5053%	14.6160%	12.6227%	8.9368%	30.8720%
2008	−0.9011%	−1.5413%	171.0516%	6.46060%	−143.3971%	−0.8149%	72.3454%
2009	31.0608%	14.6661%	47.2173%	53.3629%	34.3603%	7.1527%	18.4224%

5.5.4 估算结果分析

从表5.24中可以看出，我国汽车产业增加值的增长率除了1981年、1986年、1990年、2008年四个年度是负值之外，其他25年都为正值，说明我国汽车产业是不断持续发展的，这四个年份的减少可能的原因在于市场环境、当年居民实际购买力下降、国际经济与金融的冲击等。

从资本增长率来看，我国汽车产业一直处于扩大投资、资本扩张的状态，这显然为我国目前汽车生产量世界第一做出了贡献，也使得我国目前汽车生产厂家众多，生产集中度较低，汽车产业还没有充分实现规模经济。从资本贡献率来看，除了1981年、1986年、1990年、2008年四个年度是负值之外，其他25年都为正值，这说明资本投入的增加对我国汽车产业的发展壮大是起到重要贡献的，资本贡献率与我国汽车产业增加值的增长率的趋势是相同的。产生负值的原因可能是由于金融环境造成的资本使用成本上升、资本投入不足、技术瓶颈造成的投资减少、人力资本投资下降等因素造成的。

从劳动增长率数值来看，除了1981年、1986年、1990年、1996年、1998年、2000年、2001年、2005年、2008年九年的数值为负之外，其他20年的数值为正。这说明了劳动投入的不断增加对我国汽车产业从整体上来看是起到促进作用的，只是个别年份可能是由于职工下岗分流、熟练工人减少、技术人员流失等因素造成的。从劳动贡献率数值来看，除了1996年、1999年、2000年、2001年、2005年五年为负值外，其他24年都为正值，说明我国汽车产业的发展与劳动投入的贡献是密不可分的。产生负值可能的原因是汽车技术人员减少、熟练工人数量下降、汽车人才储备不足、人力资本投资减少等因素造成的。把劳动贡献率与资本贡献率进行同期比较，结果发现在29年数据中，有11年资本贡献率超过劳动贡献率，有18年劳动贡献率超过资本贡献率，这说明了在我国汽车产业发展的过程中，资本投入的不断增加和劳动投入的不断增加都对我国汽车的发展起到了积极的贡献作用。

从技术贡献率来看，除了1995年、1997年、2004年、2005年为负值外，其他25年均为正值，这表明了在我国汽车产业发展过程中技术进步起到很大的贡献，突出体现在我国汽车产业年生产总量的上升，民族汽车自主创新能力的不断提升，民族汽车产业市场占有率的不断增加，国外汽车跨国公司的研发设计中心不断移居中国所产生的技术溢出效应和竞争效应都促进了我国汽车技术的不断提升，因此技术进步与创新对我国汽车产业的持续发展贡献很大。其中产生负值的原因可能是由于我国汽车工程技术人员的流失、研发经费投入不足、人力资本减少、技术创新瓶颈等因素造成的。

从全要素生产率的增长率来看，除了1981年、1986年、1990年、1995年、1997年、2004年、2005年、2008年为负值外，其他21年均为正值。这说明全要素生产率的增长率对我国汽车产业的发展也是起到了积极的促进作用的。可能的原因是来源于技术进步、生产创新、组织创新、资源优化配置、产业结构调整、制度创新和专业化等产生的结果。其中产生负值的原因可能是由于我国对汽车产业结构调整过程中、或对汽车产业制度重新设计安排过程中、或是资源在优化配置的初期等因素造成的。

总之，从资本产出弹性和劳动产出弹性数值以及表 5.23 的 1981～2009 年我国汽车行业各要素增长率和贡献率数值来看，表明了我国汽车产业在发展壮大过程中，劳动投入、资本投入、科学技术进步与创新、制度安排等都起到了积极的促进作用，只是在不同年份贡献的大小略有不同。劳动投入比资本投入的产出弹性大($\beta>\alpha$)，这也与我国汽车产业发展现状基本吻合。我国目前国内汽车市场以日、韩、美、德、法系汽车为主，自主品牌汽车所占市场份额虽然不断提高，还是相对较少，中高端汽车品牌几乎全是外国品牌，很多国内汽车厂家成为了外国汽车全球产业链中的附加值最低环节，只是从事劳动密集型的汽车零部件加工、汽车组装和指定程序加工制造环节，有形资本和无形资本的投入取决于跨国汽车企业的全球战略，不再局限于单一中国市场，所以对我国汽车产业的产出来说劳动投入的弹性要大。这与汽车产业在当今历史条件下的国际分工新形势是紧密相关的。

因此，我国汽车产业只有坚持走技术进步、自主研发设计、品牌战略、营销创新等高端发展之路，不断优化劳动投入和资本投入的数量和质量，才能突破汽车跨国巨头的技术封锁和市场垄断，真正走出一条自强、自立、可持续发展的民族汽车产业的强盛之路。

5.6　本章小结

本章基于我国汽车产业竞争力的现状对我国幼稚产业保护的实践进行了实证分析。首先回顾了我国幼稚产业保护的历史，接着阐述了我国汽车产业的发展与现状，然后通过三个不同的侧面对我国的汽车产业进行了实证分析。一是从影响我国汽车产业市场竞争力的因素的角度，利用 1980～2009 年的数据进行计量分析，结果发现研发经费投入和人力资本投入有利于提高我国汽车产业竞争力，单纯的数量优势并不能达到效果。二是为了把我国与世界其他国家的汽车产业竞争力影响因素进行国际比较，选取了日本和韩国两个典型国家，通过实证发现，对于汽车产业比较发达的日本与韩国来说，研发经费投入占销售收入的比例和工程技术人员占总员工比例的提升会导致日本和韩国汽车产业的市场占有率下降；而汽车产业年总产量和汽车产业工作效率的提升会提高日本与韩国汽车产业的市场占有率，这与中国是不同的，可能的原因是来源于经济全球化背景下国际分工的新模式。三是基于 1980～2009 年数据对我国汽车产业要素投入与全要素生产率进行实证分析，结果表明在我国汽车产业在发展壮大过程中，劳动投入、资本投入、科学技术进步与创新、制度安排等都起到了积极的促进作用，但劳动投入比资本投入的产出弹性大（$\beta>\alpha$），也揭示出我国汽车产业发展处于全球汽车制造产业链条中的劳动密集型环节的现状，这与汽车产业在当今历史条件下的国际分工新形势是紧密相关的。因此，我国汽车产业只有坚持走技术进步、自主研发设计、品牌战略、营销创新等高端发展之路，不断优化劳动投入和资本投入的数量和质量，才能突破汽车跨国巨头的技术封锁和市场垄断，真正走出一条自强、自立、可持续发展的民族汽车产业的强盛之路。

第 6 章　我国汽车产业战略性贸易政策效果的实证分析——以轿车为例

战略贸易政策理论的产生与发展，为我们分析和研究“在不完全竞争条件下的进出口厂商和政府如何实现最优贸易政策，如何才能实现本国厂商和国家收益的最大化”提供了思路。在寡头垄断市场中市场价格大于边际成本，商品价格存在扭曲现象，寡头厂商获得超额利润。但政府可以采取战略性贸易政策措施实现把超额利润从外国寡头厂商手中向本国厂商和政府转移的效果，以提高本国国民的福利水平。阿威纳什·迪克西特(Dixit)1988 年发表的《美国汽车行业的最佳贸易与产业政策》一文中认为，汽车产业是一个可以采用战略性贸易政策的产业，并对美国汽车产业的最佳贸易政策和产业政策进行实证分析和研究。汽车产业是我国的支柱产业之一，也是我国政府保护的幼稚产业之一，其产业集中度越来越高，可以看成是寡头市场结构。本书借用迪克西特所用的模型对我国轿车产业的战略性贸易政策及其效果进行实证分析。

6.1　我国轿车产业的战略性贸易政策实践

1958 年我国开始生产轿车，当年仅生产 57 辆轿车，国内的轿车需求主要来自于国外进口。20 世纪 60 年代进口轿车的国内市场占有率为 21%，20 世纪 70 年代进口轿车的国内市场占有率为 2.07%。轿车产业作为我国幼稚产业，为了保护我国幼稚的轿车产业，建国以后国家就对进口轿车整车设置高关税税率，规定进口关税税率为 120%～150%，并加征 80%进口调节税，该进口税率一直沿用到 1985 年底。1986 年为了进一步限制轿车的大量进口，进一步大幅度提高进口整车轿车的关税税率。1986 年，我国汽车工业第一次正式被《中华人民共和国经济与社会发展第七个五年计划(1986～1990 年)》确定为国家支柱产业。1992 年进口轿车关税曾高达 220%。1994 年国务院发布的《汽车工业产业政策》明确提出，国家鼓励个人购买汽车，政府将根据汽车市场消费结构的变化和汽车产业的发展状况制定具体的政策措施。当年我国进口汽车关税税率降至 110%～150%。1996 年 8 月 10 日国务院办公厅转发国家计委《关于取消地方限制经济型轿车使用意见》的通知，使轿车从商务用车向私人用车转移。1997 年进一步下调进口轿车关税税率至 80%～100%。为了争取入世，2001 年进口轿车关税税率继续降到 70%～80%，这一关税仍然是当时我国工业品进口关税中的最高关税。2002 年我国为履行入世承诺，将进口轿车关税下调至 43.8%～50.7%。同年，跨国公司开始在中国增资扩产，全面布局，把中国汽车市场作为全球市场战略的重要组成部分，汽车市场竞争明显加剧。2003 年我国进口轿车关税降至 38.2%～43%，2004 年继续下降至 34.2%～37.6%。2005 年我国进口轿车关税水平降到 30%。2006 年 1 月 1 日，我国进口轿车关税税率降至 28%。2006 年 7 月 1 日，我国进口轿车关税税率降至 25%，其他汽车整车进口关税降至 3%～25%，进口汽车零部件关税税率降至 10%。

为了保护我国的轿车产业，我国除了实施高关税保护措施外，还实施了非关税保护措施。改革开放初期，我国国内对轿车需求旺盛，轿车进口数量激增，还出现大量走私进口轿车的现象，对我国刚起步的轿车产业产生了很大的冲击。1986 年国家对进口轿车实施年度进口数量限制。1994 年我国正式对进口轿车实行配额许可证管理。禁止轿车企业进口零部件组装，不允许进口旧轿车，轿车生产实行最低 40% 的国产化率投产的政策。加入世界贸易组织以后，2002 年至 2004 年在过渡期间，我国按照入关协议继续对进口轿车实施配额许可证管理，有效控制了轿车进口量，减轻了进口轿车对我国轿车产业的冲击。2005 年我国取消进口轿车配额许可证管理制度，实施 WTO 所允许的自动进口许可管理制度。

由此可见，我国的轿车产业是在国家扶持和在高关税税率和进口管理政策的保护下发展起来的，这种严格保护使国内轿车产业赢得了生存和发展的时机，得以不断进行经营、技术、人才、管理和资本积累，为在开放市场下与国外轿车竞争奠定了基础。

表 6.1 1991～2008 年我国轿车产量

年份	1991	1992	1993	1994	1995	1996
产量(辆)	81055	162725	229697	250333	325461	391099
年份	1997	1998	1999	2000	2001	2002
产量(辆)	487695	507103	566105	607445	703525	1092762
年份	2003	2004	2005	2006	2007	2008
产量(辆)	2037865	2312561	2767722	3869494	4797688	5037334

资料来源：中国汽车工业协会. 中国汽车工业年鉴(2009). 具体数据经整理和计算得出。

从表 6.1 中可以看出我国轿车生产数量是逐年递增。这是不是就是说我国轿车产业的市场竞争力很强大了呢？我国的轿车产业保护的效果如何？目前我国的保护措施是不是最优措施？应该实行什么样的政策才能达到最佳效果？下面借用迪克西特所用的模型对我国轿车产业的贸易政策及其效果进行实证分析。

6.2　理论模型与变量构造

假设把中国进口轿车来源的国家看作一个整体，作为一个国家“外国”来对待。中国轿车和外国进口轿车互为不完全替代品，但中外轿车的质量被认为是相同的。假设在中国市场轿车的线性需求函数为：

$$Q_c = A_1 - B_1 P_c + K P_f \tag{6.1}$$

$$Q_f = A_2 - B_2 P_f + K P_c \tag{6.2}$$

其中，P_c为中国轿车价格，P_f为外国轿车价格，Q_c为对中国轿车的需求总量，Q_f为对外国轿车的需求总量，参数 A_1，B_1，A_2，B_2，K 均为正数，且 $B_1B_2-K^2>0$。

相应的反需求函数为：

$$P_c = a_1 - b_1 Q_c - k Q_f \tag{6.3}$$

$$P_f = a_2 - b_2 Q_f - k Q_c \tag{6.4}$$

其中，参数 a_1，b_1，a_2，b_2，k 均为正数，且 $b_1b_2-k^2>0$。

总效用函数

$$U=Q_0+U(Q_c,Q_f)$$

约束条件

$$Q_0+P_cQ_c+P_fQ_f=\text{收入}$$

其中，Q_0为对竞争性产品轿车销售的实际人民币金额，并作为计量产品比价的单位产品。U 是轿车产业的二次效用函数，该函数可以定义为：

$$U(Q_c,Q_f) = a_1Q_c + a_2Q_f - (b_1{Q_c}^2 + b_2{Q_f}^2 + 2kQ_cQ_f)/2 \tag{6.5}$$

消费者剩余为

$$C = U(Q_c,Q_f) - P_cQ_c - P_fQ_f$$

$$C = a_1Q_c + a_2Q_f - (b_1{Q_c}^2 + b_2{Q_f}^2 + 2kQ_cQ_f)/2 - P_cQ_c - P_fQ_f \tag{6.6}$$

假设中国生产单位产品的成本为 C_c，外国轿车成本为 C_f（含运费），假设机会成本不变，各种要素的投入系数不变。

在这些假设前提下，这时中国贸易政策工具可以有两种选择，一是对进口轿车征收关税，二是对国产轿车进行生产补贴。

假设中国实施积极的贸易政策，对每辆进口轿车征收从量税 t 元人民币，对中国生产的轿车每辆进行生产补贴 s 元人民币。

假设一个典型的中国厂商的销售量为 Q_c，其利润函数为$(P_c-C_c+s)Q_c$。利润最大化的一阶条件为

$$P_c - C_c + s + Q_c(\mathrm{d}P_c/\mathrm{d}Q_c) = 0 \tag{6.7}$$

这里如果每个厂商都假设其他厂商产量不变，即寡头行为是古诺竞争方式，

$dP_c/dQ_c=-b_1$。在完全竞争情况下，$dP_c/dQ_c=0$。

假设中国轿车厂商有 n_1 个，最大利润之和为

$$P_c - C_c + s - Q_c V_1 = 0 \tag{6.8}$$

其中 V_1 是推测变动参数，在古诺竞争方式下 $V_1=b_1/n_1$，在完全竞争条件下 $V_1=0$。迪克西特将 $n_1^*=b_1/V_1$ 看作有 n_1^* 个中国轿车厂商的行为是古诺竞争行为。若实际厂商数目是 n_1，如果 $n_1<n_1^*$，说明实际行为比古诺行为更有竞争性。如果 $n_1>n_1^*$，说明实际行为小于古诺行为的竞争性。

同样的道理，对外国轿车厂商的最大利润之和为

$$P_f - C_f - t - Q_f V_2 = 0 \tag{6.9}$$

其中 V_2 是推测变动参数。

可以联立方程组：

$$P_c = a_1 - b_1 Q_c - kQ_f \tag{6.3}$$

$$P_f = a_2 - b_2 Q_f - kQ_c \tag{6.4}$$

$$P_c - C_c + s - Q_c V_1 = 0 \tag{6.8}$$

$$P_f - C_f - t - Q_f V_2 = 0 \tag{6.9}$$

如果 s,t 数值给定，可以解得 P_c,P_f,Q_c,Q_f。

代入消费者剩余公式

$$C = U(Q_c,Q_f) - P_c Q_c - P_f Q_f \tag{6.6}$$

$$U(Q_c,Q_f) = a_1 Q_c + a_2 Q_f - (b_1 Q_c^2 + b_2 Q_f^2 + 2kQ_c Q_f)/2$$

可以计算出消费者剩余。

将中国轿车厂商的利润 $(P_c-C_c+s)Q_c$、消费者剩余 C、中国政府的收入 (tQ_f-sQ_c) 相加就可以得到中国国民总福利 W。

$$W = C + (P_c - C_c + s)Q_c + (tQ_f - sQ_c) \tag{6.10}$$

现行的轿车贸易政策是对进口轿车征收关税，且对中国轿车厂商实施补贴，这时的国民福利为 W_0。

下面就可以根据上述这些模型考察战略贸易政策的不同政策工具实施的效果。

如果中国政府仅实施最优关税政策，那么 $s=0$，由 $dW/dt=0$，可求出最优关税率

$$t = Q_f V_2 + kQ_c V_1/(b_1 + V_1) \tag{6.11}$$

这时的国民福利为 W_t。

如果中国政府仅实施最优补贴政策，那么 $t=0$，由 $dW/ds=0$，可求出最优补贴

$$s = Q_c V_1 + kQ_f V_2/(b_2 + V_2) \tag{6.12}$$

这时的国民福利为 W_s。

如果中国政府既实施最优关税政策又实施最优补贴政策，由 $dW/dt=0$，$dW/ds=0$，可求出

$$s = Q_c V_1, t = Q_f V_2 \tag{6.13}$$

这时的国民福利为 W_{ts}。

下面我们可以用实际数据做计量分析，考察一下中国对轿车产业仅征收最优关税、仅进行最优补贴、又征收最佳关税又进行最优补贴三种情况下，与现在政策下的国民福利相比，福利是增加了还是降低了，现在的关税是否就是最优关税水平。

6.3　数据来源及说明

以下数据除另行标注的之外，均来源于《中国汽车工业年鉴》(2009 年)。2008 年国产轿车在国内市场销售量 Q_c 等于 2008 年全国国产轿车产销量 5037334 辆减去 2008 年国产轿车出口量 241316，得出国产轿车国内市场销量 Q_c=4796018 辆。

2008 年我国轿车总产量为 5037334 辆，轿车总销售收入是根据 2008 年我国汽车工业企业(集团)的轿车收入汇总得出 57078958 万元，由此计算得出 2008 年国产轿车平均价格 P_c=11.331184 万元，这里为了计算方便，取整数 P_c=11 万元。2008 年我国汽车销售收入为 10355.9 亿元，汽车利税总额为 1113.6 亿元，所以可以认为我国汽车平均利润率为 10.75%，由此我国国产轿车的平均成本 C_c=9.9323 万元。

2008 年中国市场对外国轿车的需求量 Q_f，等于 2008 年中国进口轿车的数量 154521 辆，所以 Q_f=154521 辆。2008 年中国轿车进口金额为 635604 万美元，按照国家外汇管理局网站数据，计算出 2008 年人民币汇率平均值为 100 美元=706.38583 元人民币，由此可计算出外国汽车在中国市场的价格 P_f=29.056352 万元人民币。这里取整数 P_f=29 万元。这里按照外国轿车的平均利润率为 5%，我国对进口轿车征收关税税率为 25%，所以外国轿车的平均成本 C_f=22.095 万元。

因为中国轿车与外国轿车是不完全替代的，中国轿车市场的总市场弹性 $E_{总}$ 是 Q 关于 P 的弹性值，计算公式为：

$$E_{总} = (P/Q)(\mathrm{d}Q/\mathrm{d}P)$$

$$E_{总} = \frac{(B_1 P_c^2 + B_2 P_f^2 - 2KP_c P_f)}{A_1 P_c + A_2 P_f - (B_1 P_c^2 + B_2 P_f^2 - 2KP_c P_f)} \tag{6.14}$$

下面以 e_{ij} 表示一轿车 j 销售量相对于轿车 i 价格的需求弹性，i，j 可等于 1,2。根据拉塞尔(Laussel)1988 年《寡头垄断下的最优贸易政策》中提出的模型，可以得到中国国产轿车与进口轿车之间的替代弹性的计算公式为：$E_{代}=e_{11}-e_{12}=e_{22}-e_{21}$。

经推算可得

$$E_{代} = (B_1P_c/Q_c)+(KP_c/Q_f)=(B_2P_f/Q_f)+(KP_f/Q_c) \quad (6.15)$$

中国轿车市场弹性和替代弹性都很难得到准确的数值，这里根据 Dixit 所用的数据，假设总市场弹性 $E_{总}=1$，替代弹性 $E_{代}=2$。具体数据见表 6.2。

表 6.2　我国轿车行业的各种参数

参数	价格(万元)		数量(万辆)		成本(万元)	
	P_c	P_f	Q_c	Q_f	C_c	C_f
2008 年	11	29	479.6018	15.4521	9.9323	22.095
参数	市场弹性 $E_{总}$		替代弹性 $E_{代}$		补贴(万元)	征税(万元/辆)
2008 年	1		2		0.3	5.8

资料来源：中国汽车工业协会：中国汽车工业年鉴(2009)，具体数据经整理和计算得出。

6.4　参数计算结果

把表 6.2 中的数据代入下列方程组：

$$Q_c = A_1 - B_1P_c + KP_f \quad (6.1)$$

$$Q_f = A_2 - B_2P_f + KP_c \quad (6.2)$$

$$E_{总} = \frac{B_1P_c^2 + B_2P_f^2 - 2KP_cP_f}{A_1P_c + A_2P_f - (B_1P_c^2 + B_2P_f^2 - 2KP_cP_f)} \quad (6.14)$$

$$E_{代} = (B_1P_c/Q_c)+(KP_c/Q_f)=(B_2P_f/Q_f)+(KP_f/Q_c) \quad (6.15)$$

可以解得参数：$A_1=959.237$，$A_2=30.898$，$B_1=47.006$，$B_2=1.023$，$K=1.295$。

由(6.1)，(6.2)求其反函数可得：$a_1=21.144$，$b_1=0.022$，$a_2=58.061$，$b_2=1.0128$，$k=0.028$。

由(6.8)，(6.9)可得：$V_1=0.00285$，$V_2=0.07151$。

综上结果，制表 6.3。

表 6.3　需求函数参数与推测变动系数

直接需求函数		间接需求函数		推测变动参数	
A_1	959.237	a_1	21.144	V_1	0.00285
A_2	30.898	a_2	58.061	V_2	0.07151
B_1	47.006	b_1	0.022		
B_2	1.023	b_2	1.0128		
K	1.295	k	0.028		

根据中国或外国等价于古诺行为的厂商的计算公式 $n_1^* = b_1/V_1$、$n_2^* = b_2/V_2$。中国实际厂商数目来源于《2009 年中国汽车工业年鉴》中的主要轿车厂商数目，可见 $n_1^* = 7.7 < 9$，基本上与古诺竞争行为是相接近的。如表 6.4 所示。

表 6.4　厂商数目

	等价于古诺行为的厂商数目	实际主要厂商数目
中国	$n_1{}^* = 7.7$	9
外国	$n_2{}^* = 14.165$	注：无数据 （和世界主要厂商数量相近）

6.5　贸易政策效果的计算

对于贸易政策效果的计算可以分为以下几种情况来加以说明。

第一，2008 年我国进口轿车关税为 25%，进口轿车征税前的价格为 29/(1+25%)=23.2（万元），征收的从量税为 29−23.2=5.8（万元/辆）。为了便于分析，此处忽略了消费税等其他税负、经销商的利润加成、运输费用等其他因素。中国对轿车产业的补贴，根据国家政策，可以认为是每辆轿车 3000 元的补贴。因此，中国轿车厂商的利润可以由公式 $(P_c - C_c + S)Q_c$ 计算得出，外国汽车厂商的利润可以由公式 $(P_f - C_f - t)Q_f$ 计算得到，进口轿车关税收入为 tQ_f 万元，中国轿车补贴成本为 SQ_c，消费者剩余为 $C = a_1 Q_c + a_2 Q_f - (b_1 Q_c^2 + b_2 Q_f^2 + 2kQ_c Q_f)/2 - P_c Q_c - P_f Q_f$，中国国民总福利为 $W = C + (P_c - C_c + s)Q_c + (tQ_f - sQ_c)$。

第二，当中国仅对进口轿车实施最优关税措施时，这时 $S=0$，可以根据(6.3)，(6.4)，(6.8)，(6.9)，(6.11)求解 P_c、P_f、Q_c、Q_f 和 t，得出 $P_c = 111554$ 元/辆、$P_f = 262660$ 元/辆、$Q_c = 4291715$ 辆、$Q_f = 195280$ 辆和 $t = 27746$ 元/辆。

第三，当中国仅对国产轿车实施最优补贴政策，不征收关税，这时 $t=0$，可以根据(6.3)，(6.4)，(6.8)，(6.9)，(6.12)求解 P_c、P_f、Q_c、Q_f 和 S，得出 $P_c = 98942$ 元/辆、$P_f = 235712$ 元/辆、$Q_c = 4850808$ 辆、$Q_f = 206433$ 辆和 $S = 14206$ 元/辆。

第四，当中国实施既对进口轿车征收最优关税又对国产轿车进行最优补贴，这时可以根据(3)、(4)、(8)、(9)、(13)求解 P_c、P_f、Q_c、Q_f、S、t。得出 $P_c = 99323$ 元/辆、$P_f = 248650$ 元/辆、$Q_c = 4849723$ 辆、$Q_f = 193681$ 辆、$S = 13822$ 元/辆、$t = 13850$ 元/辆。

下面进行数据列表分析。见表 6.5。

表 6.5 四种政策效果的比较

变量	现行的平均普通关税及补贴政策	仅实行关税政策时的最优关税	仅实行补贴政策时的最优补贴	同时实行关税和补贴时的最优关税和最优补贴
关税(元/辆)	58000	27746	0	13850
补贴(元/辆)	3000	0	14206	13822
P_c(元/辆)	110000	111554	98942	99323
P_f(元/辆)	290000	262660	235712	248650
Q_c(辆)	4796018	4291715	4850808	4849723
Q_f(辆)	154521	195280	206433	193681
中国轿车厂商利润(亿元)	655.95138	524.91966	670.6242	670.3287
外国轿车厂商利润(亿元)	17.07457	27.26890	30.4736	26.8248
关税收入(亿元)	89.62218	54.18239	0	26.8248
补贴成本(亿元)	143.8805	0	689.1058	670.3287
中国消费者剩余(亿元)	2455.5208	2453.8688	3084.5246	3040.1582
中国国民总福利(亿元)	3057.2139	3032.9708	3066.0430	3066.9830
与普通关税相比中国国民总福利的增加(亿元)	0	−24.2431	8.8291	9.7691

6.6 计算结果的分析及结论

下面我们对三种最优战略贸易政策与现行贸易政策进行比较，分析战略贸易政策的效果。

从表 6.5 中可以看出，在我国仅对进口轿车实施最优关税措施时，最优关税为 27746 元/辆，低于现行的关税水平 58000 元/辆，国产轿车平均价格从 110000 元/辆上涨到 111554 元/辆，进口轿车的价格从 290000 元/辆下降到 262660 元/辆，国产轿车产销量从4796018辆减少到4291715辆，进口轿车进口数量从154521辆增加到195280辆，我国厂商的利润从655.95138亿元减少到524.91966亿元，外国厂商的利润从17.07457亿元增加到27.26890亿元，此时的最优关税政策没有起到抽取垄断租金、进行利润转移的作用，而且外国厂商的利润增加了，政府得到的关税收入从89.62218亿元降至54.18239亿元，减少了35.43982亿元，我国消费者剩余从2455.5208亿元减少到2453.8688亿元，我国的国民福利总水平减少24.2431亿元，有所下降。

在我国仅对进口轿车实施最优补贴措施时，最优补贴数额为14206元/辆，远远高于现行的3000元/辆，国产轿车平均价格从110000元/辆下降到98942元/辆，进口轿车的价格从290000元/辆下降到235712元/辆，国产轿车产销量从4796018辆提高到4850808辆，进口轿车进口数量从154521辆增加到206433辆，中国厂商的利润从655.95138亿元增加到670.6242亿元，外国厂商的利润从17.07457亿元增加到30.4736亿元，政府的补贴支出从143.8805亿元剧增至689.1058亿元，我国消费者剩余从2455.5208亿元增加到3084.5246亿元，我国的国民福利总水平增加8.8291亿元。显然，这种政策对于我国国内轿车厂商、外国厂商、我国消费者和国民福利来说都是获益的，是一种双赢或说多赢的政策，只是我国政府补贴成本大大增加了。

我国实施既对进口轿车征收最优关税又对国产轿车进行最优补贴，最优关税率为13850元/辆，低于现在关税58000元/辆，最优补贴为13822元/辆，远远高于现在补贴额3000元/辆，国产轿车平均价格从110000元/辆下降到成本价99323元/辆，进口轿车的价格从290000元/辆降至248650元/辆，国产轿车产销量从4796018辆提高到4849723辆，进口轿车进口数量从154521辆增加到193681辆，我国厂商的利润从655.95138亿元增加到670.3287亿元，外国厂商的利润从17.07457亿元增加到26.8248亿元，政府关税收入从89.62218下降到26.8248亿元，政府的补贴支出从143.8805亿元剧增至670.3287亿元，我国消费者剩余从2455.5208亿元增加到3040.1582亿元，我国的国民福利总水平增加9.7691亿元。这说明在同时实行最优关税政策和最优补贴政策下，我国轿车厂商、外国厂商、中国消费者、国民总福利都有增加，并且我国国民总福利增加最多，只是政府补贴数额剧增。

根据以上结果和分析，可以得出以下几点结论。

如果我国对进口轿车仅实施关税措施时，应该实施最优关税的战略性贸易政策；如果我国对进口轿车仅实施补贴措施时，也应该实施最优补贴的战略性贸易政策；如果我国既对进口轿车征收关税又对国产轿车进行补贴，一定要实行最优关税和最优补贴的“双最优”的战略性贸易政策。战略性贸易政策工具的单一实施和组合实施的效果是不同的。从上面的分析可以看出，我国应该对轿车产业实施最优关税和最优补贴的组合式的战略性贸易政策。

从上面的数据和分析中可以看出，不论是实施单一最优关税政策，还是实施单一补贴政策，还是实施组合最优政策，都不能实现以减少外国厂商的利润为代价来使我国厂商的利润增加，即实现利润转移，这三种政策实施的效果基本上都是双赢的，甚至是多赢的局面。

在实施不同政策工具下的最优战略性贸易政策时，我国消费者剩余和我国国民总福利的数值与现行贸易政策下的数值相比，还是有较大差异的。在我国仅对进口轿车实施最优关税措施时，我国消费者剩余从2455.5208亿元下降到2453.8688亿元，我国国民总福利的数值3057.2139亿元与现行贸易政策下的数值3032.9708相比，减少24.2431亿元，有所下降。在我国仅对进口轿车实施最优补贴措施时，我国消费者剩余从2455.5208亿元增加到3084.5246亿元，我国国民总福利从3057.2139上升到3066.0430亿元，增加了8.8291亿元。我国实施既对进口轿车征收最优关税又对国产汽车进行最优补贴，我国消费者剩余从3057.2139亿元增加到3040.1582亿元，我国国民总福利从3057.2139上升到3066.9830亿元，增加了9.7691亿元，是这三种最优贸易政策工具实施中我国国民总福利增加最多的。这也从实证的角度证明了我国目前实施的关税税率还是偏高的，还不是最佳关税水平，补贴是少的，也没有达到最优补贴金额。因此，可以说，目前我国在轿车行业实施的战略性贸易政策要进行调整，要降低关税使之达到最优关税、增加补贴使之达到最优补贴政策，这样消费者剩余和国民福利才能达到最大化。

6.7 本章小结

本章首先回顾了我国的轿车产业在国家战略性贸易政策扶持下的发展历程，可以看出我国的轿车产业是在高关税和进口管理政策等国家扶持和保护下发展起来的。为了衡量我国对汽车产业实施战略性贸易政策的效果，本书借用迪克西特的模型，主要采用《中国汽车工业年鉴》(2009年)里的统计数据，并辅以其他比较客观、可靠的数据，从现行关税和补贴的政策效果、只实行最优关税措施的效果、只实行最优补贴政策的效果、既征收最优关税又进行最优补贴的效果四种情况对我国汽车产业战略性贸易政策效果进行了实证研究。结果发现，我国对汽车产业现行的关税和补贴政策不是最优的，应实行最优关税和最优补贴政策，即进一步降低汽车进口关税使之达到最优关税，对国产汽车厂商进一步增加财政补贴使之达到最优补贴，这样消费者剩余和国民福利才能达到最大化。

第 7 章　新形势下我国幼稚产业保护的新思路

7.1　幼稚产业保护面对的国际新形势

随着国际金融危机的深化，对世界经济和政治的影响不断加深，世界正在发生深刻变化。但世界经济全球化、经济发展模式多样化是现代生产力发展的必然结果，正以不可阻挡的历史潮流，推动国际形势向前发展。对于发展中国家来说，在以产业全球化加速发展、跨国公司直接投资活动的加强、科技创新节奏的加快、贸易自由化发展趋势的不可逆转为主要特征的国际新形势下，在这个充满发展机遇和挑战的时代，如何保护和扶持本国幼稚产业的发展是一个需要深入研究的难题。

7.1.1　产业全球化的加速发展

经济全球化是现代生产力发展的必然结果，是国际贸易向纵深演进发展的主要体现，是在现代高科技的条件下经济国际化的历史新阶段，世界市场的扩大、国际分工的深化为经济全球化提供了可能，信息网络的全球化发展为经济全球化提供了技术支撑和保障，经济全球化主要表现在科学技术发展进步与扩散的国际化，国际分工的跨国化，贸易和投资主体的多元化，金融服务领域的国际化，国际商品和服务流动和扩散的规模化，世界市场的扩大化，跨国公司数量扩展的快速化，国际间合作组织的建立和发展。

经济全球化不但在改变着世界经济的格局，也在深刻改变着人们的国家主权观、利益观和世界观，对世界具有双重影响。

第一，从正面效应来说，经济全球化是一个机遇。经济全球化发展加速商品、技术、服务、管理、信息、人力资本等生产要素的跨国界流动，极大促进了世界各国的经济和文化交流，有利于国际间的分工和合作，有利于技术的发展、扩散和转移，提高了世界各国的生产效率，促进了国际商品和服务的流动，有利于世界资源的合理化配置，特别是有利于发展中国家引进发达国家的资金、技术和管理，学习与借鉴发达国家的工业化成功经验，充分发挥自身优势，促进产业发展，提高国民福利水平。

第二，从负面效应来看，经济全球化是一个挑战。经济全球化使得各国都要实行对外开放政策，实行贸易投资自由化政策，才能从经济全球化中获得更可能多的利益，这从另一个角度来看，经济全球化会使世界市场竞争进一步加剧，跨国公司利用全球资源进行商品生产，从而使原本在国内形成的产业链条跨出国门，形成了全球产业链，全球产业链的形成，导致世界各国之间相互的经济和贸易联系日益加强，一国经济的繁荣会带来其他关联国家的经济发展，一国经济的衰退也会导致其他国家的经济出现困境，形成"你中有我，我中有你"，"一荣俱荣，一损俱损"的经济合作格局，甚至国家经济主权可能也会受到跨国公司市场垄断性的威胁，不利于发展中国家保障经济安全，不利于发展中国家的幼稚产业的保护和发展。另外，经济全球化使得世界金融体系彼此相互联系、相互渗透、相互掌控，如果一国金融体系出现大问题就会通过经济联系传导给其他国家，形成世界性的金融危机和经济危机。1997 年东南亚经济危机，2001 年英镑危机，2007 年美国金融危机都深刻体现出这一点。总之，随着经济全球化的深入发展，世界各国经济联系的日益加强，各国经济不断相互渗透，各国对本国幼稚产业扶持和保护的难度在不断加大。

产业全球化作为经济全球化最重要的组成部分，正在加速发展和改变世界经济格局。产业全球化集中体现在从传统生产要素分工逐步转变为以现代工艺、先进科技为基础的分工，从产业各部门分工发展到各产业内部分工和产品专业化分工，从产品零配件、产品工艺到产品型号的分工，从企业间分工发展到企业集团内部分工，从市场自发分工发展到协议化生产分工，全球技术、资本、信息、劳动力、资本等生产要素以巨大规模和速度在全球范围内流动，产业组织的全球扩张活动日益扩大，产业结构的演变升级日益全球化，全球产业联系日趋紧密，形成一张密不可分的世界性产业网络，每个国家的每一个生产环节都是世界生产体系的一个组成部分，是全球产业链条中的一个环节，世界各国产业相互依存，相互渗透。产业全球化发展已成为不可逆转的历史趋势，任何一个国家的产业政策和产业转型都会受全球产业发展的影响。

产业全球化集中体现在两个方面，一是产业链的全球化，二是产业集团化、规模化、全球化。首先是产业链的全球化，主要体现在跨国公司利用全球资源，在研发、投资、采购、生产、销售和服务等产业链各环节进行全球性的优化配置，产业链各环节的布局不再局限于国内，而是立足于全球，操作平台日益全球化，以适应国际市场消费者的多样化和个性化需求，产业全球化经营已成为跨国公司生存和发展的战略选择。20 世纪 50～70 年代，跨国公司将研发机构设在母国以掌控核心技术及其发展，然后对于国外市场采取流水线和管理模式的"复制式"投资生产。20 世纪 80 年代以来欧美日等发达经济体转变经济发展方式，积极发展高端服务业，充分利用新兴市场化国家和地区以及发展中国家廉价劳动力进行制造业的转移生产，出现了发达国家"产业空心化"，发展战略从过去依赖本国的基础设施、人力资源、生产能力、市场需求，转向利用产业竞争力战略。西方发达国家在战略上从未放弃制造产业发展，只不过对制造业的关注点更多集中到对先进制造业技术的研究、开发与应用上，集中到产品的品牌培养和塑造上，集中到全球销售网络的建立和完善上，发达国家在制造产业上始终引领着最先进技术的发展方向，在产业全球化格局中占据着主导地位。其次是产业发展的集团化、规模化、全球化。跨国公司在一国产业发展中的支配作用越来越大，跨国公司之间的全球大规模重组把资源配置方式从区域化、散点式转变为全球化、集中式，产业竞争模式从全球垄断竞争转变为全球寡头竞争模式，产业发展的集团化、规模化和全球化趋势使世界各发展中国家对国内幼稚产业的保护与扶持日益困难。例如全球汽车产业市场就日益集中在丰田、福特、通用、奔驰等十几个世界级汽车制造商手中。

由此可见，在产业全球化过程中跨国公司全球性配置使用资源，廉价使用发展中国家的劳动力、资源和广阔的市场来实现自身在世界市场的发展。而经济落后的国家也可以在产业全球化的浪潮中，需要跨国公司的先进技术、先进管理经验和经营方式，实现干中学的过程，促进本国幼稚产业的发展。在这种既合作又竞争的国际经济关系中，发展中国家如何有效保护本国幼稚产业，实现产业结构的优化升级显然受到了一定的影响和制约。可见，产业全球化发展使发展中国家保护和扶持幼稚产业发展的难度加大。

7.1.2　跨国公司直接投资活动的加强

20世纪90年代以来，跨国公司在全球发展迅速。据联合国投资报告统计，1997年全球跨国公司中有4.4万家母公司，有28万家子公司，跨国公司控制了全球1/3的生产活动，控制全球2/3的贸易，掌握70%的全球对外直接投资，拥有70%的专利，控制70%的全球技术转让活动，跨国并购资金高达3420亿美元。2000年全球6.3万家跨国公司，拥有国外分支机构超过82万家，全球雇佣人数超过1300万人，销售额超过2万亿美元，全球50%国际贸易额，90%海外直接投资，80%新技术、新工艺和专利发明的所有权，70%国际技术转让是由跨国公司实现的。

跨国公司的全球战略部署不断推动国际产业的梯度转移。20世纪90年代初期，跨国公司只是向国外转移产业链中的劳动密集型加工装配环节，其他环节还是集中在母国进行。从20世纪90年代末开始，国际产业转移开始从初级产品产业向高附加值产业、从传统产业向新兴产业、从制造业向服务业转移。跨国公司把研发、设计、采购、销售、服务等环节也向发展中国家进行了大规模转移，只是掌控着核心技术环节和品牌营销环节。如美国耐克公司除关键的气垫系统环节在国内生产外，其余部分都由国外生产商完成。进入21世纪，贸易、电讯、金融、保险、信息、研发等高端服务业和高新技术产业成为国际产业转移的重点领域，跨国公司开始了新一轮全球产业布局。

跨国公司对外直接投资对东道国的社会经济产生双重影响。从正面效应来看，跨国公司的直接投资带来了先进生产工艺、先进技术和先进的管理，缓解了东道国的资本需求压力，提供了一定数量的就业岗位，推动了产业结构的升级，促进了经济增长。从负面效应来看，跨国公司把研发、设计、采购、销售、服务等环节向发展中国家进行了大规模转移能否带来溢出效应，要取决于东道国的学习能力和消化吸收能力。即便是跨国公司在国外设立的研发中心，一般从事的也主要是商业开发而不一定是基础研究，甚至可能只是收集情报信息，跨国公司对核心技术、核心设备制造等重点环节的控制，使得发展中国家“以市场换技术”的策略难以真正实现。“以市场换技术”是指以向跨国公司转让国内市场份额来换取跨国公司的先进技术。以市场换技术必须具备一定的条件，首先技术要存在代际差异，其次产品具有生命周期。通常的做法是引进外资在国内建厂，或从国外购买先进技术和设备。以市场换技术可能会缩小技术差距、促进新兴产业发展，具有一定的积极作用。但同时应该看到，跨国公司在技术转让时一定不会转让最先进的技术，发展中国家以市场换来的技术总是属于二流或三流技术，永远不可能获得核心技术，还可能形成对民族企业技术进步的抑制。

跨国公司通过合资和直接投资，利用股权控制、品牌控制、技术控制、产品更新机制控制、生产工艺控制等手段，消灭或压抑东道国的民族产业的发展，谋求建立市场垄断地位。例如，2005 年我国化学品市场已发展成为全球第三大市场，仅次于美国和日本，我国化学工业吸引外国直接投资连续四年居于全球第一。在有机硅领域，当我国国内初具市场规模后，德国瓦克化学股份有限公司和美国道康宁公司开始在我国投资建厂生产气相二氧化硅和硅氧烷，设计年生产能力 20 万吨，投产后就控制了有机硅产业链中附加值最高的衍生产品的开发和应用环节，而国内企业当时所掌握的有机硅单体生产技术在产业链中属于附加值较低的环节，结果是外国跨国公司在这一领域全面占领了中国市场，并且为我国民族幼稚企业向深加工的高端产品拓展设置了障碍。截止 2005 年世界前十名的汽车轮胎生产厂商全部在中国建立生产企业，生产产能合计达 7600 万条，占国内外胎产能的 30%左右。外国跨国公司收购了国内轿车用半钢胎几乎全部企业，占据约 80%产量份额。钛白粉是我国具有传统比较优势的出口产品，但国内没有一家企业能使用对环境污染程度较轻的氯化法技术进行生产，美国杜邦公司利用掌握氯化法的技术优势，结合中国的自然资源和劳动力廉价的优势，在东营投资建设年产 20 万吨的大型氯化法钛白粉工厂，单厂规模为国内最大厂商的两到三倍。

世界各国积极参与世界分工的目的是为了增进本国的经济福利，发展本国民族产业，一国在世界市场竞争力是通过本国民族产业体现出来的，因此世界上没有哪个国家会忽视本国企业和外国企业的区别，忽视本国产业和外国产业的区别。但是跨国公司依靠先进的技术、雄厚的资金优势、先进的管理和经营优势，实行全球化经营，弱化了政府控制经济的能力。在传统的幼稚产业保护手段中，主要采取的是关税和非关税措施，跨国公司的直接投资使这两种手段对幼稚产业的保护难以奏效。近年来，全球跨国公司直接投资活动的加强使得发展中国家如何在开放环境下保护本国幼稚产业的发展成为了需要深入研究的课题。

7.1.3　科技创新节奏的加快

亚当·斯密在《国富论》中认为，社会分工有助于某些机械的发明，这将会减少生产劳动的投入，提高劳动生产率。显然，亚当·斯密所说的"某些机械的发明"就是指科技创新。1912 年熊彼特提出创新理论，他在《经济发展理论》中认为，创新就是指建立新的生产函数，即开发新产品、采用新生产方法、开辟新市场、获得新原料、采取新组织方式。新古典学派代表索洛(R. Solow)1957 年发表《技术进步与总生产函数》一文，文中对 1909～1949 年间美国制造业总产出进行了推算，结果认为总产出中约 88%来源于技术进步。莫尔顿·卡曼、南希·施瓦茨等从市场竞争、企业规模、市场垄断三个因素提出科技创新与市场结构之间的关系，即市场竞争越激烈，创新动力越强；企业规模越大，市场开拓能力越大；垄断程度越高，市场控制能力越强，技术创新越持久，所以最有利于科技创新的市场结构是介于完全竞争和垄断之间的市场结构，即寡头垄断市场和垄断竞争市场。美国经济学家兰斯·戴维斯和道格拉斯·诺斯 1971 年出版《制度变革与美国经济增长》一书，提出制度创新理论，即制度创新是指经济组织形式、经营管理方式的革新。英国学者克里斯托夫·弗里曼、美国学者理查德·纳尔逊等国家创新系统学派代表认为，技术创新是企业等创新主体通过国家创新制度的安排，进行资源配置和效率利用、运行机制和关系网络的相互作用，推动知识创新、技术引进、扩散和应用，突出强调科技创新在经济发展、社会进步中的战略地位。

美国经济学家弗农(Vernon)1956 年在《产品周期中国际投资与国际贸易》一文中提出产品生命周期理论。他认为，世界各贸易国可以分为三类，第一类是美国，属于高度发达的工业化国家，不断进行技术创新并出口新产品，第二类是工业发达国家，如欧洲各国和日本，第三类是发展中国家。在产品生命周期的各个阶段，这三类国家所在的贸易地位是不同的。产品生命周期包括五个阶段，新产品阶段、产品成长阶段、产品成熟阶段、产品标准化阶段和产品衰退阶段。在新产品阶段，美国由于是技术创新国，率先开发出新产品，但只在本国消费。在新产品成长阶段，随着技术改进，生产技术有了提高，美国产品不仅满足本国市场需求，还少量出口到工业发达国家。在产品成熟阶段，美国厂商技术已经成熟，开始实现标准化生产，开始大量出口到工业发达国家，并为了跨越贸易壁垒，开始授权外国厂商在其国内生产。在产品衰退阶段，美国不再生产该产品，发展中国家利用廉价劳动力优势和资源优势开始大批量生产该产品并出口到世界各地市场，美国又开始新一轮的新产品开发和创造过程。显然，在产品生命周期理论中的关键环节是由美国、工业发达国家、发展中国家三者构成了一个环环相扣的有序链条，由于工业发达国家和发展中国家对本国幼稚产业的保护使得美国通过授权生产或跨国投资的方式越过贸易壁垒,实现市场占领的目标。随着科技进步的日新月异,产品生命周期的阶段性特征越来越不明显,美国研发出新产品后,就可能是通过全球资源配置来实现生产,而不再是通过逐步的技术转移和扩散来实现贸易利益,这就为各国通过授权生产掌握技术,并在此基础上进一步搞技术研发带来了障碍,各国幼稚产业的扶持和发展面临掌握技术上的困难。

经济全球化为跨国公司提供了迅猛发展的契机,而跨国公司的核心竞争力在于对关键技术的垄断和控制,跨国公司为了核心的垄断技术优势,利用全球的技术人才,开展全球范围内的研发活动,从而带来了跨国公司技术创新的全球化,带来了全球科技创新节奏的加快。跨国公司实现全球化技术创新的方式主要有以下几个方面。第一,跨国并购。20 世纪 90 年代以后发达国家逐步放宽企业并购管制,欧美国家并购狂潮不断涌现,跨国公司的兼并与收购有利于越过东道国的关税和非关税壁垒,直接进入东道国市场。跨国公司并购了东道国企业,就控制和掌握了隶属于该企业的研发机构、科研人才、营销渠道,获得东道国相关产业关键技术的研究成果、生产能力和销售网络,有利于跨国公司竞争实力的增强,跨国并购是获取东道国现有产业技术,在此基础上进行科技创新的一种直接有力的手段。第二,设立国外研发机构。跨国公司设立的国外科学技术研究与开发机构基本上可以分为两种类型,第一种是技术应用型研发机构,这种机构隶属于跨国公司的国外子公司,从事的科研活动侧重于应用研究,主要与本企业生产活动相关联,适应开拓本土化市场的需要。如诺基亚公司在全球 12 个国家设立 44 个研发中心,其中在美国就设立 6 个研发中心。它们的任务是针对美国市场进行开发新产品。第二种是技术开发型机构,这种是从事基础研究的科研机构,主要是从事高新技术研发,独立于生产型企业之外,在选址上往往毗邻大学和研究院所。第三,建立技术开发型国际合资企业和国际战略联盟。跨国公司为了加强在国际市场的竞争力,积极开展相互之间的技术协作和研发,在高新技术领域中合作成立以技术研发合作为目的的国际合资企业,有利于跨国公司之间实现生产工艺技术、设备、知识产权、市场等方面的合作共赢的局面,有利于世界科技创新步伐的加快。跨国公司建立国际战略联盟,有利于降低成本和风险,实现合作共赢。据 2002 年联合国贸发组织统计,世界 150 多家大型跨国公司建立国际战略联盟的高达 90%,涉及领域大多是知识、技术、资本密集型的产业,其中技术合作占比最大。如美国基因技术公司与日本东丽东公司建立国际战略联盟,共同合作研发干扰素。

由此可见,在经济全球化背景下,世界跨国公司既相互竞争又相互合作与发展的格局,有利于全球研发活动的扩展和技术创新的全球化,使全球科技创新节奏不断加快,产品生命周期大大缩短,产业升级换代时间大大缩短。在这样的科技国际化创新环境下,发展中国家如何保护和扶持幼稚产业的发展需要深入研究。

7.1.4　贸易自由化趋势的发展

实行自由贸易还是保护贸易，历来是一国贸易政策中激烈争论的问题。从亚当・斯密的绝对优势理论、大卫・李嘉图的比较优势理论、约翰・穆勒的相互需求理论到赫克谢尔・俄林的生产要素禀赋理论，国际贸易理论的主流学派无不在宣扬自由放任的贸易政策可以实现资源的优化配置，增进国民福利，是促进一国经济增长的最佳选择，并将其作为贸易政策追求的理想目标。而从重商主义学说、汉密尔顿和李斯特的幼稚产业保护理论、凯恩斯主义的超保护贸易理论、发展中国家的中心—外围理论、战略性贸易理论、国家竞争优势理论、管理贸易理论等保护贸易学说，从市场失灵和最优关税等几个方面说明一国的幼稚产业需要国家战略层次的保护和扶持。从国际贸易理论发展来看，推行贸易自由化，实行自由贸易政策是国际贸易理论发展中共识性的结论。从国际贸易历史实践上看，经济实力雄厚、市场竞争力强的发达国家是贸易自由化的推动者，而发展中国家则基于保护和扶持国内幼稚产业的发展，是保护贸易理论的践行者。

为确立在世界经济和贸易中的主导地位，美国1943年倡议成立一个国际性贸易组织，以促进世界各国削减关税、促进贸易自由化的进程。1944年在美国新罕布什尔州的布雷顿森林召开"布雷顿森林会议"，探讨国际性货币与金融议题，决定建立世界银行、国际货币基金组织和国际贸易组织，使之成为世界性的"金融一货币一贸易"的三大支柱。1947年世界20多个国家的谈判代表就关税减让达成一系列协议，形成了《关税与贸易总协定》，包括最惠国待遇条款、国民待遇条款、禁止数量限制和配额等基本内容。1948年1月1日《关税与贸易总协定》正式生效。关贸总协定为推动世界贸易自由化进程起到了积极的促进作用。1994年关贸总协定部长级会议签署《建立世界贸易组织协定》，决定成立世界贸易组织取代关贸总协定。1995年1月1日世界贸易组织成立。世界贸易组织成立的基本原则是非歧视原则，减少贸易壁垒、自由贸易的原则，约束关税、增加政策透明度以增加贸易的可预见性原则，鼓励公开公平竞争的原则，鼓励经济发展和经济改革的原则。世界贸易组织成立的目标就是希望各成员国在经济与贸易问题上应以提高人民生活水平，保障国内充分就业，保障居民收入的实际可持续增长和保证居民消费需求的可持续增长，保障充分利用资源，积极发展生产、扩大商品交换以满足世界市场的需要，并号召各成员国通过双边和多边谈判以达成互利互惠双边和多边协议，积极大幅度地消减影响国际贸易顺利开展的关税，减少其他阻碍贸易措施，取消在国际贸易中所实施的贸易歧视措施，并且在发展中国家的艰苦努力下，世界贸易组织还特别增加了确保发展中国家，特别是较不发达的发展中国家在国际贸易增长中也能获得相应的利益的目标。世界贸易组织标志着一套全球范围内的国际贸易制度已经形成，标志着它将对世界经济与贸易的发展产生重大而深远的影响。

世界贸易组织积极致力于世界实施自由贸易，实施公平贸易规则。显而易见，发达国家与发展中国家的产业竞争起点是不同的。在世界贸易组织框架下，自由贸易成为世界各国的共识，各世贸成员国必须共同遵守的基本原则包括最惠国待遇原则、国民待遇原则、公平竞争原则、市场准入原则、贸易政策透明度原则和禁止实施数量限制原则，这些基本原则的确立，使得各成员国对幼稚产业保护的操作空间大大减小。发展中国家既要进行市场开放，又要对国内幼稚产业进行有选择的保护，促进本国工业化发展，只有这样，发展中国家才能最大限度地获得贸易自由化所带来的经济利益，因此发展中国家的贸易自由化应是一个渐进的历史过程。

另外，20 世纪 80 年代以来，世界性经济组织和区域性经济组织不断形成和发展，这些区域性组织不仅有经济发展水平相近国家的合作，也有经济发展水平相差较远的发达国家和发展中国家的联盟，区域经济集团发展迅速遍及世界，对国际贸易体系产生重大影响，如欧洲联盟、北美自由贸易区、亚太经济合作组织、东南亚国家联盟等，各区域经济体内部贸易自由化步伐不断加快，各国各地区经济合作不断加强，各国为了加入区域性经济合作组织，需要不断降低关税税率，减少或取消贸易壁垒。因此，在世界贸易自由化不断深入发展的大趋势下，如何保护和扶持本国幼稚产业的发展成为了发展中国家工业化进程中的一个难题。

7.2 新形势下对幼稚产业涵义的扩展

面对着国际经济新形势的发展变化，特别是产业全球化的加速发展、跨国公司直接投资活动的加强、科技创新节奏的加快和贸易自由化趋势的发展，传统的高关税保护和非关税壁垒措施显然难以有效保护和扶持发展中国家国内的全部幼稚产业的发展，因此，如何确定幼稚产业的选择标准、界定哪些产业是真正需要保护、需要优先保护的幼稚产业，协调好幼稚产业保护与对外开放自由贸易之间的关系，对于发展中国家产业振兴来说就显得至关重要了。

7.2.1 对幼稚产业涵义的新界定

从历史上看实施幼稚产业保护的成功和失败的案例都很多，美国、德国、日本、韩国等都曾成功地实现了幼稚产业保护，许多发展中国家的一些幼稚产业的保护则弥漫着失败的气息。分析其中的缘由，可能的原因主要是，一是没能科学地选择好幼稚产业，对幼稚产业的界定不清，或只是从经济角度考虑选择幼稚产业，对于事关国家经济安全、产业安全、政治战略等产业缺乏保护。二是对幼稚产业保护的措施不当，或没有及时地与时俱进，跟进调整。如果国家只是简单粗暴地进行行政干预，使社会资源向被保护幼稚产业集中或倾斜，往往就会形成市场垄断，保护落后，难以促进市场竞争，国家只有实施关税、利率、汇率、税收、补贴、财政金融等经济手段由市场来引导幼稚产业发展才能实现良性发展，并且国家要积极引导市场各经济主体共同参与，才能达到预期目的。三是保护幼稚产业要立足于产业发展，实现开放和保护的统一。如果选定了幼稚产业而不加保护地开放市场，这样的后果就是加速该产业夭折。如果只强调保护幼稚产业而对国内市场进行封锁，就难以促进国内市场竞争，难以实现加强内部竞争使产业发展壮大的初衷，所以要在开放的背景下实施适度的动态的贸易保护，以开放为前提，以保护为手段，以幼稚产业的发展和壮大为目的，培育幼稚产业的市场竞争力，促进经济开放式发展。四是没有充分考虑到外商直接投资对幼稚产业保护的影响，一个国家对本国的幼稚产业实施关税保护措施，而关税保护的却是整个国内市场，跨国公司绕过关税壁垒进入国内市场之后，关税保护对其已经不起作用，这时跨国公司的直接投资无疑对发展中国家的民族产业的冲击是巨大的，更不用说，发展中国家为了引进外资还给予了外资比国内企业更为丰厚的财税政策，所以国家在实施幼稚产业保护的时候要充分考虑外商直接投资和间接投资所产生的影响。我国汽车产业的保护没有达到预期目标，可能就是由这几方面的原因造成的，这也从反面告诉我们，幼稚产业的保护应该是保护国内市场和保护民族品牌的有机结合和辩证统一，单单依托或过分强调其中任何一个方面，都不可能经济、高效、合理地达到进行幼稚产业保护的目的。

从幼稚产业保护理论产生之日起，关于什么产业才是幼稚产业的争论就持续不断，许多经济学家都对幼稚产业的含义进行了界定。国际贸易保护理论体系的奠基人弗里德里希·李斯特认为，幼稚产业就是处于幼稚发展阶段、受到国外强有力竞争，但通过一段时间的贸易保护，能够成长发展壮大的具有发展前途的民族产业。约翰·穆勒认为，有些幼稚产业由于技术能力不足，劳动生产率低下，生产价格高于世界市场价格，从而无法与外国先进工业竞争，但是如果国家对这些幼稚产业采取贸易保护政策，通过一段时期的保护，这些产业能够达到与先进国家工业化水平，实现在自由贸易下获利，这样的产业就是需要保护的幼稚产业。巴斯塔布尔认为，判断一种产业是否是值得国家保护的幼稚产业，不仅要分析该产业将来在国际市场能否具有市场竞争力，还要对该产业未来预期收益的现值与国家保护该产业的成本进行比较，只有当该产业预期利润的现值大于政府的保护成本，该产业才能成为国家应该保护的幼稚产业。肯普认为，如果一个产业具有外部规模经济效应，能够产生外部经济效应，即使该产业不符合穆勒标准和巴斯塔布尔标准，但发展该产业会对社会和其他一些产业带来正的外部性即额外的好处，该产业仍然是符合国家进行必要贸易保护的幼稚产业。小岛清认为，选择应该受到保护和发展的幼稚产业，要根据要素禀赋的比例变化和比较成本的动态变化，要有利于要素生产率的提高，要有利于产业充分利用潜在资源，带动国民经济增长，从国民经济发展的角度来看，要有利于国民经济结构的动态调整和变化，即使不符合巴斯塔布尔标准和肯普标准，这些产业也是值得保护的。筱原三代平认为，国家应该把收入弹性高的、有广阔市场的产业作为优先扶持发展的幼稚产业，还有就是国家要优先发展和保护技术进步率高、劳动生产率提升快的产业，有效提高这些产业在整个国民经济产业结构中的比重，这些产业都是需要国家保护的幼稚产业。房宏琳、王林平在《发展性保护：入世新形势下我国的幼稚产业扶持原则》中认为，幼稚产业，对于一国来说，就是在发展初期与外国产业相比，具有生产要素禀赋和生产经验积累等不利于发展的因素，并具有动态规模经济特征，与外国相比欠发达的产业。梁小民、杨云龙认为，幼稚产业是一个国家中处于发展初期的新兴产业。于光远认为幼稚产业是一国处于发展初级阶段，缺乏市场竞争能力的产业。国际贸易组织规定允许合法保护的幼稚产业是指：① 建立的一项新的产业；② 在现有产业中建设的一个新的分支生产部门；③ 现有产业的重大改建；④ 对只能供应国内需要的现有产业的重大扩建；⑤ 因自然灾害或战争遭到破坏或重大损坏的产业重建。即幼稚产业包括新建、改建、扩建、重建的产业。

在新的国际经济与贸易形势下，对哪些产业属于幼稚产业要从国际贸易和产业发展等方面来综合地加以认识。从国际贸易的角度来看，发展幼稚产业的目的有两个，一个是替代进口，实现产品自给自足，另一个是为了出口，竞争国际市场。不管是替代进口还是实现出口都要与国外进行激烈的竞争，所以幼稚产业一定是要有发展前途，要有增长潜力，未来可以实现动态比较优势和竞争优势，可以在国际市场赢利的产业。从产业发展阶段来看，产业生命周期包括幼稚期、成长期、成熟期和衰退期，所以一国幼稚产业一定是处于本国产业发展初级阶段的产业。未来国家之间的竞争，是综合国力的竞争，综合国力的竞争主要是通过产业竞争实现的。当今世界生物、电子、新能源、新材料、海洋、信息、空间技术等科技与创新飞速发展，高端装备制造、信息、节能环保、生物、新材料、新能源、绿色食品、新能源汽车、石化深加工、海洋产业、林产业、现代物流、文化创意、高端服务业等都是各国竞相发展的战略性新兴产业，对于一国经济的未来发展影响深远，所以对幼稚产业的认识领域要进一步拓宽。

因此，本书认为，在新的开放的国内外经济形势下，我国要保护的幼稚产业应该是“技术含量较高、产业关联度较大、生产率增长快、具有正外部经济效应、规模经济效应、可实现替代进口并实现出口的产业”，或者是从国家产业安全角度考虑的，在我国还处于产业发展初期阶段的，对国民经济的发展有重大意义的具有潜在优势的产业。

7.2.2　幼稚产业的选择标准、保护期限

从上述对幼稚产业含义的新界定可以确定幼稚产业的选择标准。一个产业应该具有以下八个方面的主要特征才能被选择为需要保护和扶持的幼稚产业。一是从国内产业发展的阶段来看，该产业还处于发展的初级阶段；二是从该产业的发展趋势看，该产业具有潜在的比较优势和竞争优势；三是该产业市场需求对产业发展

的作用大,收入弹性大,因市场需求增加会带来市场对该产业产品需求增加,收入也会增加,从而带来更大的发展动力;四是生产率增长快,随着技术创新和技术进步,生产成本会降低,投入产出增加,劳动生产率上升快;五是产业关联度高,具有正外部经济效应,产业前向关联、后向关联、横向关联效应大,该产业发展能够带动纵向和横向关联产业的发展,从而带动整个经济的发展;六是该产业具有规模经济递增的特征,随着企业技术的进步,干中学等带来的劳动生产率的提高,生产规模的扩张,市场容量的扩大,产品边际成本逐步下降,市场竞争力逐步增强;七是该产业可实现替代进口并实现出口,该产业的发展不仅是为了满足国内市场需求,更是为了将来逐步占领国际市场,使远期得到的收入大于对该产业保护的成本;八是有些事关国计民生的产业部门,从国家的长治久安出发,需要满足自给自足,国家也要进行扶持发展。所以,不是所有的国内产业都需要保护,只有同时具有这八个特征的产业才是我国应当保护和扶持发展的幼稚产业。2010 年 9 月 8 日国务院发布《国务院关于加快培育和发展战略性新兴产业的决定》,提出新材料、新能源、信息技术、生物、节能环保、高端装备制造和新能源汽车等是我国战略性新兴产业。这七个产业既是国家的战略性产业,也符合这里所说的幼稚产业的八大特征,是我国未来应加以扶持和保护的幼稚产业。

关于幼稚产业保护的期限,李斯特认为,对幼稚产业的保护应该是有期限的,当被保护的幼稚产业具有国际市场竞争力时就不要保护了,或者是经过一段时间保护还不具备竞争力,也不要保护了,最长的保护期限应该不超过 30 年。本书认为,幼稚产业的保护期限应该是一个动态的随机的过程,国家可以随时监控该被保护产业的总量竞争力、产品竞争力、市场竞争力、技术竞争力等评价指标,进行该产业竞争力的实证分析,然后随时调整保护的力度和措施,如果该产业具备了不被保护情况下的生存和发展能力,就不要再实施保护,让该产业在竞争的市场环境下迅速成长、发展壮大,不用设立 20 年或 30 年等具体的时间期限。

7.3　新形势下我国幼稚产业保护的新思路

鉴于当前复杂国际经济形势,要确定我国对幼稚产业保护的新思路,首先应该明确我国对幼稚产业保护的出发点和立足点。我国对幼稚产业的保护的出发点和立足点应该包含三个方面的内容:第一,我国是以发展中国家的身份加入世界贸易组织的,我国可以援引关贸总协定第 18 条关于幼稚产业保护条款和其他 WTO 框架下的产业保护措施对我国幼稚产业进行扶持和保护,因此,我国对幼稚产业的保护和扶持要符合 WTO 的国际规则。第二,我国对幼稚产业的保护要坚持在对外开放的前提下进行,在开放的大环境下要建立和完善经济运行机制,放松行业准入，打破行业垄断，培育统一的国内大市场，控制好幼稚产业的市场开放程度并适当地引入国际竞争，创造有良好竞争性的国内市场环境来培育和提高我国幼稚产业的核心竞争力，并适时将我国幼稚产业推向国际市场以锤炼和提高其市场生存能力和竞争力。第三，借鉴西方发达国家弱化政府保护、强化行业协会保护的通常做法，建立健全我国的行业协会，规范行业协会的组织管理职能，充分发挥行业协会可以制定行业标准、行业认证、检验检疫、参与国际贸易争端解决等优势，维护国内行业利益，保护国内幼稚产业发展的职能。明确了我国对幼稚产业保护的出发点和立足点，我国对幼稚产业保护的思路就比较清晰了。美国经济学家埃兹拉·沃格尔(Ezra Vogel)在《战后日美经济发展回顾》一书中指出，对于事关国家利益全局的重要幼稚产业进行扶持，谁也不会持有异议，关键的问题是在于如何进行扶持和保护。关于如何实施幼稚产业保护，李斯特认为，对幼稚产业保护不是绝对禁止进口，保护应该是有节制的，保护的手段主要是关税保护，保护关税税率应该介于20%～60%之间；对于原材料、技术先进的机器、设备和国内没有能力生产但又是急需的产品，国家应实行免收进口关税或低关税来鼓励进口；对于国内民族产业可以生产的、但缺乏与国外商品竞争能力的进口替代型产品，国家可用高关税限制或禁止进口；在幼稚产业保护的初期可实行40%～60%的关税保护税率，等产业发展到一定的水平，具有一定的市场竞争力以后，持久的关税保护税率应在20%～30%之间。由于国内外经济环境的变化，李斯特的保护手段是不太适用了，但对我们还是有启发作用的。显然，在一国幼稚产业保护和发展的过程中，政府、企业和消费者都起到了关键性的作用。这就把我们从仅仅考虑政府层面的作用，如政府保护政策、政府产业扶持政策等，转向与幼稚产业发展相关的各方面的主要影响因素分析，为我国幼稚产业保护提供了新思路。

本书认为，政府、幼稚产业、消费者在我国幼稚产业的发展过程中都会起到至关重要的作用。政府应充分发挥管理和服务职能，从援引WTO规则、完善立法保护、发挥行业协会功能、完善政府采购制度、培育市场竞争环境、实施贸易政策和产业政策相结合进行幼稚产业扶持和保护等方面，为幼稚产业的发展创造良好的外部环境，从而实现保护和扶植幼稚产业发展的目标。幼稚产业自身应从营造内部创新环境、拓展营销创新、实施品牌战略等方面加快综合创新步伐，增强核心竞争力，为自身发展壮大提供可持续的动力来源。另外，我国幼稚产业的发展，还需要全社会广大消费者的支持。

7.3.1 充分发挥政府职能，保护与扶持幼稚产业发展

我国是世界贸易组织成员国中最大的发展中国家，人口多就业压力大，产业体系不健全发展任务重，经济发展任重道远。因此，从政府层面来看，如何既按照WTO规则行事，又能采取有效手段保护和扶持我国幼稚产业的发展，显然是需要深入研究的一个课题。本书认为，我国政府对幼稚产业的保护可以从援引WTO

规则、完善立法保护、发挥行业协会功能、完善政府采购制度、实施贸易政策和产业政策相结合和培育市场竞争环境等六个方面来保护和扶植幼稚产业发展。

1. 援引 WTO 规则，保护幼稚产业发展

关贸总协定第 18 条 A 节、C 节、D 节明确阐述了有关幼稚产业保护的规定，列明了幼稚产业保护条款，是发展中国家保护本国幼稚产业的援助性条款，规定了发展中国家可以通过关税保护和数量限制保护本国幼稚产业的发展。我国对幼稚产业实施保护，既可以援引 WTO 第 18 条 A 节修改或撤销关税减让，也可采用 C 节实施数量限制的方式。但是在具体援引时，应选择援引第 18 条 A 节条款比较现实，由于 WTO 各成员国都强调要进一步开放市场，特别是发达国家对发展中国家实施数量限制措施更是强烈反对，因此援引第 18 条 C 节条款不成功的可能性极大。援引第 18 条 A 节修改或撤销关税减让，成功的相对可能性大些。综合比较来看，与 GATT 的其他保障条款相比，幼稚产业保护条款的实施条件较为宽松。成员国援引幼稚产业条款不受三年约束期的限制，不需要以国内产业受到损害为前提，不需要报请世界贸易组织有关机构批准，援引条件相对优越。幼稚产业保护条款对发展中国家建立特定产业、发展民族经济、增加贸易政策的灵活性方面都起到了一定的作用，是发展中国家可以有效采用的一种重要的保障条款。

除了关贸总协定第 18 条规定发展中国家可以在一定条件下通过关税保护和数量限制保护本国幼稚产业外，WTO 并不反对各成员国在一定条件下采取非关税措施来实施对国内幼稚产业的保护。非关税措施名目繁多，主要有进口配额、自动出口配额、进口许可证、外汇管制、歧视性的政府采购、贸易的国家垄断、国内税、进口的最低限价、禁止出口、进口押金、海关估价、技术标准、技术法规、包装、标签、绿色环保、动植物检验检疫措施、原产地规则、苛刻的技术、卫生、检验标准、生态环境、健康安全等措施。不管是直接性还是间接性的非关税措施，不管是数量化的、财政性的还是行政性的非关税措施，只要是在 WTO 框架下允许的非关税措施，我国都可以充分利用其来保护本国幼稚产业。

另外，WTO 允许各成员国在特定条件下可以采取反倾销、反补贴和保障措施等贸易救济措施以维护公平的市场竞争环境、抵制不公平竞争。随着 WTO 框架下关税水平的逐步降低，进口许可证、进口配额等限制措施越来越难以使用，反倾销、反补贴和保障措施已经逐步成为世界各国对本国产业进行保护的主要手段。

综上所述，我国援引 WTO 规则保护幼稚产业发展不仅在理论上是可行的而且在实践上也可以积极借鉴其他国家成功的实践经验。在各国关税普遍降低的背景下采取高关税保护手段容易遭受报复，应顺应世界保护潮流尽可能采用非关税措施，但可以像美国那样把关税手段作为一种报复工具。但无论是关税措施、非关税措施还是贸易救济措施在保护和扶持幼稚产业发展上都各有利弊，在具体实践中应视具体情况有所侧重，并相互配合使用。我国援引 WTO 规则保护国内幼稚产业的发展，目的就是要培育产业竞争优势，提高幼稚产业竞争力，并通过加强国家间双边交流或多边协调，共享国际贸易利益，促进国家经济发展。

2. 完善立法保护，保护幼稚产业发展

完善贸易立法，促进幼稚产业发展已成为世界各国的共识。20 世纪 70 年代以来，不管是发达国家还是发展中国家都把贸易立法保护本国幼稚产业作为了首要举措。特别是许多发展中国家在经济全球化背景下，为了保护本国的幼稚产业的成长纷纷加强贸易立法进程，利用法律手段对幼稚产业进行保护，从而建立起科学的、高效的、合法的幼稚产业保护机制，发展中国家对幼稚产业进行国内立法保护，既符合世界贸易组织对成员国的贸易管制公开化、透明化的要求，又使一国的幼稚产业保护具有政策的规范性、严肃性、连贯性和有效性。

以贸易立法加强产业保护是美国一贯的做法，美国也是世界上贸易法律体系比较完善的国家，如美国制定的《对外贸易法》，特别是 201 条款和 301 条款是一种非贸易壁垒性报复措施，突出显示了美国对产业保护的强力作用。日本 20 世纪 50 年代至 70 年代制定实施的《振兴机械信息工业临时措施法》《振兴机械工业临时措施法》《振兴特定电子工业及特定机械工业临时措施法》《振兴电子工业临时措施法》等对于促进日本幼稚产业的发展起到了重要作用。

我国 2002 年实施的《中华人民共和国进出口管理条例》中借鉴和吸收了外国的一些立法范例和国际贸易组织的规则，制定了一套多角度多层次保护国内产业和国内市场的法律法规，其中规定了国家为了建立和发展国内幼稚产业，在现有措施保障无法实现时，可采取禁止进口或限制进口的临时性措施。2002 年国务院颁布的《中华人民共和国反倾销条例》《中华人民共和国反补贴条例》《中华人民共和国保障措施条例》，为我国建立产业投诉机制、规范调查程序、完善法律体系，利用国际多边争端解决机制，维护我国经济利益提供了依据。

另外，我国应在技术标准、技术法规、政府采购、包装、标签、绿色环保、动植物检验检疫、原产地规则、检验标准、生态环境、健康安全、原产地规则等技术性贸易壁垒措施方面建立和完善法规规定，完善对民族商标、品牌、原产地地理标识等方面的知识产权保护，保护民族利益，扶持民族产业发展。同时，从立法角度对具有较强垄断市场实力的跨国公司进行规范化管理，避免我国幼稚产业受排挤而从市场出局。

因此，我国应加强研究美国、日本、德国、韩国、印度等对国内幼稚产业立法保护的成功经验，尽快形成我国比较周密和完备的贸易法律体系，通过这些保护幼稚产业的法律法规的出台，有利于加强全社会对扶持、发展和保护幼稚产业的重视程度，有利于从法律上对幼稚产业发展所需要的财政、货币、金融、税收、外汇、融资、技术、组织等货币政策、贸易政策、产业政策和金融政策进行规范，从而有力促进幼稚产业的成长与发展壮大。

3. 发挥行业协会功能，促进幼稚产业保护

世界贸易组织为了秉承鼓励公开公平竞争，减少贸易壁垒，促进贸易自由化的原则，在签署的各项协议中均对成员国政府的行为进行了约束。于是各国政府为了规避 WTO 规则对政府行为的约束，扶持和保护本国幼稚产业，都在另辟蹊径，积极发挥行业协会在幼稚产业保护中的作用，行业协会作用日趋重要。我国是世界贸易组织成员国，遵循国际贸易有关协议的规则，我国政府也要进行管理职能与管理方式的转变，从全能型政府向服务型政府转变，从以行政手段管理为主的直接管理向以经济手段与法律手段为主的间接管理转变，应把宏观调控、维持社会基本秩序和提供公共产品与服务作为政府本位职能，打造一个既适应社会主义市场经济又符合国际规则的高效便捷的行政管理体系。因此，为了适应多渠道多层次保护国内幼稚产业的需要，我国也要充分发挥行业协会功能。

行业协会是政府与企业之间的中介组织，在政府和企业之间发挥着桥梁与纽带作用，是企业自我服务、自我管理、自我教育、维护企业权益、规范市场行为、促进行业发展的非盈利性社会组织和社会法人团体。在发达国家中，行业协会是自律性民间组织，帮助企业协调内部竞争关系、开拓国际市场、影响政府经济决策等方面发挥着重大作用，促进本行业的发展，政府也会通过行业协会来影响国内企业的生产与决策，实现政府的政策目标，发达国家行业协会已成为很有影响和实力的组织。例如美国有 160 万个非营利机构，财产总额达 2 万亿美元，年收入 1 万亿美元，从业人员占就业人口 10%以上。而我国现有行业协会与发达国家相比差距还很大，其发展还存在一些问题，主要体现在企业会员数量少、覆盖面窄、代表性不强，没能真正代表整个行业；服务意识不够，针对行业特点开展的对企业生产与经营有实际功效的服务不够；数量偏少，分布不尽合理，我国行业协会大多分布在传统产业，如包装、钢铁、食品等，新兴产业较少，会员大部分是国有企业，民营企业入会比例较低，沿海发达地区的行业协会发展比较完善，中西部地区较少；我国行业协会的发展目前存在缺少资金、缺少人才、缺乏高效管理等方面问题，政府扶持经费少，社会捐赠意识不强，专职工作人员少，工作能力有待提高，更缺乏有效的管理能力，并且行业协会没能实现真正把促进行业发展作为协会服务的目标。由于协会并非企业自发组建，即使行业协会行为不符合企业利益时，企业对行业协会行为也没有发言权，更不具有解散改组的权利。因此，我国政府应积极采取措施引导、扶持行业协会的建立，坚持"民营、民管、民受益"的原则，建立以企业为主体，以协会为依托，以民主决策为核心的行业自律机制，形成自我服务、自我约束、自我管理的管理机制，尽快完善行业协会立法，做到有法可依、有章可循，创造行业协会发展的良好环境，充分发挥行业协会的功能。

行业协会的功能主要包括通过制定行业标准，尽可能限制外国商品进口；代表国内企业，发起反倾销、反补贴申诉，组织和帮助国内企业积极应对国际诉讼；协调商品价格，帮助企业一致行动，开拓世界市场；利用 WTO 贸易救济原则，保护国内企业；提供信息咨询服务等。各行业协会可以组织制定各行业相关技术、产品、质量等标准，实施认证体系，开展检验检疫等，设置各种非关税壁垒，维护行业利益，保护国内幼稚产业的发展。由于各行业协会的行为不受WTO监督机制和贸易争端解决机制的约束,所以我国应充分发挥行业协会功能,扶持和保护国内幼稚产业的发展。

4. 完善政府采购制度,扶持幼稚产业发展

政府采购是一种既具有行政性又具有市场性的特殊行为,政府采购既要实现政府的政策意图,又要为社会经济发展目标服务。政府采购的政策功能主要表现在保护民族幼稚产业、扶持不发达地区和少数民族地区经济发展、稳定物价、促进产业结构调整、促进中小企业发展、支持就业、调节国民经济运行、保护公共环境等方面。

从世界各国的经验来看,对国内幼稚产业的扶持手段多种多样,但世界各国都普遍采用一种方法就是政府采购制度。根据世界贸易组织规定,各国在实施政府采购时要给予外国企业以国民待遇,不得歧视外国企业。但在实际操作中,WTO各成员国都在程度不同地利用政府采购政策,扶持本国幼稚产业的发展。

20世纪六七十年代,日本政府采购政策对本国计算机工业进行了大力支持,日本政府要求政府各部门和教育系统应优先采用国产计算机,1982年日本官方市场占国内市场的18%,国产计算机的市场份额达90%以上,日本国内4家主要的计算机生产企业对官方市场的依赖程度达到30%左右,政府采购对日本计算机产业的发展起到了重要的扶持作用。2009年美国总统奥巴马公开宣称政府优先采购美国产品,而美国的高新技术产业的发展都是在美国国防部和财政部等的巨额采购下发展壮大起来的。法国政府规定要优先购买法国生产的计算机和航空电子设备,韩国规定政府要优先购买韩国汽车等。由此可见,政府采购是世界各国对本国幼稚产业所普遍采取的一种扶持政策。

因此,我国政府在不违背国际相关协定的情况下,应规定要优先采购本国产品、或规定采购中的本国产品和劳动力含量、或给予国内投标者一定程度的优惠、或在涉及国家安全、产业安全等领域限制或禁止国外供应商进入本国政府采购市场等,通过购买本国产品,带动经济发展,扩大就业,扶持幼稚产业发展,彰显政府维护公共利益和保护国内幼稚产业的社会责任,使使用本国产品成为一种社会崇尚。

5. 实施贸易政策和产业政策相结合,保护和扶植幼稚产业发展

产业政策是指国家对国内产业实施的干预措施,是国家加强宏观调控,优化产业素质,合理配置资源的重要手段。产业政策针对特定产业实行补贴、税收优惠、金融贷款优惠等措施,产业政策理论包括技术传递理论、制度主义理论和结构主义理论。产业政策的主要理论观点是贸易主要由技术进步决定的、国际贸易的结构是由发达国家和发展中国家的技术差异造成的;国家和社会制度的差异影响一国产业的国际竞争力,不同的制度配置对一国产业的发展起到巨大影响作用;国家在国际经济体系中的相对地位对一国产业发展路径影响很大,非霸权国家应采取措施保护本国幼稚产业，并依靠促进出口和国外投资来促进本国产业发展。贸易政策是国家对对外贸易的干预措施。贸易政策手段主要是关税措施和非关税措施。产业政策和贸易政策相结合已成为世界各国保护和扶持本国幼稚产业的一种普遍做法。

日本、韩国、美国等典型工业化国家在历史上就有这样的成功实践。20 世纪五六十年代日本是全球产业转移的主要目的地，日本制造业处于全球产业链的低端环节，日本产业引进的技术大多是美国和欧洲逐步淘汰的技术和专利，产品附加值也较低。面对欧美产业的激烈竞争，日本为了保护国内幼稚产业，实行高关税、设置进口壁垒和限制利用外资等贸易措施。同时，日本为了扶持本国幼稚产业又实行以产业结构政策为核心的完整的产业政策体系，具体措施包括高技术产业政策、产业用地政策、产业技术政策、产业扶植及振兴政策、产业保护政策、竞争秩序政策、消费者保护政策、海外市场开发资助政策、中小企业政策、流通政策、衰退产业合理化及调整政策等，产业政策包括的内容复杂，结构广泛，范围很广。但日本经济在产业政策、贸易政策和金融财税政策的扶持下，20 世纪 50 年代末期和 60 年代日本引入欧美现代化大型生产设备，重点发展了钢铁、石化等基础材料型重化工业，20 世纪 70 年代重点发展汽车、电子、机械等加工组装型产业，20 世纪 80 年代初日本汽车、家电、钢铁、纺织、造船和半导体等产业都居于世界第一，超过了当时的美国，日本成为世界工厂。日本二战后通过实施有针对性的产业政策、贸易政策和金融财税政策，既建立起比较完善的富有国际竞争力的国内产业体系，又保持了国民经济的稳定持续增长。20 世纪 60～80 年代，韩国为了实现经济增长选择了出口导向型的工业化发展战略，实施的贸易政策主要是汇率政策和以金融优惠、减免税、补贴为主要内容的出口援助政策，实施的产业政策主要是在不同国内外经济环境下确定不同的幼稚产业进行保护，并以产业外向型发展为目标，带动国民经济的发展。如韩国的汽车、造船、石油化工、半导体、铁路、航空等产业就是在政府扶持下发展起来的。面对日本、欧洲在国际市场的激烈竞争，1994 年美国决定五年重点扶持五个产业领域的发展，通过产业政策、金融财税政策的引导，美国加大对扶持产业的基础设施建设力度，加大研发资金的投入，使研发资金占 GDP 的比重逐年增加，积极引导社会金融资本进行风险投资，用财税、补贴等手段鼓励技术创新，并建立起政府、企业、大学、研究机构紧密合作关系，推动生产力的发展。20 世纪 90 年代以来美国经济持续增长了九年，形成美国经济发展史上一道亮丽的风景线。还有德国、印度、巴西等一些国家的成功实践都为我国幼稚产业保护提供了良好的思路。

我国传统幼稚产业保护手段主要是靠贸易政策来实现的，同时实行高关税措施和一定程度的非关税壁垒措施，但面对发达国家与我国工业技术的巨大代差，高关税阻止不了外国商品的侵入，并且高关税在世界贸易组织框架下也难以有效实行，另外，跨国公司为了避开我国的非关税壁垒，采取直接投资或兼并或组成战略联盟的方式进入我国国内市场，使得非关税壁垒对幼稚产业的保护能力在消弱。

因此，对幼稚产业的发展，国家要明确幼稚产业优先发展、重点扶持、适度保护的原则，制定合理的产业政策和贸易政策，给予金融、财政、税收、外贸等方面优惠措施，促进产业发展。在具体环节上，国家可以按照政策效果进行安排。在幼稚产业的保护上，我国应坚持以关税政策和非关税政策为主导的贸易政策，特别是要加强在世界贸易组织框架下的可以使用的非关税壁垒措施的研究，为我国幼稚产业的成长创造一个良好的外部环境。在幼稚产业的扶持上，我国应坚持以生产补贴、出口补贴、金融优惠、财税优惠等措施为主导的产业政策，特别是要以培养与提高我国幼稚产业内在核心竞争力为立足点，促进产业的技术创新、管理创新、工艺创新、产品创新和营销创新等，促进我国产业的发展。

6. 培育市场竞争环境，提高幼稚产业竞争力

在国际经济新形势下，对幼稚产业的保护要坚持扶持和提高市场竞争力相结合的原则。扶持幼稚产业的发展，要创造一个统一的、符合社会主义市场经济运行机制的国内市场环境，还要适度地引入国际竞争，培养和提高国内幼稚产业的市场竞争力。

我国应以完善社会主义市场经济运行机制为契机，以世界贸易组织条款、国际惯例为依托，破除地方保护主义的藩篱，打破地区之间、城乡之间的市场障碍，完善社会主义市场经济制度，建立一个统一规范的国内大市场，形成良好的市场经济运行机制，提供一个开放的、公平的、竞争性的市场环境，为幼稚产业实现规模经济，提高市场竞争力奠定良好的基础。

国内外产业的发展实践证明，激烈的竞争能促使某一产业中的各个企业都更加关注生产工艺的改进、管理水平的提高、产品质量的升级、研发活动的投入和售后服务的改善，从而提高产业整体竞争力。如果一国某一产业的国内市场竞争越激烈，产业竞争力就会提高越快，与国外先进技术水平的差距就会缩小，就越能有效阻止外国竞争者的进入，越有利于幼稚产业的发展和壮大。我国的彩电、冰箱、洗衣机等小家电产业的发展就证明了这一点。事实上，受扶持的产业并不比其他产业需要更多的成本保护，产业自身也能成长，但为了避免在幼稚期和成长期被发达国家产业挤垮，所以需要一定期限的保护。但是过度的保护对幼稚产业的危害也很大，过度保护可能会使受保护的产业不思进取会导致资源的使用效率低下，造成资源浪费，因此，在保护产业发展的同时必须培养适度的市场竞争。为了提高国内市场的竞争程度，可以适度吸引国外资本直接投资，既引进了跨国公司大量资金、先进技术、先进管理、先进生产工艺和服务，同时又要把握好尺度，不能对幼稚产业造成太大的冲击，并采取优惠措施促进产业集群的形成，这样更有利于我国幼稚产业的成长和发展。亚当·斯密认为，一个国家如果立即全部取消高关税和进口禁令，本国市场就会被外国廉价的货物所涌入，本国人民就会失去工作，这样的混乱后果是十分严重的。

由此可见,控制好对幼稚产业的保护程度就显得尤为重要。唐海燕的《适度开放论》就认为我国加入 WTO 后国内商品和服务市场要实行适度开放。日本 1955 年加入 GATT,但直到 1964 年彩色电视机、1965 年轿车、1974 年集成电路等产业才真正实现贸易自由化。

因此,我国幼稚产业市场的开放应根据客观条件有步骤、有选择性地进行开放,并且要对这些产业实施必要的产业保护,提高幼稚产业适应和抵御外来冲击的能力。在保护我国幼稚产业的同时,要积极培育和提高内部竞争程度,在国内企业的相互激烈竞争中提高企业的核心竞争力,以适应国际市场更高水平的市场竞争。还要适当引入外资,引进先进技术和先进的管理方法,形成国际合作与竞争的发展环境,从而有利于幼稚产业快速成长。

7.3.2　幼稚产业加快综合创新步伐,增强核心竞争力

1776 年亚当·斯密在《国民财富的性质和原因的研究》中论述了社会分工的重要性,并认为社会分工有助于某些机械的发明,这将会减少生产劳动的投入,提高劳动生产率。显然,亚当·斯密所说的"某些机械的发明"就是指科技创新。1912 年美国哈佛大学的约瑟夫·熊彼特在以德文发表的《经济发展理论》一书中认为"经济发展是以创新为核心的演进过程",首创了用创新理论解释经济发展的模式,他认为,一国经济中如果没有创新的存在,就是一个没有发展、没有增长的静态的经济,经济的发展是因为经济体系中创新的不断出现,创新就是把生产条件和生产要素的新组合引入生产体系获取潜在的利润。创新的内容包括开发新产品或赋予产品新的特性、采用新生产方法、开辟新市场、控制原材料或中间产品的新来源、实现工业的新组织方式,即产品、技术、市场、资源和组织创新。创新发展战略是国家对幼稚产业扶持发展的具有全局性、长远性、方向性的重大战略,因此幼稚产业在制定发展战略时,要以全球视野分析与研究企业外部与内部创新环境的各种变化,着眼于增强产业的核心竞争力,才能在复杂的国际市场竞争中占有一席之地。

产业的核心竞争力是一种综合的、集成的能力,具有核心竞争力的产业主要表现在技术难以模仿、技术不会轻易转让、产品具有不可替代性、产品附加值高、市场具有一定的垄断性等。如果以企业是否具有核心竞争力对企业进行分类的话,企业可以由低到高分为四个等级:三流企业、二流企业、一流企业、超一流企业。这四种企业由于创新能力不同所以在市场中的地位和作用是不同的:三流企业依靠廉价劳动力进行代理加工业务;二流企业销售附加值低的产品,获利不多,勉强维持;一流企业依靠出卖技术与专利、销售附加值高的产品,市场占有率高,获利丰厚,并可提供研发资金支持企业不断创新;超一流企业则制定市场与产品的标准和规则,主导世界市场,在国际市场形成垄断,获取极高的超额利润。国际市场的竞争是各国产业实力之间的竞争,一国产业竞争优势的建立依赖于核心竞争力的不断优化

与提升，提升产业竞争力的路径就是要坚持把产品创新、技术创新、服务创新、管理创新、企业文化创新、国际营销创新等放在产业成长和发展的每一个环节，形成创新集成合力，不断培育和增强幼稚产业内生增长的动力。

1. 幼稚产业应积极营造内部创新环境

首先应树立以创新思想为指导，不断地进行企业内部创新，主要体现在技术创新、产品创新、企业文化创新等方面。

(1) 技术创新要坚持商品化、市场化、国际化的创新标准，坚持利用引进、消化、吸收国外技术和自有科技人才研发相结合，坚持以满足市场需求和创造市场需求为导向、以用户满意度最大化为指导思想的技术创新；

(2) 产品创新，关键是要不断地用新产品开发新市场，从相关产业多元化到无相关产业多元化的深度开发。对于资本密集、知识密集、技术密集型幼稚产业，要积极利用国家产业扶持政策，坚持自主创新，坚持把"高、精、尖"技术的引进与消化、吸收、利用相结合，以"人文、绿色、环保、节能"为生产方向，克服资源约束，减轻环境压力，把扩大高新技术产品出口的数量和出口质量有机统一起来。

(3) 文化创新，主要是指在我国主流意识形态指导下，要有把人文和发展紧密联结的国际化文化意识，积极树立"财富、法律、道德、责任"有效统一的社会形象和国际形象，坚持民主管理、自我控制、自我激励、全员参与的管理模式，建立核心价值观，增强归属感、认同感、成就感，形成锐意进取、追求卓越的文化内涵，凝聚合力，使幼稚产业的发展保持旺盛的生命力。

另外，幼稚产业还要加强树立可持续发展的创新理念，不断地进行业务流程创新、质量管理创新、基础管理创新、物流管理创新等方面的集成创新工程。

2. 幼稚产业应积极拓展营销创新

营销创新对于幼稚产业的长期生存与发展至关重要。营销创新，就是幼稚产业要根据市场环境的改变，不断调整营销策略组合，拓展新渠道，丰富新内容，实施新战略。幼稚产业在开拓市场时可采取差异化战略、细分化战略、创造市场战略等，巩固市场时可采取服务创新战略、大市场营销组合战略等，不论在哪个阶段都应把开展电子商务环境下的网络营销贯穿其中。

(1) 差异化战略、细分化战略。在开拓市场时针对依不同标准划分的每一细分市场根据消费者需求来研发新产品，采用不同主题广告宣传，推出不同价格、质量、功能的产品，制定相对独立的营销方案，实施差异化和细分化市场开发战略。

(2) 创造市场战略。市场供求理论告诉我们市场和需求是可以创造出来的。幼稚产业可以通过收集和分析市场信息，依托开发高新技术打造"产品本土化、功能适用化、设计人性化、外观美观化、性能实用化"的产品，激发消费者欲望，满足消费者的物质和精神双重需求，实现创造市场战略。

(3) 大市场营销组合战略。为了在激烈市场竞争中取胜，幼稚产业应积极实施大市场营销组合策略，实施以市场需求为导向的产品创新，坚持优质优价的定价策略，坚持以社会责任和社会利益为导向的促销策略，坚持直接和间接销售并用的渠道销售策略，坚持一切从顾客出发的营销组合策略。通过营销创新，引导社会公众行为，使得全社会消费者都纳入到对幼稚产业保护和扶持的自觉行动中，最终实现幼稚产业长期发展与社会效益不断提高的双赢局面。

(4) 网络营销战略。幼稚产业应利用先进的信息技术实现网络化采购、经营、管理、营销和服务的统一，建立电子商务平台。在线提供产品在线预定、个性化定制、智能导购、信息反馈等服务，利用用户反馈信息，确定研发方向，满足消费者需求；还可以建立内部网，实时掌控和共享信息，实现优势互补；特别是通过电子商务网络与世界各地建立动态商业联盟，建立产品、服务、品牌优势，为产业的发展壮大提供可持续增长动力。

3. 幼稚产业应积极实施品牌战略

随着美国金融危机在世界影响的进一步扩展和深化，世界经济与贸易形势出现深刻变化，国家之间经济实力的较量已经由市场竞争的主体——企业作为载体充分表现出来，而企业的核心竞争力主要表现在品牌竞争力上面。

2010年《福布斯》杂志以企业资产额、销售收入、利润、市场价值为主要依据，发布全球企业2000强排行榜，其中美国上榜企业515家，日本上榜企业210家，中国上榜企业113家，中国最靠前的排名是中国移动，排名第23名，其他上榜的中国公司排名在第23名至484名，与美国等发达国家相比，不论是在数量上还是在排名上的差距都很大。

2010年福布斯发布的《最佳中国品牌价值排行榜》中，中国移动排行第一，品牌价值2028.6亿元，第二名中国人寿995.1亿元，第二十名东风汽车53.3亿元。据市场研究公司Millward Brown的2010年《全球100大最有价值品牌》报告，Google是全球最有价值的品牌，品牌价值达到1142.6亿美元，中国移动品牌价值仅526.16美元。

世界品牌实验室依据品牌的世界影响力(市场占有率、品牌忠诚度、全球领导力)发布的2010年《世界品牌500强》中，品牌强国美国占据237席位列第一，法国47席位列第二，日本41席位列第三，中国17席。排名最靠前的中国品牌是CCTV(61名)、中国移动(69名)，其余都在82～427名之间。而美国垄断前九名坐席。

由此可见，我国产业的品牌建设还有很长的路要走。曾有营销专家说，产品市场可能会饱和，但品牌的影响力永远不会饱和。这句话对我们有一定的启发意义。扶持、发展国家幼稚产业的民族品牌，打造具有国际影响力的国际化品牌是我国幼稚产业发展的必由之路。产业的市场竞争在很大程度上就是品牌竞争，就是影响力的竞争，反映的就是科技水平和综合实力高低。

因此，品牌是宝贵的无形资产。良好的国际品牌形象，一是代表商品质量过得硬；二是有助于消费者在良莠不齐、种类繁杂的商品中辨别、识记，明确区分产品的优劣，培养消费者对品牌忠诚度；三是促进产品质量不断提高，改善售前、售中、售后服务，加大研究与开发力度，提高管理水平，增强产品的市场竞争力，使企业在市场上始终保持良好的形象。

由此可见，幼稚产业在营销实践中要坚持在技术、产品、管理、营销上进行创新，实施品牌战略，不断增强核心竞争力，为长远发展奠定坚实的基础。

首先，幼稚产业品牌战略的实施离不开政府的扶持。由国内外品牌发展的经验可以看出，任何一个国家企业品牌的发展壮大都离不开政府、企业和社会等各方面的共同努力。特别是政府对企业品牌的成长和发展起到至关重要的作用。

（1）制定战略规划，鼓励和扶持民族品牌发展

政府应把扶持民族品牌发展列入国民经济和社会发展纲要的战略规划中，认真研究制定扶持民族品牌发展的总体规划、各地区规划、各部门规划、各行业规划，建立实施民族品牌战略的执行系统和监控系统，完善发展民族品牌的激励机制。特别是在产业政策体系的制定，如何选择和确定战略性幼稚产业，规划幼稚产业的发展目标，扶持幼稚产业发展的政策措施等都是政府政策体系上应该明确的内容，这样有利于企业在品牌创造上与政府扶持政策保持一致，有利于企业利用政府提供的税收、折旧、贷款等方面优惠条件开发技术含量高、附加值高、物耗率低的有市场潜力的重点行业的重点产品，实现品牌发展战略。政府还可以引导企业开展建设品牌，组织企业之间进行品牌建设的经验交流，推动民族企业实施品牌战略。

（2）政府完善法律体系，促进品牌发展与保护

国家对品牌保护的法律体系是否完善对于一国企业的影响是深远的，企业实施品牌战略离不开国家法律的保护。完善《产品质量法》《专利法》《商标法》《公司法》《消费者权益保护法》等法律法规有利于促进我国企业提高产品质量，鼓励和促进企业实施品牌发展战略，对假冒伪劣的违法犯罪行为通过司法程序来进行法律制裁，规范品牌竞争，保护民族产品与品牌的声誉。例如品牌的商标保护就是品牌保护的一个关键环节。商品保护的首要目标就是要保护商标的专用权。商标专用权包括商标使用权、商标继承权、商标转让权、商标的许可使用权等。保护商标专用权就可以实现全面地、综合地保护企业品牌的作用。1885 美国佐治亚州的药剂师潘伯顿(John Pemberton)把碳酸水和苏打水混在一起形成深色糖浆，于是一款最成功的软性饮料可口可乐诞生了。至今可口可乐已发展了一百多年，根据《福布斯全球最有价值 500 品牌排行榜》，2009 年可口可乐品牌价值 327.28 亿美元，位列全球第二，仅次于沃尔玛，市值高达 1045.19 亿美元。2010 年可口可乐品牌价值 348.44 亿美元，位列全球第三，仅次于沃尔玛和谷歌，市值高达 1325.43 亿美元。可口可乐长盛不衰的奥秘就在于它的商标、配方、包装技术、广告宣传、外观设计等版权严格受到法律保护。可口可乐公司总裁伍德拉夫曾经说过，即使可口可乐公司在一夜之间化为灰烬，凭着可口可乐品牌资产，可口可乐仍会在很短的时间内重建帝国。从这句话中可以看出品牌对一个企业的巨大作用。

其次，幼稚产业品牌战略的实施要分析和研究具体举措。

（1）分析与研究产业发展前景

企业实施品牌战略要投入大量人力、物力、财力，因此，企业实施品牌战略就要首先考虑产业的发展前景和竞争环境。国家新兴幼稚产业由于处于国内产业技术成长阶段，存在市场需求的不确定性和技术发展的不确定性，可能存在的大量沉淀成本对幼稚产业的发展是个巨大的影响，这就要求政府要为企业在该行业的发展指明前进的方向，明确政府支持的政策和措施，企业积极进行市场调研，分析和研究产业的发展特点、政府产业政策、产业竞争状况、产业规模经济性、产业发展的关联性、企业的比较成本优势、产品差异化战略、产业的进入与退出壁垒等，才会大规模地投入研究与开发，不断进行技术引进、消化、吸收、改进和创新，提高顾客对企业产品的忠诚度，从而创立良好的品牌形象。

（2）技术创新能力的培养

技术创新是企业不断开发新产品的动力源泉，企业只有通过技术创新才能赋予企业品牌新的科技内涵和新的生命力，保持企业的持续发展。企业应在国家对企业研发的财政扶持下，积极加大研究与开发经费投入，开展基础研究和应用研究，不断开发新产品、新工艺、新材料，或者引进国外先进技术，通过消化、吸收，进行模仿创新或差异创新，最终实现自主创新，营造企业市场竞争优势，创立世界一流品牌。企业家的组织管理、市场开拓和创新精神，直接影响着企业品牌战略的制定、实施、发展、扩张和维护，因此，企业品牌的塑造离不开优秀的企业家队伍。

（3）塑造企业文化和完善激励机制

优秀的企业文化是实施品牌战略的保障。企业文化建立的目的是为了实现企业的经济价值和社会价值，获得社会对企业的所认可并支持，形成企业产品的营销功能，获得市场上有形和无形资产的价值，提升企业生产力，实现品牌战略。可口可乐总裁伍德拉夫曾说过，我们向世界出售的并不仅仅是99.7%的糖水，而是一种美国文化。目前我国市场主体的创新动力严重不足显然是与激励机制不完善有很大关系。必须建立和完善有利于促进幼稚产业发展的激励机制，加快完善有利于产业发展的学术环境、工作环境和政策环境，支持并引导企业建立创新人才评价、培养、使用、激励机制，尽快完善科技成果的奖励和转化机制，促进科技创新。

（4）分析与研究市场资源环境

企业实施品牌战略时，应根据不同市场深入调研顾客内在需求，开发适用性差异化的产品，不同区域应开发不同特色的产品组合来刺激和满足市场需要，并通过维护顾客忠诚度来巩固市场份额。优秀的产品质量，厚重的文化内涵，广泛分布的稳定的营销网络，为顾客用心的服务是企业实现品牌战略的途径。

综上所述，幼稚产业的创新首先在环节应是系统化、集成的创新活动，只有把局部创新有效整合起来才能形成产业创新的合力，打造出幼稚产业的核心竞争力，实现幼稚产业的发展和壮大。

7.3.3 消费者对幼稚产业的支持

幼稚产业的发展，离不开政府提供的良好的外部环境，也离不开幼稚产业由自身的技术、管理、工艺、设备、知识、营销和服务等的创新所带来的市场竞争力的增强，但归根结底，幼稚产业的发展离不开全社会广大消费者的支持。

首先，我国政府应该积极引导国内消费者购买国产幼稚产业产品。

政府应通过政府采购制度，规定政府部门和企事业单位在采购产品时，在符合世界贸易组织规则框架下应优先采购本国产品，从而为国内消费者的消费行为提供榜样，引导国内消费者的爱国消费情感，使消费者的个人消费价值取向同政府引导的支持幼稚产业发展的社会价值取向统一起来，使广大消费者明了其个人消费行为与国家扶持和保护的幼稚产业发展、与国家产业结构调整、与国民经济持续稳定健康发展、与国家复兴是紧密相关的，就能使消费者的爱国消费热情得到释放，增强使用国产产品的自豪感，形成有利于我国产业发展的社会消费环境，从而从根本上支持我国幼稚产业的发展和壮大。总之，要通过对消费者的引导、教育、宣传，激起消费者的国民意识，使消费者认同和支持幼稚产业的健康发展。

其次，我国消费者应积极购买国产产品，扶持幼稚产业的成长。

消费者在购买使用国产产品的过程中，应积极向国内生产厂家进行消费信息反馈，提出产品使用的优点、缺点以及需要进一步改进的方向，以利于厂商根据消费者的需求进行相应的技术研发、工艺改进、营销网点的优化、售前售中售后服务的改善、产品质量的改进等，从而促使厂商从内部进行调整和改进，进一步开发出实用型、时尚型、服务型产品，既能满足消费者需求，也能进一步扩大市场占有率，为实现规模经济，降低生产成本，提高市场竞争能力奠定良好的基础。

最后，我国消费者要支持幼稚产业的发展，要增强知识产权保护意识，支持国产品牌的树立。

当代社会产品市场竞争力的实现，一靠质量，二靠宣传，三靠创新。这里的质量就是指产品质量和服务质量。这里宣传的含义很广，包括广告投入、营销网络的设立、售前售中售后服务、品牌的创立等，消费者购买产品的行为往往会受到各式广告宣传的影响，在保证质量的前提下，品牌效应就出现了。这里的创新是指新产品、新工艺、新技术、新渠道、新管理等。在市场信息不对称的情况下，消费者往往只能选择名牌产品来降低自己购买产品的风险。因此，在消费者支持国内幼稚产业发展的过程中，要加强对名优品牌产品的保护，对假冒伪劣商品的制造、生产和销售进行坚决的检举、揭发和投诉，对仿冒产品进行坚决消费抵制，使得国产品牌站得住、站得稳国内市场，从而为进一步实现规模经济，进军国际市场打下良好的基础。

7.4 本章小结

本章首先论述了产业全球化的加速发展、跨国公司直接投资活动的加强、科技创新节奏的加快、贸易自由化趋势的发展等国际新形势的发展变化，旨在说明在新的国际形势下对幼稚产业的扶持与保护的传统方法面临着困境。然后，对新形势下的幼稚产业的含义进行了新的界定，并从新的角度说明了幼稚产业的选择标准和保护期限的规定。最后论述了我国幼稚产业的扶持和保护是一个系统工程，需要政府、消费者的大力支持和幼稚产业自身核心竞争力的增强。我国政府应充分发挥管理和服务职能，从援引 WTO 规则、完善立法保护、发挥行业协会功能、完善政府采购制度、培育市场竞争环境、实施贸易政策和产业政策相结合进行幼稚产业扶持和保护等多方面为幼稚产业的发展创造良好的外部环境，从而实现保护和扶植幼稚产业发展的目标。我国幼稚产业自身也应该从营造内部创新环境、拓展营销创新、实施品牌战略等方面加快综合创新步伐，增强核心竞争力，为自身发展壮大提供可持续的动力来源。我国幼稚产业的发展，还需要全社会广大消费者的支持。市场的需求是幼稚产业发展最强大的动力，消费者的支持也是最有力的支持，因此，要通过对消费者的引导、教育、宣传，激起消费者的国民意识，使消费者认同和支持我国幼稚产业的发展。

参考文献

[1] A·E·门罗. 早期经济思想:亚当·斯密以前的经济文献选集[M]. 北京:商务印书馆,1985.

[2] 埃兹拉·沃格尔. 战后日美经济发展回顾[M]. 北京:机械工业出版社,1988.

[3] 白仲林,王文莲. 中国汽车工业的市场分析与战略优化[M]. 北京:中国财政经济出版社,2003.

[4] 曹东溟,关士续. 美国汽车产业技术创新史上的三个案例[J]. 科学技术与辩证法,2005(2).

[5] 曹英. 李斯特贸易保护主义理论评析[J]. 安庆师范学院学报:社会科学版,2000(1).

[6] 曾令成. 试论日本汽车工业的产业政策[J]. 中国人民大学学报,1990(6).

[7] 陈宝森. 美国经济与政府政策:从罗斯福到里根[M]. 北京:社会科学文献出版社,2007.

[8] 陈海峰. WTO 幼稚产业条款的适用分析[J]. 湖北汽车工业学院学报,2003(2).

[9] 陈家勤. 国际贸易论[M]. 北京:经济科学出版社,1999.

[10] 陈曦. 国外科技创新的政策支撑体系综述[J]. 知识经济,2008(1).

[11] 陈良猷,韩新伟. 未来科技创新趋势与特点的一些认识[J]. 北京航空航天大学学报:社会科学版,2002(3).

[12] 程振彪. WTO 与中国汽车工业发展对策研究[M]. 北京:机械工业出版社,2002.

[13] 大卫·格林纳韦. 国际贸易前沿问题[M]. 冯雷译. 北京:中国税务出版社,北京腾图电子出版社,2000.

[14] 戴军. 幼稚产业保护理论及其在美国的实践[J]. 湖南行政学院学报,2003(6).

[15] 邓浩. 经济一体化与幼稚产业的保护:论李斯特保护幼稚工业学说及其现实意义[J]. 金融经济,2008(20).

[16] 恩格斯. 反杜林论[M]. 北京:人民出版社,1970.

[17] 2010 年世界品牌价值排行榜[EB/OL]. http://tieba. baidu. com/f? kz=819073997.

[18] 2010 年世界品牌 500 强排行榜[EB/OL]. http://brand. icxo. com/htmlnews/2010/12/23/1426077. htm.

[19] 范维,王新红. 科技创新理论综述[J]. 生产力研究,2009(4).

[20] 房宏琳,王林平. 发展性保护:入世新形势下我国幼稚产业扶持原则[J]. 学习与探索,2002(3).

[21] 冯德连. 论对外贸易中保护幼稚产业的原则和措施选择[J]. 经济问题,1997(10).

[22] 弗里德里希·李斯特. 政治经济学的国民体系[M]. 陈万熙,译. 北京:商务印书馆,1997.

[23] 2010 最佳中国品牌价值排行榜[EB/OL]. http://www. 360doc. com/content/11/0213/01/1536819_92595245. shtml.

[24] 龚晓莺. 国际贸易理论与政策[M]. 北京:经济管理出版社,2008.

[25] H·钱纳里,S·鲁宾逊,M·赛尔奎因. 工业化和经济增长的比较研究[M]. 吴奇,王松宝,译. 上海:上海三联书店,上海人民出版社,1995.

[26] 韩毅,张兵. 美国赶超经济史[M]. 北京:经济科学出版社,2006.

[27] 郝冰. 全球化与保护幼稚产业[J]. 改革与战略,2001(5).

[28] 黄基伟,于中鑫. 我国技术创新能力的影响因素研究:基于我国 30 省份面板数据的实证

分析[J]. 国际商务:对外经济贸易大学学报,2011(2).
[29] 黄基伟,于中鑫. 中美贸易逆差与人民币升值的悖论研究[J]. 国际贸易问题 2011(3).
[30] 黄茂生,王新华,王俊鹏. 产业系统的构成及其要素分析[J]. 大众科技,2005(11).
[31] 侯高岚. 后发优势理论分析与经济赶超战略研究[D]. 北京:中国社会科学院研究生院,2003.
[32] 胡昭玲. 战略性贸易政策的理论与实证研究:兼论在中国相关产业的适用性问题[M]. 天津:南开大学出版社,2002.
[33] 胡凤英. 国际经贸理论、政策与实务[M]. 上海:华东师范大学出版社,1997.
[34] 汇率数据来源:国家外汇管理局人民币中间价汇总表[EB/OL]. http://www.safe.gov.cn/model_safe/tjsj/tjsj_detail.jsp? ID=111100000000000000,6&id=5.
[35] 蒋德恩. 世界贸易组织中的争端解决[M]. 北京:对外经济贸易大学出版社,1999.
[36] 姜太平. 加入世界贸易组织与我国幼稚工业的保护[J]. 国际经贸探索,2000(5).
[37] 江学时. 拉美发展模式研究[M]. 北京:经济管理出版社,1996.
[38] 季剑军. 跨国公司直接投资新特点及对策[J]. 经济研究导刊,2007(2).
[39] 金祥荣,田青,陆菁. 贸易保护制度的经济分析[M]. 北京:经济科学出版社,2001.
[40] 金祥荣. 中国幼稚工业及其保护机制的选择[J]. 国际贸易问题,1994(9).
[41] 景一凡. 从西方幼稚工业保护理论看我国幼稚产业的发展[J]. 商业时代,2008(29).
[42] 凯恩斯. 就业利息和货币通论[M]. 徐毓楠,译. 北京:商务印书馆,1997.
[43] 跨国公司直接投资威胁内资产业成长[J]. 有机硅氟资讯,2008(1).
[44] 理查德,A·赖特. 美国汽车工业第一个百年发展[J]. 胡萍,译. 机械,2007(1).
[45] 梁碧波. 贸易保护与幼稚产业的成长:国际的经验与中国的选择[J]. 国际经贸探索,2004(3).
[46] 梁小民,杨云龙. 经济学大辞典[M]. 北京:团结出版社,1994.
[47] 梁枫,张文姝. 进口替代和出口导向战略与工业化进程:基于历史的视角[J]. 东方企业文化,2010(3).
[48] 李秀香. 开放式保护幼稚产业的理论探讨[J]. 江西社会科学,2003(5).
[49] 李秀香. 幼稚产业开放式保护问题研究[M]. 北京:中国财政经济出版社,2004.
[50] 李春顶. 跨国公司技术创新全球化与我国技术创新[J]. 滨州职业学院学报,2005(3).
[51] 刘振环. 美国贸易政策研究[M]. 北京:法律出版社,2010.
[52] 刘洪德. 中国汽车产业组织系统研究[M]. 北京:经济科学出版社,2007.
[53] 刘伟丽. 战略性贸易政策理论研究[M]. 杭州:浙江大学出版社,2006.
[54] 刘云. 日本汽车工业发展之路[J]. 汽车工业研究,1997(3).
[55] 刘戒骄. 产业生命周期与企业竞争力[J]. 经济管理,2003(8).
[56] 柳长立. 支柱产业的典型范例:美国汽车工业相关数据析研[J]. 汽车与配件,2001(24).
[57] 柳卸林,段小华. 产业集群的内涵及其政策含义[J]. 研究与发展管理,2003(6).
[58] 陆娟. 现代企业品牌发展战略[M]. 南京:南京大学出版社,2002.
[59] 陆国庆. 论产业演进的系统动力机理:兼论产业衰退的原因[J]. 江汉论坛,2002(4).
[60] 鲁友章. 重商主义[M]. 北京:商务印书馆,1964.
[61] 罗元青. 产业组织结构与产业竞争力研究:基于汽车产业的实证分析[M]. 北京:中国经济出版社,2007.

[62] 吕春成.战略性贸易政策研究[M].北京:中国财政经济出版社,2002.
[63] 吕明元.产业政策、制度创新与具有国际竞争力的产业成长[J].经济社会体制比较,2007(1).
[64] 吕明元.中国产业成长问题研究回顾及述评[J].理论导刊,2010(5).
[65] 吕政.论科技创新的理论与政策[J].开发研究,2009(1).
[66] 马杰.经济全球化与国家经济安全[M].北京:经济科学出版社,2000.
[67] 马克思,恩格斯.马克思恩格斯全集:23卷[M].北京:人民出版社,1972.
[68] 马海涛.政府采购政策功能探析[J].中国政府采购,2006(1).
[69] 梅俊杰.后进国发展理论的先声:弗里德里希·李斯特发展学说评估[J].学术界,2002(1).
[70] 祁峰,杨宏.日本对幼稚产业的保护及启示[J].经济纵横,2001(12).
[71] 任烈.贸易保护理论与政策[M].上海:立信会计出版社,1996.
[72] 任勤.WTO框架下的贸易保护问题研究[M].重庆:西南财经大学出版社,2008.
[73] 邵奇惠,汽车产业将成为中国第三产业的强力推进器[N].中国汽车报,2002-10-28.
[74] 石现明.WTO贸易自由化背景下的幼稚产业保护问题研究:对入世后我国幼稚产业保护立法的思考[J].西华师范大学学报:哲学社会科学版,2006(3).
[75] 斯坦利·L·恩格尔曼,罗伯特·E·高尔曼.剑桥美国经济史(第一卷):殖民地时期[M].北京:中国人民大学出版社,2008.
[76] 斯坦利·L·恩格尔曼,罗伯特·E·高尔曼.剑桥美国经济史(第二卷):漫长的19世纪[M].北京:中国人民大学出版社,2008.
[77] 斯坦利·L·恩格尔曼,罗伯特·E·高尔曼.剑桥美国经济史(第三卷):20世纪[M].北京:中国人民大学出版社,2008.
[78] 盛斌.中国对外贸易政策的政治经济学分析[M].上海:上海三联书店,上海人民出版社,2002.
[79] 史自力.美、日、欧、中汽车产业技术创新比较研究[D].长春:吉林大学,2008.
[80] 平均利润率30%+ 中国汽车业暴利?[EB/OL].http://news.dayoo.com/finance/gb/content/2004-03-11/content_1452835.htm,2004-03-11.
[81] 宋则行,樊亢.世界经济史[M].北京:经济科学出版社,1994.
[82] 宋德勇.西方经济思想史[M].武汉:华中理工大学出版社,2001.
[83] 宋泓,柴瑜.跨国公司与发展中国家的产业成长:模式和政策选择[J].改革,1999(4).
[84] 孙鲁军.中国幼稚产业的保护[J].国际贸易,1993(7).
[85] 唐杰,杨沿平,周文杰.中国汽车产业自主创新战略[M].北京:科学出版社,2009.
[86] 唐世平.国家的学习能力和中国的赶超战略[J].战略与管理,2003(5).
[87] 田文瑾.开放型经济下对幼稚产业的保护措施探析[J].知识经济,2010(3).
[88] 田玉红.我国幼稚产业发展政策与贸易政策的协调研究[J].国际商务:对外经济贸易大学学报,2007(5).
[89] 佟家栋.贸易自由化、贸易保护与经济利益[M].北京:经济科学出版社,2002.
[90] 托马斯·孟.英国得自对外贸易的财富[M].中译本.袁南宇,译.北京:商务印书馆,1997.
[91] 托马斯·莫尔.乌托邦[M].北京:商务印书馆,1962.
[92] 万迪昉,王宇光,朱伟民.西部产业创新发展及重组的初步研究[J].西安交通大学学报:社会科学版,2001(1).

[93] 王先庆. 产业扩张[M]. 广州:广东经济出版社,1998.
[94] 王学评,孙班军. 构筑品牌竞争力[M]. 北京:中国财政经济出版社,2006.
[95] 王书丽. 政府干预与1865～1935年间的美国经济转型[M]. 北京:人民出版社,2009.
[96] 王永县. 国外的国家经济安全研究与战略[M]. 北京:经济科学出版社,2000.
[97] 王超,王玺. 西方保护幼稚产业理论对我国产业保护的借鉴作用[J]. 改革与战略,1997(5).
[98] 王仲君. 李斯特的"国家生产力"理论及其意义[J]. 西南师范大学学报:人文社会科学版,2001(3).
[99] 王小军. 幼稚产业保护理论的再思考[J]. 国际贸易问题,1996(8).
[100] 王厚双. 各国贸易政策比较[M]. 北京:经济日报出版社,2002.
[101] 王红娟,霍潞露. 日本汽车贸易壁垒研究[J]. 汽车工业研究,2011(7).
[102] 汪云林,付允,李丁. 基于投入产出的产业关联研究[J]. 工业技术经济,2008(5).
[103] 温海峰. 构建高技术产业竞争力评价体系的思考[J]. 财贸研究,2004(6).
[104] 魏冬. 幼稚产业扶持与保护:理论、经验和政策机制[J]. 经济问题,1996(11).
[105] 吴珊. 中国品牌外资控制状况研究:基于产业安全理论视角的研究综述[J]. 宁夏社会科学,2011(3).
[106] 夏申,储祥银. 关税与贸易总协定大辞典[M]. 北京:对外经济贸易大学出版社,1997.
[107] 许统生. 开放中的贸易保护准则与实证分析[M]. 北京:经济管理出版社,2004.
[108] 许统生. 战略贸易政策模型研究[M]. 北京:经济管理出版社,1999.
[109] 许咏梅. 中国茶叶出口贸易影响因素及其效应研究[M]. 北京:中国农业出版社,2009.
[110] 徐松,沈明其,汪素芹. 国际贸易学:上[M]. 北京:中国统计出版社,2001.
[111] 徐充,姜威. 日本汽车产业的发展及其对我国的启示[J]. 现代日本经济,2007(3).
[112] 徐达奇. 幼稚产业保护的理论研究及其保护措施探讨[J]. 华东经济管理,1999(1).
[113] 徐常萍. 从李斯特到WTO自由贸易的趋势与幼稚产业的保护[J]. 现代商业,2007(10).
[114] 亚当·斯密. 国民财富的性质及原因的研究[M]. 郭大力,王亚南,译. 北京:商务印书馆,1997.
[115] 晏智杰. 西方经济学学说史教程[M]. 北京:北京大学出版社,2002.
[116] 杨小凯. 北京演讲:后发劣势[EB/OL]. http://www.douban.com/group/topic/8835396/.
[117] 杨军. 名牌战略与知识产权法律保障制度研究[M]. 北京:知识产权出版社,2010.
[118] 杨韶艳. "幼稚产业论"与中国幼稚产业政策的现实优化[J]. 商业研究,2006(3).
[119] 杨春学. 论李斯特的教育经济思想及其现实意义[J]. 云南师范大学学报:哲社版,1987(3).
[120] 杨春学. 李斯特与斯密:一种比较分析[J]. 福建论坛:经济社会版,2001(9).
[121] 杨国华. 美国贸易法301条款研究[M]. 北京:法律出版社,1998.
[122] 叶树生. 幼稚产业的贸易保护[J]. 财贸经济,1998(3).
[123] 叶险明. 论李斯特关于经济相对落后国家向先进工业强国转变的思想[J]. 经济科学,1998(2).
[124] 叶卫平. 中国入世冲刺与避险求强对策[M]. 北京:中国经济出版社,1999.
[125] 尹翔硕. 国际贸易教程[M]. 上海:复旦大学出版社,1997.
[126] 于光远. 经济大辞典[M]. 上海:上海辞书出版社,1991.
[127] 俞海山. 李斯特生产力学说的理论意义和实践价值研究[J]. 生产力研究,2003(2).
[128] 余明阳,杨芳平. 品牌学教程[M]. 上海:复旦大学出版社,2009.

[129] 赵凤彬. 日本对外经济关系[M]. 北京:中国对外经济贸易出版社,1990.
[130] 张远鹏. 经济全球化与美国经济的重新崛起[M]. 北京:中国社会科学出版社,2004.
[131] 张二震. 国际贸易政策的研究与比较[M]. 南京:南京大学出版社,1998.
[132] 张谦. 战略性贸易政策论[M]. 太原:山西经济出版社,1999.
[133] 张月. 浅析拉美进口替代工业化发展模式[J]. 湖北社会科学,2008(8).
[134] 张玉来. 产业政策与企业创新:日本汽车产业成功的启示[J]. 南昌航空大学学报,2008(2).
[135] 张凤海,侯铁珊. 东北大学学报:社会科学版,2008(2).
[136] 张玉卿,郑志海. 入世与国内市场和产业的合法保护[M]. 北京:中国对外经济贸易出版社,2002.
[137] 张占斌. 比较优势:中国汽车产业的政策、模式、战略[M]. 北京:清华大学出版社,2004.
[138] 张亚斌. 内生比较优势理论与中国贸易结构转换[M]. 北京:中国经济出版社,2006.
[139] 赵龙. 品牌成长战略[M]. 上海:复旦大学出版社,2006.
[140] 赵凤彬. 日本对外经济关系[M]. 北京:中国对外经济贸易出版社,1990.
[141] 张磊,陈小林. 我国行业协会的现状及对策建议[J]. 四川理工学院学报:社会科学版,2006(4).
[142] 郑林. 产业经济学[M]. 郑州:河南人民出版社,1990.
[143] 中国汽车工业协会. 中国工业汽车年鉴(2009).
[144] 中国质量万里行组委会办公室. 质量兴国与名牌战略[M]. 北京:中国计量出版社,1995.
[145] 仲鑫. 开放条件下贸易保护政策经济分析[M]. 北京:北京师范大学出版社,2006.
[146] 周志太. 外国经济学说史[M]. 合肥:中国科技大学出版社,2009.
[147] 朱立. 品牌文化战略研究[M]. 北京:经济科学出版社,2006.
[148] 朱立. 品牌的革命[M]. 昆明:云南大学出版社,2001.
[149] 朱瑞博. 中国战略性新兴产业培育及其政策取向[J]. 改革,2010(3).
[150] 庄铭川. 组织结构演进与产业成长[J]. 复日学报,1997(4).
[151] 左海聪. WTO 幼稚产业保护条款再探[J]. 法商研究,2003(1).
[152] 蒋晶晶,冯邦彦. 广东省要素投入与全要素生产率的实证分析[J]. 广东商学院学报,2011(1).
[153] 王立成,牛勇平. 山东省全要素生产率的测算与分析[J]. 山东社会科学,2010(9).
[154] 肖光恩,刘秋慧. 湖北省全要素生产率的估算及其分析:基于 1978～2007 年的统计数据[J]. 长江论坛,2009(5).
[155] AKER A,DAVID A. Building strong brands[M]. New York:The Free Press,1996.
[156] AVINASH DIXIT. International trade policy for oligopolistic Industries[J]. The Economic Journal,1983(94).
[157] BALDWIN KRUGMAN. A industrial policy and international competition in wide-bodied jet aircraft[M]//Trade policy issues and empirical analysis. Chicago:University of Chicago Press,1988.
[158] BALDWIN,KRUGMAN. A market access and international competition:a simulation study of 16K random access memories[M]//Empirical Methods for International Trade. Cambridge:MIT Press,1988.
[159] BURLEIGH B GARDNER,SIDNEY J LEVY. The product and the brand[J]. Harvard

Business Review, 1955(3-4).
[160] CHARLOTTE WOJCIK. Alternative models of demand for automobiles[J]. Economic Letters 2000(68).
[161] PRAHALAD C K, GARY HAMEL. The core competence of the corporation. Harvard Business Review, 1990(5-6).
[162] DUFFY, DAINTRY. Drive customer loyalty[J]. CIO, 1999.
[163] ELHANAN HELPMAN, PAUL KRUGMAN. Trade policy and market structure[R]. Massachusetts Institute of Technology, 1989.
[164] FOURNIER SUSAN. Consumers and their brands: developing relation-ship theory in consumer research[J]. Journal of Consumer Research, 1998(24).
[165] GENE GROSSMAN, ELHANAN HELPMAN. Foreign investment with endogenous protection[R]. NBER Working Paper 4876.
[166] IMD World Competitiveness Center. IMD World Competitiveness Yearbook 2005[R]. Lansanne, Switzerland, IMD, 2005.
[167] JAMES A BRANDER, PAUL KRUGMAN. A reciprocal dumping: Model of International trade[R]. National Bureau of Economic Research, 1983.
[168] JAMES A BRANDER. A comparative economic growth: evidence and interpretation[J]. The Canadian Journal of Economics, 1992, 25(4).
[169] JAMES A BRANDER, BARBARA J SPENCER. Export subsidies and international market share rivalry[R]. National Bureau of Economic Research, 1984.
[170] JAMES A BRANDER, BARBARA J SPENCER. International Oligopoly and Asymmetric Labour Market Institutions[R]. National Bureau of Economic Research, 1986.
[171] JAMES A BRANDER. A international trade and open-access renewable resources: the small open economy case[J]. The Canadian Journal of Economics, 1983, 16(2).
[172] JAMES A BRANDER. A strategic trade policy[R]. National Bureau of Economic Research, 1995.
[173] JAMES A BRANDER, BARBARA J SPENCER. Trade welfare: tariffs and cartels[R]. National Bureau of Economic Research, 1983.
[174] JAMES A BRANDER, BARBARA J SPENCER. Tariffs and the extraction of foreign monopoly rents under potential entry[J]. The Canadian Journal of Economics, 1981, 4 (3).
[175] JOHN KENNETH GALBRAITH. The New Industrial State[M]. Boston: Houghton Mifflin Company, 1967.
[176] JOHN MUNKIRS. The Transformation of American Capitalism[M]. Sharpe Inc, 1985.
[177] KYLE BAGWELL, ROBERT W STAIGER. An economic theory of GATT[R]. NBER Working Paper 6049.
[178] KYLE BAGWELL ROBERT W Staiger. Regionalism and multilateral tariff cooperation [R]. NBER Working Paper 5921.
[179] MICHAEL PORTER. Competitive advantage, agglomeration economic and regional policy[J]. International Regional Science Review, 1990.

[180] MICHAEL PORTER. From competitive advantage to corporate strategy[J]. Harvard Business Review, 1990(5-6).

[181] MICHAEL PORTER. Clusters and the new economics of competition [J]. Harvard Review, 1998(11-12).

[182] PAUL KRUGMAN. A America the boastful foreign affair [J]. Academic Research Library, 1998(5-6).

[183] PAUL KRUGMAN. CanAmerica stay on top[J]. The Journal of Economic Perspectives, 2000, 14(1).

[184] PAUL KRUGMAN, ANTHONY J VENABLES. Globalization and the inequality of nations[J]. The Quarterly Journal of Economics, 1995, 110(4).

[185] PAUL KRUGMAN, RICHARD COOPER T. Srinivasan. Growing world trade: causes and consequences[R]. Brookings Papers on Economic Activity, 1995.

[186] PAUL KRUGMAN. Increasing returns and the theory of international trade[R]. National Bureau of Economic Research, 1985.

[187] PAUL KRUGMAN. New theories of trade among industrial countries[C]//Papers and Proceedings of the Nineth-Fifth Annual Meeting of the American Economic Association, 1983.

[188] PAUL KRUGMAN. Is free trade pass[J]. The Journal of Economic Perspectives, 1987, 1(2).

[189] PAUL KRUGMAN. Scale economies, product differentiation and the pattern of trade[J]. The American Economic Review, 1980, 70(5).

[190] PAUL KRUGMAN A SMITH. Empirical Studies of Strategic Trade Policy[M]. Chicago: University of Chicago Press, 1990.

[191] PETER A BOWE. Dredging for success: clinton's export strategy[J]. The Wall Street Journal, 1990(5).

[192] PRAHALAD C K, G HAMMEL. The core competence of the corporation[J]. Harvard Business Review, 1990(5-6).

[193] ROBERT HUDE. Developing countries in the GATT legal system[M]. Gower Publishing Company, 1987.

[194] SAM LAIRD, ALEXANDER YEATS. Quantitative methods for trade-barriers analysis [M]. New York University Press, 1990.

[195] The National Export Strategy: First Annual Report to the United States Congress[R]. TPCC, 1993.

[196] The National Export Strategy: Third Annual Report to the United States Congress[R]. TPCC, 1995.

[197] The National Export Strategy: Forth Annual Report to the United States Congress[R]. TPCC, 1996.

[198] The National Export Strategy: Sixth Annual Report to the United States Congress[R]. TPCC, 1998.

[199] The National Export Strategy: Seventh Annual Report to the United States Congress

[R]. TPCC,2000.

[200] The 2002 National Export Strategy:UnlockingAmerica's Potential[R]. TPCC,2002.

[201] The 2003 National Export Strategy:UnlockingAmerica's Potential[R]. TPCC,2003.

[202] The 2005 National Export Strategy:A World of Opportunity[R]. TPCC,2005.

[203] TIMOTHY WENDT. Strategic Trade:protecting American economic and political interests [C]//Academy of Political Science. Proceedings of theAcademy of Political Science,1990.

[204] VOUSDEN N. The Economics of TradeProtection[M]. Cambridge,UK:Cambridge University Press,1990.

[205] W G SHEPHERD. Market structure and profit,market power and cournot:a comment [J]. Review of Industrial Organization,2000(16).

[206] World Economic Forum. Global Competitiveness Report:1996[R]. Geneva,Switzerland:WEF,1996.

[207] Yu-Hern Chang. Evaluating Airline Competiveness Using Multiattribute Decision Making [J]. OMEGA,2000(29).

[208] LEWIS W ARTHUR. Economic development with unlimited supplies of labor[M]//The economics of underdevelopment. Oxford University Press,1958.

[209] DOERINGER P B,T ERKLA D G. Business strategy and cross-industry clusters [J]. Economic Delelopment Quarterly,1995(9).

[210] MARSHALL A. principles of economics[M]. London:Macmillan,1891.

[211] SOLOW R A Contribution to the theory of economic Growth [J]. Quarterly Journal of Economics,1956,70(1).